LAS PARTÍCULAS ESPIRITUALES

LUIS BOURONCLE

Las partículas espirituales
Todos los Derechos de Edición Reservados
© 2018, Luis Bouroncle
Portada: © 2018, Cam Quevedo
Pukiyari Editores

Prohibida la reproducción total o parcial de este libro. Este libro no puede ser reproducido, transmitido, copiado o almacenado, total o parcialmente, utilizando cualquier medio o forma, incluyendo gráfico, electrónico o mecánico, sin la autorización expresa y por escrito del autor, excepto en el caso de pequeñas citas utilizadas en artículos y comentarios escritos acerca del libro.

ISBN-10: 1-63065-073-0
ISBN-13: 978-1-63065-073-5

PUKIYARI EDITORES
www.pukiyari.com

A mis nietos, hijos y esposa.
A las personas que han tenido experiencias cercanas a la muerte.
A los espíritus que cuidan de sus seres queridos vivos.
A los médiums y científicos que ayudan en temas paranormales.
A los médicos y prevencionistas que protegen la vida humana.

*Expreso mis disculpas a las personas que puedan sentirse
ofendidas por este tema.
Sírvanse considerarlo como una novela.
También expreso mis disculpas a todas las organizaciones relacionadas que no
he mencionado, y a los autores de todos los libros de investigaciones
paranormales que no pude leer.
Todos los avances de científicos y de organizaciones reales que han sido enunciados, son reales.
Casi todos los sucesos narrados les han ocurrido a personas reales.*

ÍNDICE

PREFACIO 12

PRIMERA PARTE 15

Capítulo 1 LA LLAMADA POR CELULAR 17
    LA VISITA DE LA MÉDIUM 20

Capítulo 2 EXPERIENCIAS CERCANAS A LA MUERTE, ECM 26
    INVESTIGACIONES SOBRE EL PROCESO ECM 31

Capítulo 3 LA CONVENCIÓN ECM 38
    EL PLAN PARA IR A GREENSBORO 42

Capítulo 4 EL BEBÉ HIJO 44
    ESPÍRITUS Y FANTASMAS 47

Capítulo 5 LA INVESTIGACIÓN PARANORMAL 52
    LA POSESIÓN 53
    EL ESPÍRITU DEL SR. HICKINGSON 54

Capítulo 6 INICIANDO LA ADOPCIÓN 60
    CASO DE CLARIVIDENCIA 61
    EL INCIDENTE EN EL HOSPITAL 62

Capítulo 7 VIAJE A LILY DALE 66
    MÉDIUMS Y PSÍQUICOS 67
    EL FALSO MÉDIUM 72

    LA LECTURA 74

Capítulo 8 LA VISITA A LOS ABUELOS 80
    EL ESPÍRITU EN LA LÁMPARA 83

Capítulo 9 CEREBRO Y CONSCIENCIA 87
    LA CONSCIENCIA HUMANA 88
    COMUNICACIONES ÓRGANO-ESPIRITUALES 89
    LA REENCARNACIÓN 92
    CAPACIDADES CONJUNTAS DEL CEREBRO Y EL ESPÍRITU 94

Capítulo 10 LA CONFESIÓN DE ZAPÁN 97
    EL MOTIVO DE LOS DISPAROS 99

Capítulo 11 EL DESDOBLAMIENTO 103
    EL AURA Y LOS CHAKRAS MAYORES 105
    EL VIAJE ASTRAL 108

Capítulo 12 LA MUERTE DE LA MADRE DE ROBERT 113
    PRESENCIAS ESPIRITUALES 116

Capítulo 13 LAS PARTÍCULAS ESPIRITUALES DEL SER HUMANO 120
    LA FUERZA ESPIRITUAL 125
    LAS PARTÍCULAS DEL ESPÍRITU 129
    CUADRO DE CARACTERÍSTICAS DE LOS ESPÍRITUS 130

Capítulo 14 LAS PARTÍCULAS ESPIRITUALES DEL UNIVERSO 134
    ENERGÍA, CONOCIMIENTO E INCONSCIENTE UNIVERSAL 136

Capítulo 15 LA REGRESIÓN 144
    ROBERT EN EL PARAÍSO 147

Capítulo 16 LA VISITA A LA MÉDIUM 160
    MILAGROS 163

Capítulo 17 DISCURSO DE ROBERT CARTINSTON 169
    VIDA EN ESPÍRITU 178
    LA RUEDA DE PREGUNTAS 186

Capítulo 18 LA DESPEDIDA 191

EPÍLOGO 196

SEGUNDA PARTE 199

GUÍA 201

Anexo I CLASIFICACIÓN DE LOS ESPÍRITUS 203

Anexo II CLASIFICACIÓN DE PERSONAS RELACIONADAS CON ESPÍRITUS 213

Anexo III TEORÍA DE LAS PARTÍCULAS ESPIRITUALES 223

PREFACIO

Existen muchos misterios sin resolver en el mundo y existe un gran deseo humano por conocer esos misterios.

Algunos de estos misterios son de índole espiritual y no se vislumbra una respuesta aislada ni una posibilidad de conciliación entre las diferentes interrogantes, tales como: ¿Qué hacemos si tenemos vida después de la muerte?; ¿los médiums realmente se comunican con espíritus?; ¿resucitan las personas que tienen experiencias cercanas a la muerte?; ¿existen los milagros en todas las religiones?; ¿existen los viajes astrales?; y muchas preguntas más.

Hay también otros misterios que son de índole científica y tampoco hay una respuesta para sus preguntas, tales como: ¿puede una partícula subatómica viajar al pasado o al futuro?; ¿cómo pueden las partículas subatómicas desplazarse a una velocidad mayor que la luz?; ¿es posible que los espíritus estén formados por partículas subatómicas?; ¿qué características físicas podrían tener las partículas que conforman espíritus?; y otras más.

Aún con ingenuidad, en esta obra se está pretendiendo explicar y conciliar esas interrogantes, basándose en las características y comportamiento de las partículas subatómicas, conocidas o hipotéticas. Ello se debe a que estas partículas tienen un carácter físico dual: son corpúsculos y ondas, son materia y energía, y quizás también podrían generar cuerpo y espíritu.

Pero también se pretende explicar el rol que adquieren tanto el cuerpo humano como los espíritus con que se relaciona, así como las partículas del universo que nos rodean, en nuestro desarrollo y evolución, para lo cual debemos alcanzar metas, vencer limitaciones y relacionarnos con quienes más queremos, llevando a cabo una maravillosa aventura en la vida que nos está tocando vivir.

Para una mejor visualización, se ha dividido el presente libro en dos grandes partes.

La primera parte es una novela en la cual el personaje principal, un físico de partículas, experimenta múltiples sucesos paranormales y busca explicaciones y conciliaciones, recurriendo a fuentes científicas y lógicas, y a los últimos avances científicos y alternativos, pero sin dejar de lado a las partículas ni a los espíritus con los que interactuamos en esta vida.

Cuando empecé a escribir esta novela, yo tenía una concepción diferente respecto a esos misterios espirituales, pero a medida que fui tomando conocimiento de esos avances, fui cambiando mi concepción y corrigiendo el libro, de manera que el resultado final del mismo es sorprendente e impresionante, en especial para mí. En ese sentido, agradezco a todas las fuentes nombradas, y, con la mayor humildad posible, agradezco a las partículas espirituales por elegirme y permitirme escribir y culminar este libro.

La segunda parte es un compendio de la clasificación de espíritus y de personas que se relacionan con espíritus, que termina con la razón principal del libro: la explicación de estos misterios a través de la participación y comportamiento de las partículas subatómicas conocidas o hipotéticas, en lo que se ha denominado La Teoría de las Partículas Espirituales.

Para ambas partes he acudido a literatura múltiple, que incluye libros adquiridos y libros descargados de Internet, así como series televisivas, revistas científicas, y entrevistas a personas y grupos que han logrado avances científicos o que han experimentado o mantienen contactos paranormales.

Luis Bouroncle

PRIMERA PARTE

Las partículas espirituales
Una novela

Capítulo 1
LA LLAMADA POR CELULAR

Robert estaba durmiendo solo en su pequeña casa de Brooklyn, New York, cuando al dar la medianoche timbró su celular. Medio dormido, tomó el teléfono que estaba ubicado sobre su mesa de noche y dijo "hola", pero no tuvo contestación. Confundido y aún somnoliento, miró la foto de quien llamaba y vio la imagen de una hermosa mujer en la pantalla del móvil. Eso lo despertó de inmediato. Se levantó de un brinco, encendió las luces rápidamente y abrió su ropero buscando y revolviendo todo, haciendo caer un frasco de piedras pequeñas y redondeadas, que tenía la tapa suelta, hasta que encontró en uno de los cajones un teléfono celular que tenía guardado.

Robert trató de encender el celular y se dio cuenta de que estaba apagado y descargado. Buscó por todos lados, pero no encontró el cargador de batería de ese teléfono. Luego recordó haberse deshecho de ese cargador. Se sentó en el borde de su cama y se quedó pensando por un largo rato, mirando el móvil entre sus manos, hasta que el sueño lo venció.

Apenas resplandecieron tímidamente los primeros rayos de sol de la madrugada, Robert despertó con el celular en su cama, se levantó y se aseó lo más rápido posible, tomó los dos celulares, el suyo y el que había estado en el ropero, y se dirigió a una agencia de la empresa de telefonía en Manhattan. Esperó un tiempo interminable a que abriesen dicha agencia, caminando en círculos y dando vueltas alrededor, hasta que llegaron tres trabajadores al mismo tiempo, los cuales le dieron ingreso al interior del local.

Uno de esos trabajadores era el administrador de la agencia. Cuando consiguió hablar con él le dijo: "Mire, ayer a la medianoche he recibido una llamada telefónica desde este celular, pero yo no lo he accionado". El representante le contestó: "Dígame cuál es el número" y cuando Robert terminó de dictarle todos los dígitos, el representante, viendo la pantalla de su computadora, le dijo: "¿Es usted Robert Cartinston?". Robert asintió y el representante continuó: "Sí, este teléfono está a su nombre y está al día en sus pagos". A lo que Robert respondió: "Este celular se lo regalé a mi esposa y he continuado pagándolo puntualmente aun cuando ella ya murió hace tres años. Yo no uso ese celular sino éste otro (y le enseñó el móvil que llevaba en su bolsillo), pero sigo conservando el número de ese teléfono como un recuerdo vivo de ella".

El representante se sorprendió por la información y le dijo: "Siento mucho lo de su esposa. Déjeme ver el celular, por favor" y cuando lo tuvo en sus manos verificó que la batería del móvil estaba descargada, así que llamó a uno de sus trabajadores y le pidió un cargador de batería para ese tipo de teléfono. Le pidió también el registro de las llamadas telefónicas que ese móvil había efectuado en el último año. Cuando tuvo la batería nueva y los papeles, se puso a analizarlos con cuidado. Luego se dirigió a una oficina interior a revisar los documentos con su ayudante. Cuando regresó, le dijo a Robert: "La llamada ha sido hecha desde este celular y de ningún otro. Y el teléfono quizás ha funcionado con la energía remanente de la batería, que ahora está descargada. Pero es cierto que esta llamada es la única registrada al menos en los últimos doce meses".

Y Robert insistió: "Pero yo no he efectuado esa llamada". A lo que el representante respondió de manera tajante: "Todo lo que tiene que ver con nuestra compañía está resuelto y en orden. Si alguien ha usado su celular sin su consentimiento, es mejor que haga ver el caso con la policía o con una agencia privada de investigaciones".

Al ver que no podía averiguar nada más con ese señor, Robert salió y acudió directamente al consultorio del Dr. Johan Mathew, su médico psiquiatra, quien justamente estaba llegando a su consultorio, así que lo recibió antes de atender sus consultas y le preguntó: "¿Qué ha pasado, Robert?". A lo que Robert contestó: "He recibido una llamada telefónica desde el celular de Elizabeth". El Dr. Mathew replicó: "Elizabeth, tu esposa, ¿la que falleció hace más de dos años?". Robert respondió: "Sí, falleció hace exactamente tres años, cuando yo tenía treinta años y ella veintisiete". El doctor replicó: "Pero ¿cómo puede ser eso posible?" y Robert dijo: "No lo sé. Yo tengo el celular de donde me han llamado y no funcionaba porque yo me deshice de su cargador. Además, nadie lo ha usado desde que ella murió. Yo pago puntualmente para que la línea del celular esté activa, pero ello es sólo para conservar el hermoso recuerdo que tengo de Elizabeth... Ahora vengo de hablar con un agente telefónico, que ha comprobado que la llamada ha sido realizada, pero él cree que alguna persona, sin que yo sepa quién, ha hecho esa llamada desde el celular de Elizabeth, a la medianoche".

El Dr. Mathew se quedó atónito y luego de un largo silencio preguntó: "¿Estás tomando las pastillas que te receté para la paranoia?" y Robert contestó: "Sí, desde hace más de un año todo está yendo bien. No he vuelto a ver personas imaginarias. No he tenido ninguna recaída. Además, voy a la iglesia los domingos y estoy muy contento dictando clases de física moderna. Hoy por la tarde tengo que dar clases en la Universidad de New Jersey, pero me interesa primero aclarar cómo ha ocurrido esa llamada". Y el Dr. Mathew dijo: "Esto no parece ser una llamada imaginaria, porque ha sido comprobada por ese agente telefónico... La verdad no sé qué pensar; lo único que puedo recomendarte es que continúes con tu tratamiento. Y espero que, si investigas, logres encontrar una explicación lógica a lo que te ha sucedido. Búscame cuando quieras". Y ambos se despidieron.

Robert salió todavía desorientado y se dirigió hacia la universidad para dictar sus clases. Al salir de la universidad se dirigió hacia su casa. Mientras el camino se iba haciendo oscuro por la noche, pensó que podría ser cierto que alguien hubiese entrado en su casa. Así que, al llegar, se puso a buscar en Internet agencias de detectives privados, hasta que encontró una que le interesó mucho, pues se llamaba Casos Inexplicables.

Al día siguiente, visitó al señor Frank Crasbuth, detective privado, dueño y administrador de la pequeña empresa Casos Inexplicables, para que lo ayude a descifrar el misterio. Frank era un policía retirado, viudo, de sesenta y cinco años, muy pulcro, que andaba siempre con corbata y que había puesto esa empresa, en la que desde hacía dos años trabajaba junto con su hija Patricia, una mujer joven con dones psíquicos. Frank no tenía muchos clientes, y la oficina quedaba en la parte interna de un pequeño centro comercial, así que con frecuencia se dedicaba a pasear por todas las tiendas y oficinas que quedaban en las cercanías de la suya.

Precisamente cuando Robert llegó y tocó la puerta, Frank estaba caminando de regreso hacia su oficina, así que le dio alcance diciéndole: "Disculpe, la oficina estuvo cerrada porque mi socia tuvo que salir a ver un caso. ¿Desea pasar y explicarme qué se le ofrece?".

Robert le contó su problema y Frank lo escuchó atentamente. Al final, Robert le dijo: "¿Qué opina de eso?".

Y Frank le respondió: "Me parece un caso muy interesante. Quien haya realizado la llamada aparentemente no ha tenido intenciones de hacerle daño físico. Al menos por ahora. Pero ¿ha revisado usted las puertas y ventanas de su casa?".

Robert no lo había hecho. Frank se dio cuenta y se apresuró a decirle: "No se preocupe. Yo voy a revisar todo. Acepto tomar este caso".

Y Robert se fue satisfecho.

Ese mismo día por la tarde, Frank visitó a Robert para buscar rastros de ingresos forzados. Acordaron encontrarse a las cuatro de la tarde, luego de que Robert terminase de dictar clases, así que, a las cuatro en punto, Frank estuvo allí. Desde que entró a la casa de Robert, Frank se puso a buscar rastros de ingresos de personas a esa casa, pero no encontró ningún indicio de que alguien hubiese entrado por la fuerza. Tampoco encontró huellas visibles. Sí supo que Robert dejaba la casa sin seguro, especialmente cuando dormía. Al no encontrar los rastros que esperaba, Frank quedó en regresar al día siguiente a la misma hora, acompañado de su hija y socia, para ver si encontraba rastros determinantes.

LA VISITA DE LA MÉDIUM

Al día siguiente por la mañana, Frank inició sus investigaciones recorriendo el vecindario de Robert. Averiguó que en los últimos meses mucha gente nueva se había mudado por las cercanías, en Brooklyn. Algunos de ellos encajaban en la categoría de sospechosos. Sin embargo, aún no entendía el motivo, pues no había objetos desaparecidos.

De nuevo a las cuatro de la tarde en punto, Robert vio llegar el auto de Frank, que se estacionó frente a su casa, en su único parqueadero, que él había dejado libre para ese carro. De la puerta del copiloto salió una joven hermosa, de unos veinticinco años, que vestía *jeans* sostenidos con una correa roja y zapatillas blancas con calcetines rojos. Parecía una de sus alumnas de la universidad.

Robert se acercó y Frank le dijo: "Robert, te presento a mi hija y socia, Patricia Crasbuth. Ella es clarividente".

Robert dijo: "Es un placer. Disculpa que no conozca de ese tema, pero, ¿eres algo así como una médium?".

Patricia respondió: "Mucho gusto. Sí, soy médium. Soy también clarividente, pero soy en esencia una médium".

Al saludar, Robert vio a Patricia a los ojos, y cuando ella sonrió, vio salir de sus pupilas una chispa brillante, que se extinguió espontáneamente. Robert no recordaba haber visto eso, nunca. Esa mirada hizo que Robert sienta mucha confianza, y mucha atracción, por esa joven desconocida. Inmediatamente le preguntó: "¿Qué significa exactamente ser médium?". Patricia respondió: "Que puedo establecer contacto con personas fallecidas, o con sucesos relacionados, a través de ellas o de los objetos que llego a tocar". Entonces Robert le contestó: "Discúlpame, pero es la primera vez que conozco una médium y no estoy seguro si iremos por el buen camino. Yo soy cristiano y no es un asunto que me agrade tocar… Pero bueno, si lo que haces logra aclarar este misterio, entonces puedo aceptar esto". A lo cual Patricia respondió: "No te preocupes. He conocido a varias personas muy religiosas que al principio se resistían, y terminaron aceptando que realmente experimentaron sucesos paranormales". Robert desdeñó la respuesta.

Frank y Patricia se sentaron en el pequeño comedor de la casa de Robert y ella le pidió que le prestase el celular de donde se emitió la llamada. Robert, sacó el teléfono y se lo entregó, indicándole que ya no sería de utilidad para detectar huellas digitales porque había sido manipulado por varias personas de la agencia telefónica a la que llevó el teléfono.

Apenas tocó el celular, ella le dijo a Robert: "Realmente ya no es necesario tu teléfono celular. Tu esposa está aquí y fue quien te llamó anteayer".

Robert se sintió sobresaltado, aturdido, y un poco ofendido, así que le preguntó a Patricia: "¿Aquí? ¡Eso no puede ser!". Patricia respondió: "Es muy bella. Dice que murió arrollada por un automóvil muy cerca de aquí. Llevaba este celular al cruzar la pista cuando la atropellaron. Lo siento. No está muy claro si fue un accidente. Te afectó mucho. Te perturbó mentalmente. Pero ella permaneció en este mundo físico porque en vida te hizo la promesa de cuidarte, y ahora te está dejando un último mensaje".

Todavía incrédulo Robert contestó: "No puede ser cierto lo que me dices... No puedes expresarte así. Me ofende y me da un poco de temor". A lo que Patricia agregó: "Me dice que te llamó para hacerte saber que ya se va hacia la luz. Te agradece por los años felices, desde que corrieron la primera maratón. Te agradece por recordarla a través del celular. Ya no te dejará más piedras. No tienes ninguna culpa de lo que le pasó. Cumplió con cuidarte y ya estás fuera de peligro. Debes rehacer tu vida, y tu familia se irá armando".

Robert, sintiendo como que le pasaba una corriente eléctrica por el cuerpo y tratando de contener las lágrimas que le afloraban, le dijo: "¿Y cómo sabes tú eso? ¿Estás segura de que Elizabeth te lo está diciendo? Yo no le he contado a nadie sobre las piedras que encontraba a la entrada de mi casa, pensando que rodaban solas hacia la puerta. Las recogía porque me parecían bonitas y porque encontré un frasco vacío ideal para guardarlas. Cuando las observaba sentía que me calmaban. Por otro lado, yo recuerdo muy bien el día que corrimos la maratón. Éramos adolescentes. Ella me guiñó el ojo dos veces antes de empezar a correr. Desde ese día fuimos enamorados y seguimos juntos hasta que nos casamos. Yo fui muy feliz con ella. Pero no puedo creer que sea ella quien me llamó por celular o quien haya dejado esas piedras. ¿Cómo podría hacerlo? Además, yo tengo entendido que los espíritus de muertos que se comunican con los vivos son demonios. Y ella no puede ser un demonio. Pero me da miedo. Creo que es mejor que se vaya…". Patricia respondió: "Ya se fue hacia la luz". "¿Qué significa que se fue hacia la luz?", preguntó Robert, que ya empezaba a ponerse irascible. Patricia se lo explicó: "Se fue. Significa que ella ya no tiene nada pendiente en este mundo físico, pues ya cumplió la promesa de cuidarte y siente que ya estás fuera de peligro, por ello ya está partiendo hacia el mundo de los espíritus, donde van los espíritus que están bien y/o que lograron superar sus asuntos pendientes de este mundo terrenal".

Incluso después de escuchar la explicación de la médium, Robert seguía lleno de dudas: "¿Cómo logras ese enlace? ¿Cómo pudo dejarme esas piedras? ¿Cómo pudo haberme protegido?". A lo que Patricia respondió: "Ella ha tratado de calmarte y de hacerte saber que ha estado cerca de ti desde que falleció. Pero parece que nunca te percataste de ello. Esas piedras las dejaba para que al verlas las relacionaras con ella y te calmaras. Nunca las vinculaste, pero al menos te calmaban. Y posiblemente cuando tuviste tu crisis mental pasaste por situaciones de peligro en las que ella te ayudó. Ella ha ideado esta manera para que yo venga y la escuche, y puedas saber que se está despidiendo pues debe continuar el camino de su evolución".

Robert insistió: "¿Qué más dice?, ¿puedes escucharla aún?". Con calma Patricia le dijo: "Ella ya se fue. No sé si volverá a comunicarse. Dependerá de ella". Pero Robert insistió exaltado: "No entiendo cómo puede ser cierto lo que dices, y además hieres mis creencias. Quisiera saber algo más de ella pero a la vez tengo muchas dudas de lo que dices, Patricia".

La vidente se sintió ofendida pero igual le reclamó a Robert, aunque suavemente, diciendo: "Mucha gente no cree y se resiste a darnos crédito. Pero es verdad. Tu esposa cuidó de ti en espíritu. Quizás con el tiempo irás viendo que lo que dije es cierto".

Frank tomó un vaso y lo llenó con agua. Se lo ofreció a Robert diciéndole: "Calma muchacho. Tú querías una explicación de lo sucedido y la estás teniendo. Has tenido una experiencia paranormal. Es real".

Robert tomó toda el agua y dejó el vaso. Luego, un poco más calmado, dijo: "Realmente estoy muy confundido, disculpen mis dudas. Nunca he tenido una experiencia paranormal. Y estoy teniendo un choque con mis creencias. Pero si esto es cierto, sería lo más dulce y hermoso que me ha pasado. No entiendo cómo tú podrías conocer sobre la maratón, sobre las piedras o sobre el celular que conservo, todos relacionados a Elizabeth. Si es posible, quisiera conocer cómo eso podría ser cierto. Espero que me ayuden a entenderlo. ¿Hay algún libro, que no sea demoniaco o algo así, que pueda leer… o de qué manera puedo conocer un poco sobre lo que me está ocurriendo?".

Patricia le dijo: "Hay una extensa variedad de libros, revistas, series televisivas, y otras. Pero empieza leyendo los libros y publicaciones sobre las personas que han fallecido y luego han vuelto a la vida, escritas por el Dr. Raymond Moody y por la Dra. Elisabeth Kübler-Ross. Esos libros no son demoniacos, en absoluto. Puedes también buscar información en Internet y en series televisivas relacionadas con médiums, clarividentes, gente que ha vuelto a la vida, así como ver series relacionadas en los canales científicos Discovery Science, History Channel, National Geographic y otros. Yo puedo ir recomendándote más libros si tú continúas con la idea de entender algo más".

Robert preguntó: "¿Y ese espíritu es el alma de Elizabeth?". Patricia le contestó: "Sí. Realmente alma y espíritu son lo mismo. Hay quienes consideran que son diferentes, y que el alma es la mente y el espíritu es el cuerpo etéreo. Si esa figura te es más amigable, considéralo así".

Robert dijo: "Nunca pensé que me tocaría lidiar con esto. Yo sé que tengo un espíritu interno y que a veces he orado haciendo guerra espiritual contra demonios. Pero nunca pensé que esos espíritus internos no regresen a Dios".

Patricia le dijo: "Sí. Regresan al mundo espiritual y a Dios, y tienen un largo camino de evolución". Luego le hizo una pregunta más: "¿Alguna vez alguien te ha apuntado con un arma?". Robert, absorto, se puso a pensar y dijo: "¿Cómo sabes eso? Yo realmente no estoy seguro si aquello sucedió o no. Después de que Elizabeth murió yo estuve mal, con problemas mentales, tuve una gran depresión que me produjo paranoia, por lo que veía personas que no existían. Un día, un individuo me apuntó con una pistola, y me preguntó por una mujer que no conocía, pero yo nunca supe si ese individuo fue real o sólo producto de mi imaginación. Creo que yo le pedía que me dispare porque poco me importaba vivir". Patricia le dijo: "Quizá esa fue una situación de peligro de la que ella te salvó".

Robert respondió: "Nunca podré saber si ello ocurrió. Pero yo ya estoy prácticamente curado y, en uso de mis facultades, no he tenido ningún incidente como el que indicas, y espero no tenerlo".

Patricia ya no quiso insistir en ese tema, viendo a Robert tan sensible.

Frank interrumpió y le dijo a Robert: "Muy bien. De todas formas vale la pena tomar medidas de seguridad, no sólo por incidentes paranormales, como el que ha ocurrido, sino porque realmente puede introducirse en esta casa alguna persona con intenciones malévolas e intentar usar un arma. Así que, además de poner pestillos y asegurar las puertas con llave, podría ser conveniente que instales una o dos videocámaras, al menos por un tiempo. Las cámaras deben apuntar a puntos de ingreso o a lugares por donde se movería el intruso. Nosotros seguiremos investigando a las personas sospechosas que tenemos".

Luego de esta indicación, los visitantes se despidieron de Robert, quien los acompañó hasta la puerta de su casa, y les agradeció por su explicación, bella pero aún dudosa, de este caso inexplicable. También les hizo saber que sí iba a cumplir con las precauciones de seguridad, por si se tratase de un intruso de carne y hueso.

Robert quería creer que todo lo que había ocurrido era real. Una parte dentro de él no le dejaba creer y aceptar temas paranormales, por sus creencias, pero otra parte tenía todas las intenciones de creer ciegamente en ese asombroso y hermoso suceso.

Esa noche, mientras Robert trataba de dormir, revoloteaban en su cerebro muchas dudas y muchas preguntas, mientras él hablaba consigo mismo: *"¿Realmente lo que dijo la médium puede ser verdad? ¿Mi esposa a la que tanto amé se comunicó conmigo? ¿Realmente me agradeció por recordarla? ¿Fue ella quien me llamó y quien dejó las piedras que yo guardé? ¿Por qué tuve miedo y no intenté hablar con ella? ¿Realmente se ha comunicado para decirme que rehaga mi vida? ¿Qué significa que mi familia se va a ir armando? ¿Por qué debemos evitar comunicarnos con nuestros familiares muertos si nos envían mensajes de consuelo tan hermosos?".*

Pero además, dada su formación científica, antes de quedar completamente dormido, Robert trató de repasar lo más resaltante que había percibido ese día, para ver si al investigar podía unir datos de ese misterio que hasta ese entonces era desconocido para él. Así, dedujo lo siguiente:

Las personas tienen un espíritu en su interior, y cuando mueren, ese espíritu se puede quedar en este mundo si tienen algo pendiente. Ese fue el caso de su esposa, quien, al fallecer, se quedó en espíritu para cuidarlo, tal como se lo prometió en vida. Y en esa condición de espíritu no es visible ni perceptible, salvo para las personas con capacidades psíquicas especiales, como la médium. Ese espíritu aparentemente no es un demonio contra el que se hace guerra espiritual.

Por alguna razón no entendible, ese espíritu puede llegar a tocar y manipular objetos concretos, aun si son aparatos complicados, como su teléfono móvil. Incluso pueden dar energía a ese aparato.

Además, los espíritus están pendientes de lo que hacen algunas personas por ellos y hasta se sienten agradecidos si notan que lo hacen con el fin de recordar y honrar sus vidas, como fue el pago por mantener activa la línea de su teléfono celular.

Los espíritus que dejan sus cuerpos tratan de dar consuelo y dejar señales de su presencia, como fueron las piedras que dejó Elizabeth. Aunque a veces los seres que quedan en este mundo, muy dolidos, no se dan cuenta de esas señales.

¿Será verdad?, se preguntó Robert. Y luego se puso a divagar en lo que pasó el día que su esposa murió…

Su esposa se había alistado para salir temprano de casa, pero antes de partir se acercó a él, cuando todavía estaba durmiendo, y le dijo, de manera muy cariñosa: "Quizá te traiga alguna sorpresa".

Vagamente recordaba que mientras terminaba de vestirse, luego de salir de la ducha, escuchó el llavero de su esposa sonando en la puerta de la casa, y al acercarse vio que la puerta estaba abierta, y pensó que ella había salido tan distraída que olvidó retirar su llave de la puerta.

En ese momento un policía llegó a su casa, guiado por su vecina, y le pidió que lo acompañe. Al llegar, a una cuadra de allí, vio a su esposa, que yacía tirada en la pista y recién estaba siendo levantada por personal de una ambulancia, mientras el chofer del carro que la arrolló le pedía perdón llorando y aseguraba que ella se lanzó a la pista, estando el semáforo de su carril con la luz verde encendida.

Recordaba nebulosamente cómo él se descontroló y empezó a golpear al chofer y a todos los que trataban de detenerlo. Incluso destrozó la ambulancia.

De allí no recordaba más hasta que apareció en una clínica siquiátrica.

Esos recuerdos lo atormentaban. Realmente él se había sentido culpable de no darse cuenta de que su esposa ese día estaba distraída. No debió dejarla salir.

Otra vez venía el recuerdo que le transmitió la médium sobre lo que dijo Elizabeth: "No tienes ninguna culpa de lo que me pasó".

Y con esos pensamientos y recuerdos dándole vueltas en la cabeza, se quedó dormido.

Capítulo 2
EXPERIENCIAS CERCANAS A LA MUERTE, ECM

Al día siguiente, Robert se levantó fresco y animado, y de acuerdo con lo recomendado por Frank, el investigador privado, gestionó la instalación de videocámaras en su casa, para ver a cualquier intruso, que a esas alturas podía tratarse de un ser vivo o un espíritu.

A las pocas horas llegó un técnico instalador con dos videocámaras y empezó a colocarlas siguiendo las indicaciones de Robert. Preguntó: "¿Está usted seguro que quiere que esta videocámara apunte al ropero?".

Robert contestó: "Sí. ¿Sabe usted si estas cámaras pueden captar espíritus?".

El instalador le respondió, como contando un secreto: "He oído decir que captan fantasmas en forma de pequeñas burbujas flotantes, que se llaman orbes". Con esa respuesta, Robert quedó satisfecho.

Más tarde inició la búsqueda y compra de los libros que le indicó Patricia, para tratar de entender si lo que pasó fue realmente un suceso paranormal.

Ese día compró el libro *Vida Después de la Vida,* del doctor Raymond Moody, y el libro *La Muerte: un amanecer,* de la doctora Elisabeth Kübler-Ross.

Una semana después, Robert ya había leído los dos libros. Ambos trataban sobre las experiencias que vivieron muchas personas que fueron declaradas muertas, y posteriormente regresaron a la vida. Era un tema muy interesante, pero perturbador para él, pues muchas de esas personas quedaron en condición de cuerpos etéreos mientras fueron declaradas clínicamente muertas. No sabía si ese material le ayudaría a entender lo que él había experimentado, y si valía la pena seguir ahondando en lo que podían ser espíritus, porque ese asunto todavía golpeaba sus creencias, pero sentía que podía confiar en Patricia. Así que la llamó para hacerle una pregunta y a la vez para demostrarle que estaba leyendo lo que ella le recomendó. Quería que ella le ampliase con más información lo que iba leyendo. Le dijo: "¿Qué es una experiencia cercana a la muerte?".

Patricia estaba acostumbrada a ayudar a las personas, y lo hacía con mucho entusiasmo y tremenda paciencia. Luego de escuchar a Robert, le contestó: "Una Experiencia Cercana a la Muerte, ECM, es una experiencia por la que pasa una persona que está muy cerca de morir, o que muere, pero después vuelve a la vida y puede conservar recuerdos de lo que ocurrió mientras estuvo en ese estado".

Robert replicó: "Pero mientras esas personas estuvieron fallecidas, salió de ellas un cuerpo etéreo que se llevó su conciencia y efectivamente le generó nuevos recuerdos, ¿Ese cuerpo etéreo es su espíritu?". Patricia respondió: "Sí, es su espíritu". Robert continuó: "Yo recuerdo que cuando era niño, sufrí un accidente y sentí que salí fuera de mi cuerpo, al que vi tendido en el piso. Nunca entendí qué me pasó. Pero ahora me doy cuenta de que fue mi espíritu". Patricia dijo: "Sí. Pero en realidad no es el cuerpo etéreo quien se lleva la consciencia, sino al revés; ese cuerpo etéreo sigue siendo el mismo cuerpo pensante, que deja su cuerpo físico".

Robert escuchó sorprendido cada palabra que decía Patricia. Era otro golpe impactante de ideas. Los pensantes no son los cuerpos sino los espíritus. No podía aceptar que fuese así, pero no estaba en condiciones de discutir. Luego dijo: "¿Y ese espíritu es similar al de mi esposa?".

Patricia le dijo que sí, y Robert lo entendió; aunque quería conocer más para asegurarse de que realmente era así. Luego dijo: "El día que viniste a mi casa me quedé pensando en todo lo que dijiste. Quiero disculparme por haberme exaltado y quiero agradecerte por la información tan hermosa que me retransmitiste". A lo que Patricia contestó: "No te preocupes. A veces me molestan un poco esas reacciones, pero después llego a entender que son normales. Y me da gusto que hayas empezado a leer lo que te recomendé".

Robert le dijo: "Realmente estoy decidido a llegar hasta el final de esto, que para mí debe tener una explicación científica. Espero contar con tu ayuda, si no te molesta". Y Patricia le contestó: "Claro. Puedes contar conmigo". Robert agregó:

"Quería hacerte dos preguntas más; una de ellas es: ¿Crees que los orbes son fantasmas captados por las cámaras fotográficas y videocámaras?" y Patricia le contestó: "Sí, aparentemente son pequeñas esferas que aparecen en esas cámaras, y según lo descrito por Diane Cooper y Kathy Crosswel en su libro *Orbes para iluminarte*, se producen debido a la presencia de espíritus. Sin embargo, el investigador de lo paranormal, Steve Parson, de ParaScience, los ha definido como anomalías brillantes de forma circular debido a suciedad, retro reflexión de un *flash* o luces de partículas en suspensión (polen, gotas de agua, polvo, etc.). Lo que no encaja en su afirmación es que algunos de esos orbes tienen colores y pueden mostrar figuras y hasta imágenes de rostros en su interior". Robert preguntó: "¿Qué forma tienen los espíritus?" y Patricia contestó: "Los espíritus, en el mundo de los espíritus, son vistos como pompas de jabón, pero pueden tomar cualquier forma cuando quieren hacerse notar. Eso significa que pueden tomar la forma de las personas que fueron en vida, y pueden hacerse visibles para algunos seres humanos, o sólo para algunos médiums, o pueden tomar formas de partículas luminosas, entre otras". Robert agregó: "Entonces, ¿los espíritus podrían tomar las formas inimitables de orbes, pero podrían también tomar las formas, o mover, partículas simples en suspensión, para hacerse notar?". Patricia sintió que aquello tenía sentido, así que respondió: "Sí, los espíritus se manifiestan directamente y también a través de objetos, y hasta de seres vivos de nuestro mundo".

Robert dijo: "Bien. Y mi segunda pregunta tiene relación con la llamada telefónica realizada por mi esposa, y con las piedras que ella habría dejado en la puerta de mi casa. ¿Cómo puede un espíritu mover objetos materiales?". Patricia le contestó: "Los espíritus, además de emitir energía, pueden emitir emanaciones concisas de esa energía, que llegan a hacerse sólidas, aun cuando no se vea lo que las hizo. Aprovechando esas emanaciones pueden transportar o presionar objetos. Incluso esa energía puede ir cargada de sentimientos amorosos y/o de buenas intenciones, o malas intenciones en algunos casos. Algunos espíritus, para llevar consuelo a sus familiares dolidos por su muerte, usan esa energía para presionar la nuca u otra parte del cuerpo de esas personas, a la vez que les transmiten esos sentimientos, calmándoles y haciéndoles saber que están cerca de ellas". Robert agregó: "Vaya, si pueden hacer eso, entonces esas emanaciones también pueden formar partículas que produzcan orbes en las cámaras, y con eso se podría conciliar las dos posiciones del origen de los orbes. No necesariamente tienen que ser partículas de materia desconocida o producidas por objetos desconocidos, sino que pueden ser las mismas partículas en suspensión, quizá trabajadas un poco más, que pueden aparecer naturalmente o por emanaciones espirituales". Patricia volvió a responder:

"Supongo que sí. Hay quienes encuentran sosiego al ver orbes en sus fotos". Robert quedó muy satisfecho. Luego de esa comunicación, se despidieron.

A través de los días, Robert empezó a leer más libros relacionados al tema y a consultar otras fuentes, de manera que en dos semanas más ya tenía una mejor concepción del proceso similar que pasan quienes sufren experiencias cercanas a la muerte. Robert se sentía muy bien siendo cristiano, por lo que antes de leer un libro o de investigar sobre experiencias cercanas a la muerte, agradecía y pedía permiso a Dios para que lo proteja y lo ayude a llegar a la verdad de estas experiencias, que podían no estar contempladas en la *Biblia*.

Por otro lado, en ese lapso Frank siguió a varios sospechosos, pero no encontró razones que los hubiese llevado a ingresar a la casa de Robert. Por su lado, Robert revisó cada día las videocámaras y tampoco halló nada extraño. Cada vez se convencía más que Patricia le dio la mejor explicación.

Luego de esas dos semanas, Robert invitó a Patricia a que lo acompañe a disfrutar de un helado y un sándwich, para hacerle algunas consultas. No fue realmente una cita, sino el deseo incontenible que Robert estaba sintiendo por encontrar una mejor explicación a lo que había experimentado, y de saber por qué existen las actividades paranormales en este mundo. Pero tampoco podía negar que le agradaba mucho Patricia y la manera en que le describía lo que conocía.

El restaurante estaba lleno, así que esperaron en la entrada a que los llamasen, pero a la hora que se iban a sentar a una mesa recientemente desocupada, Patricia le pidió a Robert no tomar esa mesa, sino esperar a que se despeje otra. Afortunadamente esa otra mesa se desocupó rápidamente y pudieron sentarse allí.

Una vez sentados, Robert le preguntó a Patricia: "¿No te sentías cómoda en la primera mesa?" y Patricia respondió: "Así es. Yo puedo sentir la energía que dejan las personas, y cuando es energía negativa, me afecta".

Robert dijo: "No te preocupes. Es importante que te sientas bien. Ahora, eso significa que las personas dejan una energía remanente, producto de sus partículas irradiadas que permanecen temporalmente en ese lugar. ¿Qué efecto te causa?". Patricia respondió: "Me producen náuseas y siento como que estoy entrando a un ambiente denso. A veces puedo sentir en mí misma las angustias, odios, daños que sufren o sufrirán, y hasta enfermedades que llevan esas personas". Robert agregó: "Vaya, entonces, las partículas que ellos irradian te generan efectos físico-orgánicos".

Una vez que ordenaron sus sándwiches, Robert preguntó: "¿Cómo te diste cuenta de tus habilidades psíquicas?". Patricia le contestó: "Desde que era una niña pequeña. De cinco años. Había un espíritu agresivo que me asustaba y me molestaba, y otro espíritu bueno que me pedía ayuda. Pero no podía contárselo a nadie porque se burlaban de mí. Incluso mi padre pensó en un principio que se trataba de delincuentes reales. Como él era policía, trató de encontrarlos y detenerlos; pero como era de esperarse, nunca los encontró".

"Lo siento", dijo Robert. "¿Y cómo superaste ese problema?".

"Quise inscribirme en un programa que apoyaba a niños psíquicos, a cargo del médium Chip Corey, que podía verse en series de televisión. No logré que me considerasen. Pero aprendí lo que enseñaba en sus programas. Así que me llené de valor y enfrenté al espíritu que me asustaba y así logré que se marchase y que nunca más regresara. Después, hice caso al espíritu que me pedía ayuda, que era un niño fallecido, y luego de hablar con mi padre y convencerlo de mis dones, me llevó a los lugares indicados por ese espíritu, y pude recolectar pruebas de la ubicación de sus restos y alcanzárselas a sus padres. Ese niño había sido asesinado hacía dos años y su cuerpo se encontraba desaparecido", le explicó Patricia.

"Realmente eres sorprendente", dijo Robert.

Patricia continuó: "Ese niño fue mi único amigo durante esos años. Mi padre pensaba que era mi amigo imaginario. Jugábamos y nos divertíamos mucho. Cuando sus papás dieron sepultura a lo que quedaba de su cuerpo, se fue hacia la luz, y yo lloré de alegría pero a la vez de tristeza porque no volví a verlo por mucho tiempo. Recientemente se ha vuelto a comunicar conmigo desde el mundo de los espíritus, y hemos reanudado nuestra amistad". Robert escuchaba extasiado.

"Ahora uno de mis guías espirituales es también mi amigo" dijo Patricia. Y Robert preguntó: "¿Qué y quiénes son tus guías espirituales?". Patricia prosiguió: "Todos tenemos al menos un guía espiritual, que también es conocido como ángel guardián, ángel de la guarda, espíritu protector, o un nombre similar, el cual es un espíritu avanzado asignado a cada uno de nosotros y, aunque no lo veamos, está siempre con nosotros para orientarnos hacia el buen camino, así como para ayudarnos y protegernos". Robert no acababa de entender, así que continuó preguntando: "¿Y tú puedes saber quiénes son tus guías espirituales?". Patricia respondió: "No es importante conocer quién es el guía espiritual, incluso cuando tiene muchas cualidades y nos hace mucho bien en momentos críticos de nuestras vidas. Para los médiums como yo, es más fácil conocerlos porque tenemos comunicación directa y podemos preguntar su nombre y hasta replicar a sus consejos. En el caso de las personas que no son médiums, esa comunicación puede sentirse con el corazón y considerarse como intuición o como la voz de la conciencia".

Robert volvió a responder, perplejo: "Es sorprendente todo lo que me cuentas. ¿Yo también tengo mi guía espiritual?". Patricia contestó: "Por supuesto. Y puedes conocer su nombre si te concentras y lo pides con sensibilidad, esperando sentir una respuesta en tu corazón. Te puedes dar cuenta de que estás en contacto cuando empiezas a sentir que te brotan lágrimas de emoción. Además, estos guías espirituales tienen ayudantes, que son los espíritus de nuestros familiares o amigos fallecidos, que quieren ayudarnos y protegernos mientras estemos en este mundo físico". Robert dijo: "¿Eso quiere decir que mi esposa Elizabeth es una ayudante de mi guía espiritual?" y Patricia le contestó: "No lo ha sido mientras ha estado en el mundo terrenal. Te ha protegido por su cuenta. Pero ahora que está en el mundo de los espíritus es probable que sí lo sea".

Robert dijo: "Qué impresionante. Pero ahora sígueme contando de ti". Patricia continuó: "Después de que mi madre murió, mi padre dejó de tocar el piano. Un día se animó a tocarlo, y sintió que alguien lo estaba viendo y escuchando. Pensó que era yo. Se lució tocando una melodía que le gustaba y que le recordaba a mi madre, pero cuando volteó no había nadie. Se asustó y dejó el piano sin cerrar. Cuando yo llegué, pude hablar con el espíritu de mi madre, quien se disculpó por asustarlo. Ella sólo quería que notase su presencia, para darle consuelo por el dolor que sentía. Ahora ellos mantienen una comunicación amorosa mediante señales, objetos y sueños. Y en otra oportunidad, mi padre tuvo un caso que parecía sin explicación, pues requería información por parte de un espíritu; me pidió ayuda y yo se la di, luego de lo cual me hizo una propuesta, así que empecé a trabajar con él, como su socia".

INVESTIGACIONES SOBRE EL PROCESO ECM

Una vez que terminaron de comer sus helados, Robert quiso demostrar que había leído sobre el tema de Experiencias Cercanas a la Muerte, y que podía impresionar a Patricia, así que le dijo: "Según el doctor Moody, en el libro *Vida después de la Vida,* el proceso de experiencia cercana a la muerte consta de los siguientes siete pasos:
1. La persona es declarada muerta, o ella siente su muerte.
2. La persona sale de su cuerpo físico y en un cuerpo etéreo siente que flota encima de él. Se siente liviana, luciendo bien, sin dolor y sin limitaciones físicas.
3. Siente un estado de paz y amor.
4. Siente que cuerpos livianos de familiares y amigos fallecidos vienen a recibirlo. Los reconoce.
5. De pronto se desplaza por una especie de túnel oscuro hacia un paraíso lleno de amor y cordialidad.

6. Se encuentra con un ser luminoso, amoroso y cordial a quien identifica como el Ser Supremo o uno de sus allegados. Él le pide que evalúe su vida, lo cual hace rápido pero a detalle.
7. Se le hace notar que está llegando a una barrera de no retorno y se le consulta si quiere regresar o se le hace volver a su cuerpo. Ya en su cuerpo, vuelve a vivir. Todo ello ocurre en algunas cuantas horas o días".

Una vez que Robert terminó de describir ese proceso, Patricia le contestó: "Es así para quienes van al lugar que consideran su paraíso, pero no siempre se sigue ese proceso completamente o en el mismo orden. Incluso cada persona interpreta quién es ese Ser Supremo y en qué lugar está, según su creencia".

Robert no prestó mucha atención a las observaciones, y sintió aprobada su lección. Luego agregó: "¿Cómo puede obtenerse evidencia científica de ese proceso?".

Patricia se lo resumió: "Según el doctor Jeffrey Long, fundador del NDERF, una fundación de ayuda a quienes han tenido experiencias cercanas a la muerte, y autor del libro *Evidencias del más allá*, indica que hay nueve líneas de evidencia que sienten quienes han tenido esas experiencias, que son:

1. **Consciencia clara**. La persona declarada muerta se siente consciente y más que en la vida diaria.
2. **Experiencias realísticas**. Lo que ve u oye es real y suele ser confirmado.
3. **Potenciación de los sentidos**. Mejoran sus sentidos.
4. **Conciencia con anestesia**. Está consciente con poca, mucha o sin anestesia.
5. *Playback* **perfecto**. Realiza una revisión recordando toda su vida.
6. **Reuniones familiares**. Ve a familiares fallecidos, incluso que no conoció.
7. **Experiencias en niños**. Los relatos y conceptos de niños son idénticos a los de los adultos.
8. **Consistencia mundial**. Los relatos trascienden fronteras, culturas y religiones.
9. **Efectos posteriores**. Estas experiencias suelen cambiar la vida de quienes las vivieron".

Robert dijo: "Qué interesantes puntos. Y respecto al último punto, ¿Cómo cambia la vida de quienes han tenido estas experiencias?". Patricia respondió: "Esas personas mejoran en su modo de ser. Incluso algunos regresan con habilidades psíquicas, como premoniciones, o como médiums. Pero también hay quienes ya no pueden tener una vida de hogar normal, y acaban divorciándose".

Robert preguntó: "¿Crees que a estas alturas exista más evidencia científica? Yo supongo que debe haber mucho escepticismo sobre las experiencias cercanas a la muerte".

Y Patricia le dio la razón: "Es cierto, los libros que has leído fueron ampliamente criticados aduciendo que carecían de sustento científico. Asimismo, indicaron que esas experiencias cercanas a la muerte podían ser alucinaciones, o anoxia (falta de oxígeno). Incluso hubo un estudio publicado por la doctora Marie Thonnard en la revista científica *Plos One*, en el que se indicaba que la alteración de mecanismos fisiológicos podía deberse a una situación crítica unida a efectos farmacológicos, creando una especie de imaginación, parecida a una alucinación. Posteriormente, otros científicos determinaron que existe en el cerebro una zona sensible a la espiritualidad, que suponían podía crear experiencias místicas y experiencias cercanas a la muerte. Así, en la década de los ochenta, el neuropsicólogo Michael Persinger creó un aparato al que denominaron el Casco de Dios, que utilizando campos magnéticos en el cerebro producía experiencias místicas de todo tipo. Posteriormente, el neurólogo Olaf Blanke de la Universidad de Lausana, indicó que había provocado esas experiencias artificialmente a través de estimulación electromagnética transcraneal. Igualmente, otro grupo de neurocientíficos liderados por la doctora Jimo Borjigin, de la Universidad de Michigan, realizaron experimentos con ratas, usando electro encefalografía, EEG, para medir la actividad eléctrica entre diferentes áreas del cerebro, y observaron que en los cerebros de esas ratas se presentaba una repentina fuente de actividad eléctrica que continuaba por más de treinta segundos desde que morían, según lo publicado en el *Proceeding of the National Academy of Science*". Patricia continuó: "Finalmente, otros científicos como el doctor Francisco Rubia, catedrático de medicina en la Universidad Complutense de Madrid, hizo notar en su libro *El cerebro espiritual*, que todas las experiencias místicas y todas las experiencias cercanas a la muerte, son generadas y realizadas exclusivamente por nuestro cerebro".

Robert contestó: "Ya veo, realmente ha habido una fuerte y respetable oposición. ¿Hubo manera de probar científicamente que estas experiencias cercanas a la muerte no eran sólo producto del cerebro?".

Patricia contestó: "Sí. Todo lo que expusieron era real pero no llegaba a describir completamente lo que habían experimentado las personas que tuvieron experiencias cercanas a la muerte. Por ello fue posible aclarar que las experiencias cercanas a la muerte no podían ser alucinaciones ya que ellas se producen en otra zona del cerebro no relacionada; ni podían deberse a falta de oxígeno, porque sólo un porcentaje de quienes carecieron de oxígeno tuvieron experiencias cercanas a la muerte, no todos. De igual forma, no podía deberse al dióxido de carbono porque ello crea confusión mental y las personas que tuvieron ECM más bien tenían lucidez, claridad mental. Tampoco se debía a fármacos ni drogas porque producen desorientación y quienes tuvieron ECM estaban muy conscientes e incluso muchos de ellos no ingirieron ninguna pastilla. Tampoco podía ser sólo estimulación electromagnética porque ello no puede demostrar que personas ciegas que experimentaron una ECM hayan podido ver y describir sus experiencias. Ni tampoco pueden explicar que otras personas hayan visto a parientes fallecidos que nunca habían conocido ni sabían de ellos. Además, las experiencias cercanas a la muerte siguen ocurriendo a diario. Según la Fundación para la Investigación de Experiencias Cercanas a la Muerte, NDERF, aproximadamente el 5% de estadounidenses ha tenido una experiencia cercana a la muerte, lo cual en cantidad significa más de 13 millones de personas, y de esa cantidad, según la Asociación Internacional de Estudios de Cercanía a la Muerte, IANDS, aproximadamente el 2% ha tenido una experiencia negativa o infernal".

Robert dijo: "Vaya. Trece millones de personas es una cantidad respetable. No tiene sentido dudar de tantas personas. Yo también debo tener en cuenta eso".

Patricia continuó: "Además, existe un estudio científico de envergadura. Es el Proyecto Aware. En el año 2014, tras cuatro años de investigación, en el que se cumplieron todos los criterios del método científico, bajo la supervisión de un comité de expertos de las Naciones Unidas, un grupo de científicos de la Universidad de Southampton en hospitales del Reino Unido, Estados Unidos y Australia, dirigidos por el Dr. Sam Parnia, publicó los resultados de ese estudio, denominado Aware, en la Revista *Resuscitation*, acerca de 2,060 pacientes que sufrieron paro cardiaco y que fueron declarados clínicamente muertos. De todos los que volvieron a la vida, aproximadamente el cuarenta por ciento declaró haber tenido una especie de consciencia mientras estuvo muerto. Algunos de ellos pudieron contar sobre el paso por el túnel hacia la luz, los familiares fallecidos y otros datos de una experiencia cercana a la muerte".

Robert respondió: "Qué bien que haya habido todo ese esfuerzo. De todos modos, parece que los resultados no fueron muy concluyentes".

Patricia siguió: "Así es. Sin embargo, el Dr. Parnia publicó varios libros entre los que destacan *Resurrecciones* y *Erasing Death*, donde explica que la muerte no es un momento sino un proceso entre la muerte clínica y la muerte biológica, y que la consciencia lúcida se mantiene durante ese lapso, aun cuando el corazón y el cerebro hayan dejado de funcionar".

Robert dijo: "Vaya, eso sí es muy interesante y tiene sentido. Entonces, el tiempo entre la muerte clínica y la muerte biológica es el tiempo mínimo reconocido que podría perdurar la consciencia después de la muerte clínica. Y ese es el tiempo en que puede producirse una experiencia cercana a la muerte completa. ¿Cuánto dura ese tiempo?".

Patricia contestó: "Entre algunos minutos y varios días. Tenemos el caso del pastor David Ekechukwu, de Nigeria, que volvió a la vida después de haber estado muerto por tres días, ante la presencia de veinte mil personas". Patricia continuó: "También se produjeron pronunciamientos de científicos que tuvieron experiencias cercanas a la muerte, como el neurocirujano Eben Alexander, quien luego de una meningitis aguda que lo puso en coma por siete días, sintió su muerte y luego retornó a la vida y se recuperó, y escribió los libros *La prueba del cielo*, y *El mapa del cielo*, en los que describe todo el maravilloso mundo que encontró en lo que consideró como su paraíso, donde van las almas después de la muerte del cuerpo. Igualmente, la doctora Mary Neal, quien estuvo ahogada por veinticinco minutos, y luego de volver a la vida, escribió el libro *Ida y vuelta al cielo*, haciendo conocer lo grandioso que es ese paraíso que visitó durante su muerte. Estos dos científicos hicieron notar que la consciencia se mantiene fuera del cuerpo cuando éste permanece muerto".

Robert indicó: "Qué interesante. ¿Y alguien corroboró esa posibilidad de que la consciencia se ubique fuera del cuerpo?". Patricia respondió: "Sí. El cardiólogo holandés Pim Van Lommel investigó sobre las experiencias cercanas a la muerte en los Países Bajos, y determinó que, tras la muerte, los individuos quedan en una consciencia no local, sin tiempo ni espacio, lo cual describió en su libro *Consciencia más allá de la vida*. Indicó también que las experiencias cercanas a la muerte aumentaron desde que mejoraron las técnicas y equipos de resucitación. Asimismo, existen estudios realizados por los científicos Hameroff - Penrose, que sugieren que la consciencia se genera de la vibración cuántica de los microtúbulos de las neuronas del cerebro. Esta teoría, reforzada por otra similar del Biocentrismo, del doctor Robert Lanza, sugieren que la consciencia no muere sino que se va al universo. Por otro lado, el neurofisiólogo José Miguel Gaona, quien trabajó con el doctor Michael Persinger en la Universidad Laurenciana de Ontario y fue cofundador del Instituto TAR (Transnational Anomalies Research), que integra a científicos norteamericanos, canadienses y españoles, escribió el libro *Al otro lado del túnel*, tras una intensiva investigación, y actualizó las etapas de los procesos de experiencias cercanas a la muerte, indicando que pueden realizarse en tres fases o actividades fisiológicas iniciales: (1). Un zumbido de baja frecuencia en los oídos, alrededor de los 19 hertzios, que es casi el límite inferior de la banda de frecuencias que puede escuchar el ser humano (20 a 20,000 hertzios); (2). Una sensación de bienestar, en la que no importa ni siquiera la muerte; y (3). Experiencias extra corpóreas, EEC. Una experiencia extra corpórea es la sensación de estar flotando fuera de su cuerpo, y de poder ver ese cuerpo, lo cual puede producirse ya sea durante el sueño, mediante la meditación, bajo los efectos de la anestesia o de una droga tipo ayahuasca, en situaciones de esfuerzo físico extremo, en prácticas de desdoblamiento, y en situaciones cercanas a la muerte. Según lo investigado, esas experiencias constituyen en parte un proceso neurológico y en parte un proceso sin explicación, que podría ser del más allá. Después de eso, publicó un nuevo libro, titulado *El límite*, en el que hace notar que lo más importante de las ECM es tratar de determinar la consciencia, cómo es y dónde está ubicada, y cómo cada cerebro actúa con ella aún en el más allá".

Robert respondió: "Qué interesantes conclusiones de ese científico de avanzada. Y aunque no exprese nada respecto al mundo de los espíritus ¿Ese "más allá" lo podemos asociar con espíritus y con el mundo de los espíritus?". "Sí", dijo Patricia y añadió: "Pero además deja entrever la posibilidad de que la consciencia esté ligada a una consciencia universal, del cosmos". Robert continuó: "¿Ha habido oposición ante ese planteamiento?" y Patricia contestó: "Por supuesto. En general, los que se oponen, siguen manteniendo que esas experiencias se producen por confusión cerebral".

Robert siguió preguntando: "¿Y las religiones han tenido algún pronunciamiento?".

"Se han mantenido igual. No han tenido pronunciamientos pertinentes. Algunas religiones aceptan las experiencias cercanas a la muerte y otras se han mantenido silenciosas aun cuando ha habido miembros de ellas que han sufrido esas experiencias. Sin embargo, varios religiosos, de diferentes religiones, han escrito libros de las experiencias que ellos tuvieron, y las han presentado de manera personal, no oficial. También algunos de sus predicadores han dado algunas charlas tocando específicamente los puntos que son concordantes con sus religiones", contestó Patricia.

"Es un tema muy espinoso, y muy valiente por parte de los que se han atrevido a contar su caso, que podría afectar a su religión…", dijo Robert, agregando: "Supongo que si se llegara a demostrar que esas consciencias corresponden a espíritus, algunas religiones habrían de considerarlos demonios, aunque algunos de sus feligreses que tomen en cuenta esas experiencias consideren que no lo son".

Al momento de despedirse, Patricia le dijo a Robert: "Mira, yo he sido invitada para asistir a la Conferencia sobre Experiencias Cercanas a la Muerte, que se llevará a cabo este año en Orlando, Florida. ¿Quieres ir?".

"¿De qué trata?", preguntó Robert.

"Es una reunión a la que asisten las personas que han tenido experiencias cercanas a la muerte. Se presentan algunos casos y también se expone sobre otros temas relacionados. Pero a esas personas no les gusta que vayan personas escépticas porque les ofende que duden de sus experiencias", explicó Patricia.

Robert contestó: "Me gustaría mucho ir. Muchas gracias por tu invitación". "La reunión será en una semana", dijo Patricia. "Qué bien. Entonces, voy a prepararme para el viaje", dijo Robert, emocionado.

Esa noche, Robert hizo un repaso de todo lo que había aprendido con Patricia sobre los espíritus:

Durante las experiencias cercanas a la muerte, sale de las personas un cuerpo etéreo, que conserva la consciencia, y que resulta ser su espíritu.

Los orbes que aparecen en las cámaras fotográficas o videocámaras son incidencias ópticas sobre partículas, generadas por las condiciones ambientales y materiales, o por los espíritus.

Los espíritus pueden generar emanaciones de energía con las que logran presionar y transportar objetos, así como brindar consuelo a sus seres queridos. Pero deben avanzar con precaución porque los seres vivos pueden asustarse y bloquear esa comunicación.

Los cuerpos de seres vivos pueden dejar parte de su energía por donde vayan, posiblemente a través de las partículas que irradian. Esas partículas presentan efectos físico-orgánicos.

Los niños psíquicos pueden sufrir molestias por espíritus agresivos, y deben sentir el apoyo de sus padres o de expertos al enfrentar a esos espíritus. También pueden ser amigos de espíritus de niños.

Todos tenemos al menos un guía espiritual, y nuestros familiares y amigos fallecidos pueden ser sus ayudantes en la labor de cuidarnos desde el más allá.

Las experiencias extra corporales parecen ser la parte principal de las experiencias cercanas a la muerte.

Hay un más allá, reconocido por científicos de avanzada, al que se puede interpretar como referido a espíritus, al mundo espiritual y a la consciencia universal.

Las religiones no han tenido un pronunciamiento oficial en el tema de las experiencias cercanas a la muerte. Sin embargo, muchos de sus feligreses y predicadores han publicado libros y han dado sendas prédicas en donde muestran específicamente las partes más similares a sus religiones.

Los espíritus pueden hacer emanaciones de energía para tratar de consolar a los familiares que quedan dolidos por sus pérdidas.

Podría ser que los seres pensantes sean los espíritus y no los cuerpos. Aún falta comprobar eso.

Capítulo 3
LA CONVENCIÓN ECM

Robert quedó muy contento con la invitación que le hizo Patricia para asistir a la Convención de Experiencias Cercanas a la Muerte, así que empezó con los preparativos para su viaje.

Muy temprano, recibió la llamada de su ex suegra, la madre de Elizabeth, su esposa fallecida, haciéndole saber que Lupita, una mexicana amiga de su mujer en vida, tenía urgencia de hablar con él. Robert le contestó que en una semana estaría en una conferencia en Orlando y que si quería lo podía ubicar allí.

Luego Robert coordinó con los directivos de la universidad donde enseñaba, y consiguió permiso para ausentarse. Igualmente, preparó su casa para evitar el ingreso de intrusos, cerciorándose de que las dos videocámaras funcionaran recolectando información, y alistó la alarma poniéndola en automático.

También fue a visitar a sus padres, con quienes tenía una relación muy cercana, y les hizo saber de su viaje. La madre de Robert aprovechó para darle recomendaciones sobre las pastillas que debía tomar para evitar recaídas con su enfermedad mental. El padre de Robert le dio consejos de cómo cuidar su casa contra intrusos, usando métodos antiguos, como colocar cordeles en la parte baja, para que se enganchen los pies y empiece a sonar una alarma.

Al poco tiempo de salir de la casa de sus padres, mientras manejaba, Robert notó que un automóvil negro de lunas oscuras lo venía siguiendo desde que estuvo en la universidad, así que al llegar a una estación de gasolina, trató de detenerse para ver quién manejaba ese carro, pero el automóvil extraño se desvió justo al llegar a la calle anterior, y Robert no pudo lograr tenerlo al costado para ver quién era el chofer. Como el carro se fue, Robert ya no le dio importancia al suceso, y pensó que lo que creía una persecución era sólo un rezago del problema depresivo que tuvo años atrás.

Patricia por su parte hizo las reservaciones para el hospedaje de Robert.

Cuando llegó el día programado, Patricia y Robert partieron a Orlando. Robert disfrutaba toda conversación que tenía con Patricia. Esta vez sí hablaron de otros temas no muy relacionados con espíritus. Robert le preguntó a Patricia: "¿Te gusta usar correa roja con tus *jeans*?". Patricia respondió: "Sí. No sé por qué. Pero esa correa roja me atrajo desde que la vi. Y la uso con casi todos mis *jeans*, al igual que mis calcetines rojos". Robert también usaba *jeans*, pero siempre con camisas. Ambos reían de sus formas de vestir. Al llegar a Orlando, Robert gozó viendo y recordando los bonitos lugares de diversiones para niños que existen allí. Patricia y Robert se alojaron en el mismo hotel, en cuartos separados. Ese lugar había sido designado como la sede de la Conferencia Anual de la Asociación Internacional para los Estudios Cercanos a la Muerte (IANDS), donde se iban a llevar la conferencia.

Al día siguiente desayunaron temprano en el hotel, y cuando estaban por ingresar al auditorio asignado, se les acercó Dave Hennis, un buen amigo de Patricia que dirigía una empresa especializada en asuntos paranormales, y que de manera personal tenía relación de amistad con directivos de la Fundación IANDS, y a través de ellos había promovido la invitación de Patricia para que se mantenga actualizada en este campo, y para que al término de las conferencias, ella lo apoyara en un trabajo de detección de fantasmas. Robert pudo ver también a la presidente de la fundación IANDS, Diane Corcoran, quien dio una cordial bienvenida a todos los asistentes a ese evento.

Robert no pudo sentarse al lado de Patricia, pues ella era invitada especial y tenía un asiento reservado en un lugar preferencial. Robert se sentó en uno de los últimos lugares, pero se sentía bien ubicado pues estaba ávido de escuchar las disertaciones desde cualquier lugar. Durante las sesiones, escuchó varios casos de personas que pasaron por experiencias cercanas a la muerte, así como las disertaciones de educadores, investigadores, e incluso de miembros del clero. Supo que muchos de los que sufren esas experiencias quedan afectados, lo mismo que las personas que pierden a sus familiares fallecidos, y que para ellos existen programas adecuados, como uno llamado Vivir a través de las pérdidas.

Supo también que IANDS es una organización internacional que agrupa tanto a científicos interesados en las experiencias cercanas a la muerte, como a las personas que las han experimentado, y que hay varios países más donde existe esa organización. Sin embargo, una de las personas que se sentó a su costado le comentó que había tenido una experiencia cercana a la muerte, pero que no la había reportado, incluso habiendo retornado con el don de la clarividencia.

Le interesaron casos como el del neurocirujano Eben Alexander, de quien ya Patricia le había contado algo y quien, tras encontrarse en coma, prácticamente sin actividad cerebral, percibió el sentimiento de amor que le expresó una mujer en el más allá, que resultó ser su hermana a la que nunca llegó a conocer en vida. Robert pensó para sí, que esa hermana podía ser una ayudante de su guía espiritual. También comentó el Dr. Alexander, que al acercársele un ser de luz escuchó una melodía musical muy hermosa. Por ello, al recuperarse, hizo conocer sus experiencias y sentimientos con muchos seres espirituales maravillosos y especialmente con Dios como fuente de unión cercana para todos. Durante la conferencia invitaba, de manera genuina, a impulsar y utilizar el poder del amor, como parte esencial para la vida física y espiritual. Ese doctor dio a conocer que había escrito un libro más reciente, *Vivir en un universo consciente*, en el que hace ver la relación directa entre nuestra naturaleza espiritual dentro de un universo espiritual, teorizando que por tanto nuestro cerebro es sólo un filtro y nuestros pensamientos son sólo una parte de una consciencia universal. Además se dedicó a investigar los sonidos binaurales, que le fueron cruciales pues le permitieron volver a conectarse con los reinos, seres y fuerzas fundamentales del amor, que encontró por primera vez durante su experiencia cercana a la muerte. Un sonido binaural es la generación de frecuencias sonoras ligeramente diferentes en los dos oídos. Mediante esos sonidos, puede encontrarse beneficios físicos inmediatos, tales como disminución de la cháchara mental, mejora del sueño, disminución de la ansiedad, liberación emocional y mejora de la intuición.

También le gustó conocer el caso de Pamela Reynolds, que fue operada de un aneurisma, y al sentir su muerte sufrió una experiencia extra corporal y se elevó en cuerpo etéreo; y al volver a la vida pudo describir a detalle las acciones de los médicos y los instrumentos que emplearon mientras la operaban. Fue también interesante el caso de la periodista Anita Moorjani, quien tras cuatro años de cáncer experimentó una experiencia cercana a la muerte. Cuando regresó del más allá logró curarse para enseñar al mundo historias de amor inmenso e incondicional. Anita describió haber experimentado una ausencia de espacio-tiempo y de sentir que todo ocurre al mismo tiempo. Ella expresó que todos los seres humanos son amor puro y que no sólo estamos conectados a todos los demás, sino también a Dios.

También le interesó la disertación de Richard Martini, relacionada con sus obras, tales como *La arquitectura del más allá*, *El otro lado: una guía del turista para la otra vida*, y *Qué bella es la vida después de la muerte*, durante las cuales habló sobre regresiones y la reencarnación, además de las experiencias cercanas a la muerte.

Robert entendió entonces que estas experiencias le suceden a todo tipo de personas, sin distinción de raza, sexo, edad, ni religión. Y se dio cuenta de que algunos de los que según su religión no concebían la existencia de espíritus, después de verlos y regresar a este mundo, sufrieron *shocks* nerviosos y tuvieron que ser tratados psicológicamente.

Las personas que han tenido experiencias cercanas a la muerte o experiencias espiritualmente transformativas, cambian su perspectiva de relaciones humanas y algunos pueden desarrollar actividades psíquicas para ayudar a otras personas.

Fue una jornada larga de cuatro días. Cada día era muy impresionante y Robert los disfrutó ampliamente.

Al término de todas las exposiciones, Patricia se acercó a Robert para que la acompañase a una reunión de despedida de la conferencia.

Esa noche se juntaron Patricia, Robert y Dave en la reunión de despedida. Dave hizo notar que la conferencia fue todo un éxito. Robert también comentó lo impresionado que quedó con todo el grupo de personas presentes y con toda la información sobre experiencias cercanas a la muerte.

Dave le preguntó: "¿Tú también has tenido una experiencia cercana a la muerte?".

"No. No exactamente. Mi esposa fallecida aparentemente se presentó para despedirse, tratando de hacer una llamada por teléfono celular. Pero el caso es diferente porque ella no regresó a su cuerpo. Se quedó un tiempo en este mundo físico y luego se fue hacia la luz siendo espíritu...", explicó Robert.

Dave le dijo: "Me parece interesante. ¿Tú crees que puedas contarnos tu caso y tus apreciaciones en una próxima conferencia?".

"Es un caso muy pequeño", dijo Robert con timidez. Pero le dio gusto sentirse a tono con todos los que conocían sobre experiencias paranormales.

"Aparentemente es un caso pequeño. Pero tienes algo especial que te ha permitido tener esa experiencia. Puedes contarlo en la próxima conferencia a un grupo de amigos, en una sala privada, o a todo el auditorio, si tú lo prefieres", lo animó Dave.

Robert, sabiéndose acorralado, y mirando a Patricia para consensuar su apoyo, aceptó exponer su caso en la próxima conferencia, ante un grupo reducido.

EL PLAN PARA IR A GREENSBORO

Dave le dijo a Robert: "Yo trabajo con un grupo de investigadores de fantasmas, y mis compañeros están iniciando una investigación sobre presencia de fantasmas en una casa ubicada en Greensboro, Carolina del Norte. He coordinado con Patricia para que nos ayude en esa investigación, mañana por la noche. ¿Te gustaría acompañarnos?".

Robert contestó: "Creo que me gustaría mucho, aunque conozco muy poco de ese tema. ¿Cómo es una investigación de fantasmas?".

"Es una investigación para encontrar evidencia de actividades realizadas por fantasmas en un determinado lugar. Esas evidencias pueden ser ruidos o voces inexplicables, manejo de luces, transcomunicación, interferencias en grabadoras, fotos o videos, también presencia de olores, de neblinas, aumento de energía electromagnética, toques de personas, y otras. Incluso, pueden conversar con médiums. Para eso nosotros llevamos diversos equipos, como medidores de electromagnetismo, grabadoras, cámaras fotográficas, videograbadoras, y otros", le explicó Dave.

"Eso es más parecido a la experiencia que yo he tenido sobre presencia de fantasmas. Por supuesto que quiero acompañarlos", le comentó Robert entusiasmado.

"¿Qué les parece si mañana partimos a las nueve de la mañana, luego de desayunar?", planteó Dave.

Patricia y Robert estuvieron de acuerdo y todos se fueron a sus habitaciones en el hotel.

Ya en su cama, Robert repasó lo que había aprendido hasta ese momento:

Las experiencias cercanas a la muerte parecen ser muy reales, y son un privilegio para las personas que las experimentan. Realmente es un proceso que inicia con la muerte, pero por situaciones especiales no culmina en ello, sino que las personas regresan a la vida.

Es bueno que existan estas conferencias de experiencias cercanas a la muerte en las que se hace conocer y brindar apoyo psicológico, moral, de aprendizaje, de experiencias similares y otras, a las personas que tuvieron esas experiencias.

Para ello se han realizado múltiples investigaciones, por científicos y por personas que han tenido esas experiencias cercanas a la muerte, que han dado origen a libros y artículos de revistas científicas, asequibles al público.

Ya hay un reconocimiento de que en el proceso de experiencias cercanas a la muerte puede participar algo más que el cerebro. Y que en esos procesos existe un tipo de consciencia no local.

También, las personas que han pasado por esas experiencias cercanas a la muerte son más de trece millones sólo en los Estados Unidos, lo cual constituye una cantidad de versiones que no se puede menospreciar.

Aún hay personas que pasan por experiencias cercanas a la muerte y no las reportan.

Las experiencias cercanas a la muerte pueden ocurrirle a cualquier persona sin distinción de raza, sexo, edad o religión. Y quienes las experimentan cambian para bien y hasta pueden retornar con dones psíquicos.

Es notorio que el amor es el sentimiento fundamental que han experimentado quienes han tenido estas experiencias.

Aparentemente los sonidos binaurales producidos en la Tierra, son similares a los que se escuchan en el mundo de los espíritus. Es igual el caso con los olores del mundo espiritual.

Y así siguió pensando Robert hasta que se quedó dormido.

Capítulo 4
EL BEBÉ HIJO

Al empezar el nuevo día, los tres amigos, Patricia, Dave y Robert, estaban desayunando en el hotel. Patricia y Dave ya se encontraban sentados a la mesa mientras Robert iba camino a darles el encuentro. De pronto lo detuvo una joven mexicana llamada Lupita, que había conocido a Elizabeth, su esposa fallecida.

Lupita era la hermana de Marita, amiga íntima de Elizabeth.

Robert saludó cordialmente a Lupita y la presentó a Patricia y a Dave. Luego le preguntó: "¿Te gustaría desayunar con nosotros?".

Lupita era muy alegre y estaba con hambre, y pronto todos los amigos estaban disfrutando de su compañía. Lupita era también muy perspicaz y notó que Robert y Patricia se llevaban muy bien, así que, luego de unos quince minutos indicó que necesitaba hablar con Robert y Patricia, a solas.

Dave vio que ya era hora de partir para llegar a tiempo a Greensboro, así que le preguntó a Patricia: "¿Crees que te demores mucho?, porque ya es hora de partir".

"Yo puedo llevar a Patricia y a Robert", indicó Lupita cuando se dio cuenta de la prisa que llevaba Dave.

Dave estuvo de acuerdo y partió inmediatamente.

Hablando ya con Patricia y Robert, Lupita les dijo: "Mi hermana Marita falleció hace dos meses y...". Patricia la interrumpió: "Espera, tu hermana Marita falleció luego de ser atropellada por un automóvil que se dio a la fuga. Ella no llegó a ver al chofer del automóvil, pero parece que lo conocía. Ese chofer va a ser descubierto en algún momento".

Lupita contestó: "¿Y cómo sabes eso? Efectivamente mi hermana murió por un vehículo que se dio a la fuga. Nunca supimos más que eso". Patricia agregó: "Yo soy clarividente y puedo ver ocurrencias importantes del pasado apenas se comente sobre alguien o algo relacionado con ello", después agregó: "Percibo que hay algo que nos relaciona y que alguien ligado a nosotros va a ayudar. El chofer será reconocido".

"No entiendo muy bien lo que dices, pero espero que así suceda", dijo Lupita.

Robert le preguntó a Lupita: "¿Creo que nos querías decir algo más respecto a tu hermana?".

Lupita dijo: "Sí; mi hermana Marita, que falleció hace dos meses, ha dejado huérfano a su hijo que acaba de cumplir dos años. Ella era madre soltera. Mi padre no quiere a ese niño y lo está maltratando; y por eso mi madre, que tiene la custodia, se lo ha traído, para ver si puede ser adoptado aquí. ¿A ustedes les gustaría adoptar ese bebé?".

Fue una noticia bomba para Robert y Patricia. Se quedaron mudos por largo rato.

"Nosotros no estamos casados…", dijo Robert con timidez.

"Y tú Patricia, ¿qué dices?", insistió Lupita al entender lo que dijo Robert. Ella vio en Patricia a una mujer dulce y sensible. Además, ya percibía que podía haber algo entre Robert y Patricia. Así que Patricia podía ser el gancho que impulsara a Robert a dar algún paso para esa adopción.

Patricia, luego de un largo silencio dijo: "Sí. Me gustaría adoptarlo, si eso es posible".

"Gracias a Dios", dijo Lupita. Luego agregó: "Vengan conmigo para mostrarles a mi sobrino, que está en mi carro, con mi madre". Y rápidamente Lupita recolectó los panes de la mesa y los puso en su cartera; y luego salió conversando con Patricia, como grandes amigas.

Ellas se dirigieron hacia el estacionamiento, mientras Robert, después de pagar la cuenta, las seguía un poco rezagado, tratando de aclarar lo que estaba sucediendo.

Camino al automóvil, Lupita comentó que a su madre, Margarita, un chamán de su pueblo, apodado El Chopir, le hizo llegar la advertencia de que un delincuente quería eliminar a su nieto. Y agregó que por eso, y por el maltrato que estaba recibiendo el niño, las dos mujeres lo sacaron de México lo más rápido que les fue posible.

Cuando Patricia llegó al automóvil de Lupita, vio que era una camioneta Station Wagon del año 1998, y estaba totalmente sucia porque ella había manejado desde Monterrey en ese vehículo. Dentro del carro se encontraba la mamá de Lupita, Margarita, abrazando a su nieto. Se notaba que estaban sofocados con el calor dentro del carro. Al ver a Patricia, Margarita se saludó con ella y luego le pasó el bebé, quien sonrió apenas la vio.

Patricia cargó el bebé y éste la abrazó. Era un bebé muy tierno que hizo que Patricia quedase muy feliz abrazando a quien pronto podría convertirse en su hijo.

Pero cuando llegó Robert, el bebé se alborotó y empezó a repetir: "Papá, papá", y se abalanzó a sus brazos, pero enseguida vomitó un poco sobre su ropa. Robert nunca había tenido un hijo, pero sintió un inmenso cariño desde que recibió ese abrazo. No le importó el vómito. El pequeño no hablaba mucho, pero volvió a repetir: "papá, papá".

Las mujeres reían de contentas viendo el cariño del bebé, y Robert se puso a cargarlo hacia arriba y hacia abajo, jugando con él. Ellas comentaban: "Lo llama papá. Como si necesitase también del cariño de un hombre".

Robert preguntó: "¿Y cómo se llama este hermoso pequeñín?".

"Se llama Andy", respondió Lupita.

La mamá de Lupita agregó: "Es muy inteligente. No habla mucho, pero con sus pocas palabras demuestra que sabe todo. Y todo pregunta…".

Robert saludó a Margarita y le agradó escuchar eso del bebé, aunque sabía que era por el amor de abuela.

Rápidamente subieron todos al carro, y partieron. Lupita iba manejando y Patricia iba de copiloto, mientras Robert iba atrás con la madre de Lupita, jugando con el bebé. Margarita comió los panes que Lupita le entregó.

El niño continuaba diciendo "papá" y Robert seguía sintiéndose muy complacido. Tanto que, en el camino, hizo parar a Lupita para comprar un juguete para Andy. "¿Y cómo escojo rápidamente un juguete?", preguntó Robert. Y Lupita le dijo: "Diles que te den un juguete para niños de dos años". Mientras tanto la mamá de Lupita aprovechó para estirar las piernas y preparar la siguiente mamadera de Andy. Robert regresó en poco tiempo con un pequeño oso de peluche. También se había comprado una camisa para reemplazar la que estaba vomitada.

Ya en el carro, Patricia notó que Andy miraba para atrás del carro y también reía. Así que le preguntó: "¿Ves a alguien?".

Y el bebé respondió mirándola: "má…".

"Ya está llamando a Patricia como su nueva mamá", Lupita se apresuró a decir.

Mientras que la mamá de Lupita dijo: "Qué raro, nunca antes había dicho mamá". Pero luego agregó: "Tampoco papá".

"Quizá este bebé tenga dones psíquicos…. No lo sé", comentó Patricia.

Al poco tiempo Andy se quedó dormido manteniendo una sonrisa muy grande y muy tierna.

ESPÍRITUS Y FANTASMAS

El viaje fue largo y Robert se pasó mucho tiempo pensativo o jugando con Andy. Luego le preguntó a Patricia: "¿Hay alguna relación entre los espíritus que pasan por la experiencia cercana a la muerte y los espíritus que vamos a ver?". Patricia le contestó: "No sabemos si encontraremos algún espíritu. Dave supone que existen porque la dueña de la casa ha sentido presencias y actividades inexplicables allí".

Lupita frenó el automóvil, se estacionó a un costado y exclamó: "¿Presencias? ¿Te refieres a fantasmas? ¿Vamos a ir a una casa donde hay fantasmas?". Patricia contestó: "No estamos seguros si vamos a encontrar fantasmas. Si los hay, nos lo harán saber. Además, todos los espíritus son similares en el sentido de que se desprenden de un ser vivo en forma de cuerpo etéreo imperceptible, pero los que pasan por una experiencia cercana a la muerte, regresan a su cuerpo físico y a la vida, mientras los otros siguen su camino como espíritus".

Robert preguntó: "¿Cuál es el camino que siguen los espíritus que no vuelven a la vida?". Patricia le respondió: "Esos espíritus pueden ir al mundo de los espíritus o pueden permanecer en este mundo físico. Los que permanecen aquí, cuando son percibidos, son conocidos como fantasmas o almas en pena".

Lupita no se atrevía a avanzar en el automóvil. Robert preguntó a Lupita si prefería que él maneje. Lupita aceptó inmediatamente y cambiaron de asiento. Robert arrancó el automóvil y reinició la marcha.

Robert continuó preguntando: "¿Hay alguna diferencia entre fantasmas y almas en pena?". Patricia contestó: "Sí; los fantasmas pueden acercarse a los seres humanos mientras que las almas en pena deambulan sin rumbo y creen estar en un lugar oscuro y silencioso en donde transitan otras almas deprimidas con las que no interactúan. Ellos pueden estar juntos, pero haber llevado su vida en época diferente, y por su grado de perturbación no se ven entre ellos. Los fantasmas que han sufrido muertes violentas y/o imprevistas no recuerdan cómo descarnaron, y al permanecer en este mundo físico creen estar en el mismo lugar en el que estaban en vida, realizando acciones repetitivas día tras día. Otros sienten que se encuentran en un lugar desconocido del que no saben cómo salir. Otros, que fallecen por enfermedad, sienten que no descansan porque siguen sintiendo esa enfermedad. Pero la mayoría de ellos permanece sólo porque se sienten perturbados y no quieren ir todavía al mundo de los espíritus, ya sea hasta su entierro, o sin fecha porque no se han desprendido de sus asuntos terrenales o porque tienen asuntos pendientes, incluso venganzas o promesas. En algunos casos, es una auto condena creada por consciencia o temores o por no entender el proceso espiritual, y pueden sentir que están en su zona de tormento en el mundo físico. Estos espíritus pueden salir de esos lugares cuando son invocados por médiums que logran hacerles notar que ya no están vivos y que no tiene sentido seguir aquí. Algunos desconfían porque creen que se les está engañando, pero cuando se les pide recordar cosas concretas, como la última vez que comieron algo o que sintieron un olor, empiezan a razonar, y al darse cuenta, se les puede abrir el portal de luz para ir al mundo de los espíritus. Las almas en pena y algunos espíritus de la zona de tormento pueden sentir que un espíritu superior los puede rescatar, como negociando con los custodios de ese lugar, para pasarlos a la luz, por su grado de arrepentimiento. Otros, pueden haber sido rescatados antes de entrar a esa zona, en mérito a las plegarias que pueden haber hecho los familiares vivos. Cuando ellos están a punto de cruzar el umbral hacia el mundo de los espíritus, su aspecto físico cambia notoriamente. Ya no están con la ropa antigua que creían tener puesta ni con las heridas o señales de las enfermedades que produjeron su muerte, sino con una túnica brillante, o se ven con el rostro saludable, como en el mejor momento de sus vidas. Están como en un proceso de purificación".

Robert preguntó: "¿Cómo es la zona de tormento?" y Patricia respondió: "Los espíritus que van hacia el mundo de los espíritus pueden ir hacia un lugar que consideran su paraíso o a un lugar que consideran su zona de tormento. La zona de tormento es el plano más inferior en el mundo espiritual. Llegan para morar allí los espíritus que tuvieron un comportamiento muy inaceptable, pues martirizaron, traumatizaron, mataron a personas, vivieron con maldad, o se suicidaron luego de hacer mucho daño. Algunos de los que han tenido una experiencia cercana a la muerte lo describen como llegar a un lugar frío, donde se permanece inmóvil. En este lugar cohabitan espíritus de personas de creencias y percepciones diferentes, pero no se comunican entre ellos sino que viven en soledad. Viven en estado de gran inquietud. No tienen paz. El mundo físico puede ser la zona de tormento para algunos espíritus. Estos espíritus, incapaces de moverse, no han sido recibidos por sus familiares fallecidos antes que ellos. Si llegan a salir y a reencarnarse, tendrán una vida de mucho sufrimiento pues tienen deudas fuertes que pagar".

Robert, que escuchaba atónito todo lo que decía Patricia, preguntó: "¿Y cómo es el paraíso?". Patricia le respondió: "El paraíso es en esencia un lugar lleno de inmenso amor, paz y luz, incluso con un olor y una música muy agradable, al que llegan para morar los espíritus que tuvieron un comportamiento aceptable, y que vienen de reencarnar no sólo en seres humanos, sino también en otros seres vivos, que pueden ser hasta de otros mundos. Este mundo espiritual está constituido específicamente por la energía generada por los espíritus de los más altos niveles, y es por ello que está impregnado de esos sentimientos puros. Este mundo es la morada real de todos los espíritus, y es el lugar donde ellos nacen y al que retornan luego de sus viajes y reencarnaciones. Mientras están en este mundo, los espíritus dedican su tiempo a aprender y trabajar, y para ello cuentan con estructuras organizacionales que les permite el logro de esos objetivos. Sus estudios van desde las lecciones que aprendieron durante su vida física, hasta el desarrollo de nuevos objetos tangibles o intangibles que contribuyen al desarrollo del universo. Y sus trabajos van desde el cuidado en el nacimiento de nuevos espíritus, pasando por un sistema efectivo de administración, transportación e instalación de espíritus, hasta el desarrollo de avances intelectuales, y también el cuidado de los seres vivos, entre los que están sus familiares, con quienes tienen relación y que protegen como parte de su trabajo o como parte de una actividad voluntaria. Si bien hay estructuras y algo similar a autoridades, la relación entre espíritus es esencialmente de amor, teniendo en cuenta que todos los espíritus valen lo mismo. No obstante, en este paraíso los espíritus avanzan en su desarrollo, ya sea a través de las reencarnaciones o a través de su aprendizaje, y por ello tienen jerarquías reconocidas. También existen seres que ya no reencarnan y un ser que consideran de Suprema Jerarquía. Teniendo en cuenta que en este paraíso cohabitan espíritus que se reencarnaron en personas de creencias y percepciones diferentes, ellos pueden mostrarse no sólo a otros espíritus, sino también a seres vivos, con imágenes acordes a sus creencias, que contribuyan a un buen impacto y una buena relación para transmitir mensajes de amor".

Robert quedó extasiado con esa explicación, pero continuó haciendo preguntas: "¿Qué espíritus son los que no reencarnan?" y Patricia respondió: "De acuerdo al nivel de evolución, los espíritus pueden clasificarse en principiantes, medianos y avanzados. Estos últimos realizan pocas reencarnaciones o ya no reencarnan. Además, es posible la existencia de los siguientes espíritus adicionales:

- Por un lado, espíritus que están muy cerca del Ser Supremo, que pueden conformar su núcleo. Pueden ser conocidos como espíritus puros, ángeles y arcángeles, o con otra denominación que indica lo mismo.

- Por otro lado, espíritus elementales, que tienden a cuidar los elementos principales de la naturaleza, que son: tierra, aire, fuego, agua. Dentro de ellos se puede incluir a los espíritus de objetos especiales, como el universo, *akasha*, y otros.
- También espíritus demoniacos, que tienden a crear caos, destrucción y posesiones en los seres vivos. Dentro de ellos puede incluirse a los íncubos y súcubos, que toman sexualmente a mujeres y hombres respectivamente.
- También, espíritus astrales, que permanecen principalmente en el plano astral, casi sin movimiento. Dentro de ellos puede incluirse a los espectros".

Lupita interrumpió diciendo: "Sólo espero que yo no llegue a ver fantasmas porque me podría dar un infarto".

Robert preguntó: "¿Cuánto daño puede hacer un fantasma?". Patricia respondió: "Los fantasmas pueden haber sido espíritus de personas que van desde las que hicieron mucho bien hasta las que hicieron mucho mal. Y conservan en su modo de ser los sentimientos buenos o malos con que vivieron. La cantidad de fantasmas malos es pequeña en comparación con la cantidad de fantasmas buenos. La proporción es similar en las personas vivas. Y el máximo daño que pueden hacer es análogo, pudiendo llegar hasta traumas y muertes. En una casa el daño sigue un proceso que puede denominarse espiral de agresión, y puede ser realizado rápidamente o más lento".

Robert preguntó: "Entonces, ¿cómo es esa espiral de agresión?". Patricia contestó: "Es un ciclo de comportamiento hostil por parte de espíritus en contacto con seres humanos en un lugar específico, que puede ser una casa. Este ciclo puede llevarse en los siguientes pasos:

1. Estos espíritus empiezan mostrándose a los niños de la casa, como amigos de ellos o como sombras. Si no hay niños, pueden elegir a las personas más débiles de carácter. Pueden jugar con ellos, hasta que estas personas empiezan a alejarse porque no quieren aceptar sus proposiciones con tinte de maldad.
2. Estos espíritus empiezan a emitir ruidos y a botar cosas de la casa, aumentando la cantidad de esas acciones.
3. Después pasan a perturbar y agredir físicamente a algunos o a todos los moradores de la casa, dejándoles marcas, que pueden tener la forma de arañazos y otras formas.
4. Más adelante, aprovechan la cólera de las personas que habitan esa casa, ya sea porque los retan y salen fuera de sí, o por el temor excesivo de algunos de ellos. Así, tratan de efectuar la posesión de alguna de esas personas en ese lugar.

5. Luego se van mostrando con forma completa, humana o de un ser no humano.
6. Estos espíritus pueden ser alejados temporalmente mediante limpieza espiritual, pero después de un tiempo pueden regresar, someter, y terminan por hacer huir a las personas que allí viven.
7. Y así repiten el ciclo con nuevas personas. Hay también espíritus demoniacos, que, al poseer a algunas personas, manifiestan su posesión mostrando en la persona una fuerza sobrehumana, ojos en blanco, gritos y carcajadas descomunales, espuma por la boca, olor nauseabundo, dislocación de mandíbula, y hasta levitación. Ante esta situación es recomendable conseguir apoyo de especialistas limpiadores de casas, o exorcistas, y quizá dejar la propiedad hasta que se aclare el panorama. Dos sacerdotes exorcistas son muy reconocidos en los Estados Unidos: Vincent Lampert y Gary Thomas".

Lupita preguntó: "¿Los fantasmas que vamos a ver no se comportan así, verdad?". Patricia contestó: "No lo sabemos, pero yo ya estoy empezando a sentir a los espíritus que habitan la casa a la que vamos a ir".

Lupita agregó: "Entonces sí hay fantasmas allá. ¿Crees que sean buenos?" y Patricia le dijo: "Esos espíritus no están contentos con que yo vaya para allá".

Capítulo 5
LA INVESTIGACIÓN PARANORMAL

Cuando llegaron a la casa, vieron que era una gran mansión, que se notaba que tenía muchas habitaciones y estaba rodeada de un hermoso jardín, con muchos árboles.

Lupita, su mamá y el bebé se quedaron en el automóvil. Lupita estaba aterrada así que nada más bajó para ir al baño, acompañada de su madre, y regresó corriendo. Luego ambas se pusieron a dormir. Ellas ya habían puesto en evidencia su espíritu de sacrificio. Durante todo el viaje sólo habían parado para cenar, para ir al baño y para poner gasolina al carro. Cuando empezaba a oscurecer, buscaban un lugar seguro para estacionar el carro, lo adaptaban acomodando un colchón inflable y dos *sleeping bags*, y dormían dentro de él.

Patricia y Robert bajaron del carro y fueron recibidos por Patrick, uno de los amigos de Dave, quien los invitó a pasar a un *camper* grande, adaptado como centro de operaciones del grupo de trabajo, y que al interior contenía una pantalla para observar imágenes de videocámaras, dividida en cuatro escenarios, con micrófonos y otros equipos. El amigo de Dave les contó rápidamente que la mansión fue comprada por una señora y sus familiares, quienes desde que la habitaron, empezaron a sentir pasos, gritos y presencias. Luego pidieron apoyo a un sacerdote y dejaron de sentir esas presencias por un tiempo. Pero poco a poco volvieron a sentir las presencias, incluso generando conflictos familiares, por lo que decidieron alejarse hasta conocer si realmente se trataba de fantasmas y si era posible determinar su identidad y su nivel de agresividad, de tenerlo.

Luego dijo: "Ya estamos en el último día de recolección de información. Ya tenemos algunas pruebas, pero para concluir adecuadamente requerimos que ustedes nos apoyen en los siguientes lugares: Patricia, irás a la zona de dormitorios, donde está Dave, para tratar de establecer contacto con algún fantasma a través de tus facultades de médium. Robert, permanecerás aquí en el *camper* centro de información".

Robert estaba un poco inquieto, y a la vez se sentía fuera de la acción. Así que le dijo a Patricia: "¿Puedo acompañarte?".

Ella dijo: "¿Estás seguro?" y Robert le contestó: "Sí, estoy seguro. Prefiero estar cerca de ti".

Luego hablaron con el amigo de Dave y Patricia empezó a ingresar a la mansión con Robert.

LA POSESIÓN

En el momento en que ingresaban Patricia y Robert, vieron que uno de los asistentes del grupo, Torney, que portaba las luces, caminaba rápidamente por los jardines alrededor de la casa.

La amiga de él, que asistía con una filmadora, se acercó a Patricia y le dijo que Torney estaba actuando muy extraño, como poseído, y que en la mañana había amanecido con unas marcas de arañazos en el brazo derecho. Era como una huella de garra de cuatro dedos. Y ahora en la noche ya no hacía caso. Había dejado tirado el arreglo de las luces, sin instalarlas, y se puso a caminar, sin escuchar y sin detenerse.

Patricia, acompañada por Robert, alcanzó a Torney y le preguntó mientras caminaba a su lado: "¿Quién eres y por qué estás dentro de Torney? ¿Qué haces paseando alrededor de la casa?".

Torney no contestó, ni detuvo el paso.

Patricia se puso frente a él y volvió a repetirle: "¿Quién eres?". Esta vez Torney se detuvo. Luego respondió: "¿Eres médium que puedes hablar conmigo?". Patricia le contestó: "Sí. Tú lo sabes. Podemos comunicarnos a través de Torney o sin él".

Torney respondió: "Prefiero a través de él. Yo fui jardinero de esta mansión y trabajé para el señor Hickingson. Mi nombre es Timothy. Cuando fallecí quise quedarme aquí, pero el señor Hickingson me puso como condición que todas las noches haga rondas alrededor de la casa. Siempre me acompaña mi perro, Pettro. Este señor ayer se burlaba mucho de nosotros, expresándose como si fuéramos unos animalitos invisibles y débiles. Ya le di su lección. Hoy lo vi muy asustado y muy sumiso, así que decidí posesionarme de su cuerpo".

Robert estaba atónito escuchando lo que decía Torney.

"No le vas a hacer daño, ¿verdad?" dijo Patricia. Y el espíritu, a través de Torney contestó: "No. Sólo porque tú me lo pides".

"¿No has pensado en seguir tu camino hacia la luz? Quizá tus familiares estén esperándote allí", preguntó Patricia.

"No. Me da miedo hacer algo sin permiso del señor Hickingson. También me da miedo salir de la mansión", explicó Torney.

"Puede que saliendo de la mansión encuentres la luz y puedas reunirte con tus familiares. Por ahora, ¿crees que puedas dejar a este señor?", dijo Patricia, pero no hubo respuesta. Sin embargo, al poco rato, Torney se sentó en el césped, y quedó allí balanceándose lentamente y cogiéndose la cabeza. En esas condiciones fue asistido por su amiga, que trataba de darle agua, hasta que, luego de un largo rato, Torney recobró la conciencia, aunque no recordaba absolutamente nada de los sucesos que acababan de ocurrir.

Patricia y Robert ya habían avanzado e ingresado a la mansión.

EL ESPÍRITU DEL SR. HICKINGSON

La mansión estaba muy oscura. Cuando se encontraban cerca del dormitorio principal, Patricia y Robert sintieron un ruido similar a un disparo, y Robert se agachó rápidamente, cubriendo a Patricia. Dave se acercó y les preguntó: "¿Escucharon el disparo?". Y ellos asintieron.

Luego continuaron avanzando. Al entrar al área de dormitorios, Robert vio una especie de neblina que le causó bastante frío, mientras que el asistente de Dave les mostraba que en un aparato para medir el electromagnetismo la aguja se elevó hasta la mitad de la escala. Ello significaba que había presencia electromagnética, lo cual era una indicación de que allí estaba algún espíritu. Robert pudo apreciar también cómo otro asistente preguntaba con una linterna apagada: "Si usted desea que nos vayamos, prenda la linterna", y la linterna se encendió.

Patricia también fue muy directa. Se puso en medio del dormitorio principal. No dejaron que Robert entrase allí, así que observaba a Patricia desde fuera del dormitorio. De pronto, un espejo que estaba al costado del dormitorio salió volando y cayó en forma de múltiples pedazos rotos en dirección hacia Patricia, pero antes de que la alcanzase, ya Patricia estaba en otro lugar. Patricia supo que la rotura del espejo fue provocada por el fantasma del señor Hickingson. Supo también que ella fue protegida por su ángel guardián, quien la levantó y la movió rápidamente de ese lugar. Además, aun cuando nadie lo notó, excepto Patricia, el ángel guardián advirtió a Hickingson que no se atreviese a hacerle daño a Patricia, porque ella estaba bien protegida. Hickingson no se enfrentó al ángel guardián de Patricia.

Patricia no perdió el valor y dijo: "Buenas noches señor Hickingson, ¿por qué ha querido hacerme daño?".

Y se escuchó una respuesta que no se entendía muy bien pero sí se podía interpretar en la grabadora: "Disculpa".

Patricia continuó: "Lo disculpo. ¿Por qué hizo ese sonido como disparo?". Y se escuchó una respuesta que tampoco se entendía muy bien pero sí se podía interpretar en la grabadora: "Morí de un disparo".

Desde la puerta del dormitorio, Robert le dijo a Patricia: "¿Podrías preguntarle cómo hizo para que suene ese disparo?"

El espíritu escuchó perfectamente a Robert y dijo: "Yo traje ese sonido. Es el ruido del disparo que me mató".

Patricia continuó: "¿Usted sabe quién le disparó?". Pero no hubo respuesta.

Patricia, que era la que mejor escuchaba, le dijo: "Si logramos que se haga justicia respecto al disparo que le causó la muerte, ¿usted dejaría en paz esta mansión?".

Y nuevamente hubo una respuesta que sólo se entendía en la grabadora: "No, váyanse ustedes".

Patricia esperó un poco y luego preguntó: "¿Usted dejó esas marcas en el brazo del señor Torney?". A lo que el señor Hickingson respondió: "No... fue Timothy". Y no volvió a hablar más. Patricia ya sabía la respuesta, pero así validó todo lo que dijo Hickingson.

Después de esa respuesta, y luego de un largo tiempo en silencio, Dave dijo en voz alta: "Bien, ya tenemos suficientes pruebas, así que ya terminamos aquí. Recojamos todo y nos reunimos en la oficina principal en dos horas". Ya eran las dos de la mañana.

Y todas las personas que estaban trabajando en la investigación alistaron sus cosas para dejar la casa.

Al momento que salían, Patricia le pidió a Dave que la dejase quedarse un rato más en el cuarto principal.

Cuando estuvo sola, se puso a conversar con el señor Hickingson insistiendo en su premisa: "¿No cree que es mejor que deje esta casa y que continúe su viaje hacia el mundo de los espíritus donde lo esperan sus espíritus más queridos?".

Hickingson entonces se hizo presente mostrándose físicamente ante Patricia; era un señor de edad, que estaba en buena forma, y respondió telepáticamente: "No sabes nada. Este es mi hogar y los trabajadores que están conmigo son parte de mi grupo más querido".

"Puede que usted crea eso, pero realmente esta casa tiene otros dueños y usted tiene un grupo de familiares y amigos cercanos, sus padres, su esposa, sus hijos, sus compañeros en el mundo espiritual, que quisieran volver a verlo", contestó Patricia comunicándose de igual manera, dentro de su mente.

"Mi hijo falleció y me abandonó. No se quedó acá conmigo", dijo Hickingson.

"Pero él está ahora feliz en su paraíso. Quizá usted deba disculparse del mal trato que dio a su hijo y a sus trabajadores, y luego intentar ir hacia la luz", le dijo Patricia.

Hickingson se demoró en contestar. Patricia volvió a insistir diciéndole: "Es momento que deje de lado su orgullo y se arrepienta del daño que ha causado a las personas que estuvieron a su alrededor. Ellos quieren perdonarlo, para que usted pueda seguir hacia la luz".

Pasó otro largo rato sin respuesta, durante el cual Hickingson tomó un aspecto pensativo, mirando a Patricia, hasta que Patricia pudo notar que Hickingson tomó una forma más resplandeciente y se elevó siguiendo su camino hacia la luz, y levantando la mano para despedirse de ella.

Al salir de la casa, otro espíritu hizo contacto con Patricia: era Timothy, el espíritu que estuvo en el cuerpo de Torney. También estaba resplandeciente. Agradeció a Patricia y se fue hacia la luz. Y tras él se fue su perro.

Patricia vio a Robert parado al costado del carro, esperándola, y como ella venía muy contenta por su resultado, no se contuvo y le dio un beso en la mejilla. Robert quedó sorprendido, pero muy contento, tocándose la cara. Luego Patricia le contó de todos los sucesos que habían acontecido y por qué estaba tan contenta. Robert la escuchaba extasiado, y luego le dijo que él también estaba muy contento por ella.

Luego Robert tuvo que despertar a Lupita, y una vez que todos se acomodaron, condujo el carro hasta la oficina principal del grupo de Dave.

Dave los recibió y dirigiéndose a Patricia le dijo: "Ya tengo los resultados que me pedían, El señor Hickingson vivió en esa mansión hasta el año 1894, en el que murió, al igual que su jardinero, el señor Timothy Harper. Además, hemos revisado la grabadora y se escucha claramente al señor Hickingson hablando contigo, Patricia. Muchas gracias por ello. Tenemos información en video de la linterna encendiéndose sola por acción del espíritu, también de las heridas que ha sufrido Torney, de los valores que ha tomado el instrumento medidor de energía electromagnética, y del espejo que se hizo añicos frente a ti. Eso demuestra que este fantasma es agresivo y hay que tener cuidado al tratarlo. Vamos a procesar todo para exponer el caso ante la actual propietaria".

Patricia dijo: "Qué bueno. Pero creo que las cosas pueden haber cambiado porque el señor Hickingson quizá ya se haya ido hacia la luz. Lo mismo que el jardinero, y su perro. Pero puede que haya otro espíritu allí".

"¿Cómo? ¿Ya no está el Sr. Hickingson?", preguntó Dave.

"Parece que ya no", contestó Patricia.

"Haremos saber de esa posibilidad a la propietaria. Veo que eres muy persuasiva, Patricia. ¿Ustedes continuarán su viaje?", dijo Dave.

"Sí, dormiremos un par de horas en la ciudad y luego continuaremos nuestro viaje a Nueva York. Gracias por esta experiencia", contestó Robert.

Y todos se despidieron de Dave y su grupo. Luego, se fueron a un hotel cercano para dormir un par de horas y reponer energía, y más tarde partir hacia Nueva York. El hotel sólo tenía dos dormitorios disponibles y uno de ellos era muy pequeño. Allí durmió Robert, solo.

Luego de esas dos horas, continuaron viaje hacia Nueva York.

En el camino, todos continuaron durmiendo en el carro, excepto Robert, que conducía el vehículo. Cuando despertaron, Patricia comentó sobre un lugar llamado Lily Dale: "Es una villa hermosa, donde viven varios médiums, y hacen lecturas".

Robert ya había aprendido que una lectura es una sesión durante la cual los espíritus de las personas fallecidas hacen llegar sus mensajes, a través de médiums, a sus familiares que los solicitan. Así que le dijo a Patricia: "Quisiera ir a Lily Dale. Necesito saber si Elizabeth está bien, y parece que no responde a tus llamados". Patricia preguntó: "¿Estás seguro de querer ir a Lily Dale?". "Absolutamente", contestó Robert. Y agregó: "¿Qué les parece si partimos en una semana?". "¿Qué hacemos con Andy, la abuela y Lupita?", preguntó Patricia. "Pues vienen con nosotros. Ya somos un equipo", contestó Robert.

Lupita replicó: "Gracias, pero yo no puedo. Me regreso a México en cuanto los deje en casa". "Bueno, al menos quédate con nosotros hasta antes de que vayamos a Lily Dale", dijo Robert. Lupita aceptó quedarse dos días.

Antes de llegar, Robert lanzó una pregunta más a Patricia: "Disculpa que insista. Me dijiste que los espíritus que contactamos hoy no pudieron ir hacia su paraíso. ¿Tú crees que ya estén en ese paraíso?".

Patricia respondió: "Sí. Una vez que los espíritus recapacitan y reconocen que no tiene sentido seguir en este mundo físico, pueden ir hacia el mundo de los espíritus. El lograr que un fantasma siga su camino hacia la luz es motivo de alegría en el mundo de los espíritus. Por eso yo quedé muy contenta".

Robert se alegró por lo que hizo Patricia, pero se quedó pensativo respecto a los otros fantasmas. Luego dijo: "Aparentemente algunos grupos de caza fantasmas no tienen en cuenta que los espíritus que están en este mundo necesitan un pequeño empujón para ir hacia la luz. ¿Hay alguna manera de ayudar a esos fantasmas?" y Patricia respondió: "Sí. Algunos de estos grupos de caza fantasmas van con personas que ayudan a los espíritus que deseen, a ir hacia la luz. También existen médiums que van a los lugares donde hay espíritus y hacen círculos de oración, es decir, van con grupos de personas que oran para que ellos vayan hacia la luz. También hay los denominados Círculos de Ánimas, que empezaron en España y ya hay en muchos países, donde se reúnen varias personas, física o virtualmente, para elevar buenas intenciones y lograr que los espíritus que lo deseen vayan hacia la luz". Robert dijo: "Es una buena manera para lograr que esos espíritus puedan salir de este mundo", y Patricia contestó: "Cuando se logra que un espíritu regrese a su mundo, los que integran los círculos sienten el agradecimiento del espíritu, y quedan llenos de alegría y de buenos sentimientos". Con ello Robert quedó satisfecho.

Cuando llegaron a Nueva York, Lupita, su mamá Margarita y su sobrino Andy se fueron a vivir con Patricia. Robert les propuso algo a las tres mujeres: "Yo también quisiera adoptar a Andy. ¿Aceptarían que yo sea su padre adoptivo?".

Y las mujeres asintieron poniéndose muy felices. Patricia sabía que esa proposición implicaba el inicio de una relación con ella, y le agradó mucho la idea. Robert regresó solo a su casa, muy contento.

Esa noche, Robert aprovechó para hacer un repaso de lo que había aprendido en ese viaje:

Hay espíritus que no siguen su camino hacia lo que sería su paraíso, sino que permanecen en este mundo, no sólo por tener asuntos pendientes, sino porque no desean apartarse de sus bienes terrenales, ni arrepentirse de sus actos, como Hickingson, o porque no saben cómo fallecieron y permanecieron en este mundo, y/o tienen miedo de cruzar hacia el más allá, como Timothy.

Aquello que es considerado como el paraíso para los espíritus que llegan allí, es un lugar lleno de amor y paz donde cohabitan con espíritus de familiares fallecidos y con espíritus de jerarquía superior, incluido uno de Suprema Jerarquía. Hay otro lugar en el mundo de los espíritus que es considerado una zona de tormento, para quienes generan sufrimientos mayores.

Los espíritus también se enojan y pueden infligir daños a las personas, como el arañazo dejado en Torney. También hay espíritus que toman posesión de la mente de personas, principalmente cuando esas personas están en condición de mucho miedo y sumisión. Esas personas hacen lo que desea el espíritu y luego, cuando se retira ese espíritu, no recuerdan nada. Al tomar posesión, somete a ambos, cuerpo y espíritu interno de la persona.

Estos espíritus también pueden traer ruidos u otros objetos del pasado, para hacer notar lo que les pasó, como fue el ruido del disparo que trajo el Sr. Hickingson.

También puede existir conflicto y pelea entre espíritus, ya sea porque uno de ellos manda y el otro acepta, como fue el caso de la relación del señor Hickingson con Timothy, o porque un espíritu quiere dañar físicamente a una persona mientras que otro, su ángel guardián, la protege e impide que se genere el daño, que fue lo que le pasó a Patricia.

Hay espíritus que se resisten a ser expulsados de la que consideran su casa y empiezan a manifestarse cada vez con mayor agresividad, hasta lograr que se vayan las personas que allí habitan.

Pero también hay espíritus que pueden estar esperando una pequeña ayuda para ir hacia la luz, y no saben cómo encontrarla. Y a veces esa ayuda puede provenir de una persona viva, que simplemente logra entrar en contacto con ellos y les hace entender que el camino hacia la luz se alcanza a través del amor y el perdón, que valen más que lo que consideran su propiedad, sus pendientes o su pesar en este mundo, porque su verdadero destino es continuar su viaje en el mundo de los espíritus.

Por otro lado, hay grupos de personas que se dedican a detectar la presencia de espíritus denominados fantasmas o almas en pena, que se encuentren habitando en determinadas casas, utilizando para ello una serie de equipos físicos, y que realmente logran esas detecciones.

Finalmente, existe una atracción muy especial entre ciertas personas vivas que recién se conocen, como si ya hubieran tenido una relación anterior que no pueden recordar, pero que les permite recibir y brindarse mucho amor y ternura, como lo que sucedió entre Andy y yo.

Capítulo 6
INICIANDO LA ADOPCIÓN

Al día siguiente de llegar a Nueva York, Robert acudió a la oficina del detective privado Frank Crasbuth, y encontró que ahí estaban Patricia, Lupita, la mamá de Lupita y Andy.

Frank le dijo a Robert: "Mira esta locura. Mi hija quiere adoptar a este bebé. Quiere ser mamá".

"Es una verdadera locura", contestó Robert, "pero yo también quiero adoptarlo, como su papá".

Frank, que era muy perspicaz, dijo: "¿Qué está pasando aquí? ¿Qué sucedió en Orlando que yo no sé?".

"Todos estamos locos, pero felices. Él me llamó papá, y ahora yo quiero ser su padre. Y veo que venimos por la misma razón. Para que nos orientes acerca de cómo conseguir papeles de adopción para tu nieto", dijo Robert.

"Esto es increíble. ¿Pero entonces ustedes dos ya se entendieron? ¿Y están formando una nueva familia en torno al bebé?", preguntó Frank.

"Bueno…casi", dijo Robert, con timidez.

"Papá, queremos que Andy cuente con la documentación completa para que sea nuestro hijo. Tú puedes ayudar porque tienes algunas conexiones. El señor Stewart trabaja con documentos de identidad y te dijo que te ayudaría en lo que le pidas", agregó Patricia. De esa manera salvó a Robert de dar explicaciones que era mejor que se dieran en un momento más adecuado.

Frank, luego de pensarlo por largo rato dijo: "Voy a averiguar qué podemos hacer. Aunque no entiendo muy bien esta relación". Y salió de la oficina.

En eso sonó el teléfono celular de Robert. Era su madre, que le dijo: "Hijo, ¿Cómo te fue en tu viaje?, ¿Cuándo vas a venir a vernos?". Robert se esforzó por dar una respuesta corta, tratando de que las otras personas no lo escuchen: "Hola, bien, pronto", y colgó. Sin embargo, todas las mujeres llegaron a escuchar lo que Robert decía y notaron su preocupación al hablar. Pero guardaron silencio.

Robert esperó a reponerse y dijo: "Voy a ir a dictar clases y a pedir permiso en la universidad para nuestro viaje a Lily Dale. Quisiera salir con Andy antes de viajar, para comprarle alguna ropa y juguetes en un centro comercial". Margarita se apresuró en decir: "Es tu hijo. Puedes salir con él cuando tú quieras". Fue una respuesta que llegó a los oídos de Robert como campanas celestiales. Se le iluminó la cara y se le dibujó una radiante sonrisa. Así salió de la oficina.

CASO DE CLARIVIDENCIA

Tres días después, Margarita, Robert, Patricia y Andy despidieron a Lupita. Ella decidió regresar en avión, y para ello vendió su carro a Patricia.

No era el carro que Patricia hubiese querido comprar, pero dadas las circunstancias, era una oportunidad de apoyar a una amiga que pronto sería parte de su familia. También, finalmente, necesitaba un automóvil para movilizarse y no depender del vehículo de su padre.

Todos fueron al aeropuerto y estuvieron con Lupita hasta que entró a la sala de embarque, donde ya no podían pasar.

Más tarde, Robert acompañó a Patricia a su oficina. Frank abrió la puerta y le dijo a Patricia: "Ha venido la señora Scribens trayendo un paquete, como le pediste, con una prenda de su hija desaparecida en el Bronx hace una semana. Está esperándote para que le hagas una sesión de clarividencia". Luego se dirigió a Robert y le dijo: "¿Quieres acompañarnos?".

Patricia entró en su oficina y luego lo hicieron Robert y Frank. Después de saludarse con la señora Scribens, Patricia abrió el paquete y tomó en sus manos una cadenita que había en su interior y se preparó para hablar. Frank alistó una grabadora y se preparó para tomar notas de lo que Patricia empezaba a decir: "Ya está muerta. Lo lamento. Ha sido torturada y asfixiada por un sujeto de tez bronceada, de 30 años de edad, que tiene una cicatriz en forma de cruz en el lado derecho de la cara. Me hace ver nombres de rutas por donde fue llevada: 87 Ave., Warburton

Ave. Luego unas calles que no se ven los nombres… Al final, el cuerpo está cerca de un arroyo, entre unas piedras y vegetación… muy cerca hay una vieja construcción que ya está abandonada. Me hace saber que ahora está bien, en su paraíso, con su padre y una hermana que fallecieron mucho tiempo antes que ella".

La madre de la niña empezó a llorar. Pero a pesar de su dolor estaba agradecida por saber que estaba junto a su esposo y a su hija, fallecidos. Y todos estaban en el cielo, según su interpretación.

Frank dijo: "Con estos datos yo saldré a "peinar" esa zona del Bronx. Patricia, si encuentro algo te aviso y luego llamamos a la policía. Señora, la mantendremos informada", y acompañó a la señora Scribens hasta la puerta.

Después de despedirla, Frank se alistó para retirarse, pero Robert le dijo: "Espera Frank, yo vine para pedirte que Patricia me acompañe a Lily Dale".

"No tengo mucho trabajo, por ahora", agregó Patricia.

Frank miró su reloj y sus apuntes y dijo: "Bueno, por mi parte no hay problema. Yo puedo continuar solo con este trabajo. Pero Robert, cuídense mucho, al menos hasta que acabe con este caso y resuelva por qué un vehículo ronda por las inmediaciones". Y salió de la oficina.

Aunque regresó inmediatamente y dijo, apuntándoles con su dedo índice: "Pero arreglen su situación. Quiero una situación clara a su retorno". Y volvió a salir.

Robert y Patricia aceptaron y se prepararon para viajar en dos días.

EL INCIDENTE EN EL HOSPITAL

Al día siguiente, Robert salió con Andy para comprarle ropa y algunos juguetes. Una vez que parqueó su carro en un gran centro comercial, donde Robert usualmente acudía, sacó a Andy de su asiento especial para niños, y lo puso en el suelo de tal manera que sujetaba a Andy de su mano derecha, y así empezaron a caminar juntos hacia una tienda de ropa.

De pronto pasó velozmente un vehículo oscuro, que sobreparó cuando ellos estaban de espaldas a ese vehículo, y el chofer del vehículo bajó la luna de su ventana y sacó una pistola, con la que disparó dos veces sobre Andy, quien cayó al suelo. El vehículo siguió avanzando rápidamente y desapareció antes de que Robert entendiese lo que había ocurrido. Una señora se puso a dar de gritos pidiendo ayuda y se acercó a Robert para ayudarlo.

Robert apenas reaccionó, levantó rápidamente a Andy y corrió hacia su vehículo. La señora corrió con él y subió a la parte posterior del carro y recibió a

Andy en sus brazos mientras Robert arrancaba el vehículo y se dirigía a toda prisa hacia un hospital que conocía y que estaba cerca de ese centro comercial.

Cuando llegaron, fueron recibidos por un equipo de médicos y enfermeras del hospital, quienes llevaron a Andy en camilla a toda prisa hacia la sala de operaciones. En el camino el médico le preguntaba a Robert sobre lo que había ocurrido y Robert le decía: "Ha recibido dos disparos".

Luego ya no dejaron entrar ni a Robert ni a la señora a la sala de operaciones.

La señora se despidió de Robert dándole ánimos. Robert trataba de contenerse pero no podía dejar de soltar lágrimas. Tampoco podía saber quién había disparado porque no se percató del hecho hasta que el carro estuvo lejos. Sólo podía recordar la silueta del carro de donde salieron los disparos.

A los pocos minutos, luego de una intensa soledad, se apareció el médico cargando a Andy y le dijo a Robert: "Aquí tiene usted a su hijo. Está bien y no tiene ningún daño. ¿Está usted seguro de que le han disparado?".

Robert se quedó boquiabierto y recibió a Andy abrazándolo y llorando de contento. Apenas pudo calmarse le dijo al doctor: "¿Está usted seguro que no tiene nada?". Y el médico le contestó: "Absolutamente seguro. No hay ninguna marca en su cuerpo y hasta su ropa está intacta. Incluso su bebé no muestra ningún síntoma de trauma. Lo que sí, hemos aprovechado para darle un biberón de leche y para cambiarle de pañal".

Robert le agradeció pero no lo podía creer. Él sabía que durante un tiempo en el pasado había sufrido de perturbaciones mentales pero no creía que ahora se le volviesen a presentar. Por ello, le preguntó al médico: "¿Usted vio a la señora que me acompañó?". Y el médico respondió: "No, no he visto a ninguna señora con usted". Robert cayó en la cuenta de que no estaba la señora que lo ayudó, que era la única que podía dar fe del suceso. Todo se tornó oscuro por un largo rato.

Cuando se repuso después de esa respuesta, Robert escuchó una voz que le decía: "¿Está usted bien?", por lo que creyó conveniente considerar que no había sucedido nada y dijo: "Yo sufrí de alucinaciones. Quizá he tenido una, nuevamente".

Y el médico le contestó: "Sería conveniente que usted se haga ver". "Así lo haré", respondió Robert.

Luego de dirigirse a su carro y acomodar a Andy en su asiento, Robert recibió la llamada de Patricia preguntándole si había pasado algo con Andy. Robert le contestó: "No estoy seguro. Me siento un poco perturbado así que ya estamos regresando".

Cuando Robert llegó a casa de Patricia, dejó a Andy en manos de Margarita, y no comentó sobre el incidente que tuvo en el hospital. Patricia le dijo: "Yo he sentido como que algo malo estaba pasando con Andy, pero de pronto todo se me bloqueó. Quizá tu mente me bloquea". Robert asintió esperando que no le haga más preguntas, y trató de despedirse rápidamente.

Patricia, sin embargo, insistió en que se quede a tomar el té, con torta de chocolate que ella misma había preparado, aunque con apoyo de Margarita.

A Robert le gustaba mucho conversar con Patricia y siempre quedaba admirado de las claras respuestas que ella le daba. Así que, a pesar de sus reservas, aceptó quedarse y muy pronto olvidó el incidente. Margarita también se sentó con ellos y aprovechó para que Robert vea cómo comía Andy.

Luego Patricia le dijo: "Mi padre dice que ya ubicaron el cuerpo de la hija de la señora Scribens, y ya identificaron a su asesino. Así que ya la policía está tomando cartas en el asunto".

Robert aprovechó para preguntarle a Patricia: "¿Cómo logras obtener información de personas fallecidas tocando sus objetos personales?". Patricia le respondió: "Yo siento como que el objeto me cuenta telepáticamente sobre las últimas observaciones que tuvo la persona fallecida. Me hace llegar imágenes de letreros, paisajes y lugares, así como ruidos de lo que hay en esos lugares, tales como el flujo de agua en un río o el silbato de un tren". Robert agregó: "Entonces estás captando no sólo la energía que irradia esa cadenita, sino también la información que ella recibe de la propietaria de la cadena y de las partículas del ambiente donde se dio el suceso. Quizá sea una forma de entrelazamiento cuántico. ¿Crees que el espíritu, aun cuando sale del cuerpo fallecido, permanece cerca de su cuerpo observando casi de la misma manera en que lo haría la persona?". Patricia contestó: "Sí. Pero también he tenido casos en los que simplemente me ha llegado la información, sin tocar ningún objeto, de una persona asesinada, y puedo ver el lugar donde sucedió el hecho o el lugar donde se encuentra la persona fallecida, y puedo ver a las personas que cometieron el asesinato y su acción violenta, y hasta sentir el dolor provocado. Alguna vez me han hecho saber que el cuerpo muerto será encontrado por otras personas, de manera casual. Yo le doy esa información a mi padre y él la entrega a la policía. Después de ello, la policía puede invitarme a que los ayude en la búsqueda. Algunas veces reconozco los lugares que son los que el espíritu me hizo ver y puedo saber que estamos cerca". Robert contestó: "Vaya, parece que en esos casos los espíritus, por alguna razón especial, te eligen para que ayudes a encontrar su cuerpo. Ellos saben que tú lo harás y que la aparición de sus cuerpos ayudará a consolar a sus familiares".

Luego Margarita empezó a contarles sobre las preferencias de comida y de juguetes de Andy. Ella notó que Robert no le compró nada, ni le dio su biberón. Sólo le puso otro pañal que no sacó del maletín. Así que supuso que Robert no retuvo las indicaciones que le dio para cuidar a Andy. Sin embargo, no entendía por qué Andy no tenía hambre. Robert se dio cuenta de la preocupación de Margarita y para evitar contar todo, sólo atinó a disculparse indicando que fue ayudado por personas de una farmacia.

Esa noche, ya en su casa, Robert tomó el doble del medicamento prescrito, esperando no tener una recaída. Luego hizo un repaso de lo que había experimentado en los últimos días:

- *Hay un fuerte sentimiento humano de querer adoptar a niños con quienes uno quiere relacionarse.*
- *Los clarividentes no sólo captan la energía de las partículas que irradian personas u objetos, sino también la información que ellas emiten.*
- *Los objetos que emiten información a los clarividentes aparentemente incluyen retransmisiones de lo observado por los espíritus relacionados.*
- *Hay la posibilidad de que también esa información sea proporcionada por el espíritu protector, pues posiblemente ese espíritu sea quien muestre la vida que expone el espíritu recién fallecido al llegar al mundo de los espíritus.*
- *Los espíritus tratan de hacer saber dónde está su cuerpo muerto, para consolar a sus familiares.*
- *No hay seguridad, por el momento, de si he tenido una recaída de mi enfermedad mental, o si Andy fue salvado de una manera inexplicable.*

Capítulo 7
VIAJE A LILY DALE

Robert, Patricia, Andy y la abuela Margarita, partieron temprano de la ciudad de Nueva York hacia Lily Dale, en el Estado de Nueva York. Era un día agradable y todos estaban contentos.

Apenas empezaron el viaje, Patricia sacó de su cartera una caja con dos juguetes sorpresa y le dijo a Andy: "¿Para quién son estos regalos?".

Andy agarró rápidamente la caja y sacó los juguetes. Un mono de peluche con movimiento, y un muñeco del Hombre Araña. Pero ella le dijo: "Primero un beso", y Andy la abrazó y la besó. Patricia le dijo: "Te quiero mucho". Luego Andy se puso a jugar con Margarita y con sus juguetes, hasta que se durmió. Margarita también se durmió.

Robert, quien conducía el carro, ya se sentía restablecido, por lo que apenas pudo, empezó a preguntar a Patricia sobre cómo clasificar a los psíquicos y médiums: "¿Sabes si existe alguna clasificación especial de psíquicos y médiums?". Patricia respondió: "La clasificación más conocida es la establecida por Allan Kardec, que figura en *El libro de los médiums*. Aunque algunas series televisivas se han encargado de establecer una clasificación moderna, según sus títulos, tales como médiums, clarividentes, niños psíquicos y cazadores de fantasmas. También otras series han mostrado a chamanes y adivinos".

MÉDIUMS Y PSÍQUICOS

"¿Hay diferencia entre psíquicos y médiums?", preguntó Robert.

"Existe el término "sensibles", para referirse en conjunto a psíquicos y a médiums. La diferencia es que los médiums pueden comunicarse con espíritus de personas fallecidas y de ángeles, mientras que los psíquicos sólo se comunican con energías de cosas y lugares, o con mentes de personas vivas. Los médiums normalmente retransmiten los mensajes de los espíritus hacia las personas a quienes van dirigidos. En general cada médium tiene su propio estilo, desde que inicia hasta que termina una lectura. Cada espíritu con quien se comunican puede también tener su propio estilo para enviar su información, y poco a poco los médiums empiezan a entender y a decodificar correctamente lo que cada espíritu dice. La comunicación es telepática pero no sólo incluyen voces, palabras, canciones, ruidos o datos, completos o incompletos, sino que pueden mostrar su presencia física, de manera nítida o transparente, o también pueden mostrar imágenes de objetos que portan en sus manos, o reflejar enfermedades haciendo sentir los síntomas, y hasta haciendo sentir olores. Algunas veces los espíritus se les identifican. En algunas lecturas grupales, los espíritus se amontonan junto a los médiums tratando de que les permitan comunicarse con sus seres queridos vivos, y los médiums tienen que establecer un orden para priorizar con qué espíritus se van a comunicar. También ellos pueden ver características síquicas de las personas vivas", explicó Patricia.

Robert preguntó: "¿Y a qué médiums conoces?". Patricia respondió: "Personalmente conozco a muy pocos médiums. Los conozco principalmente a través de programas televisivos. Algunos de los médiums más conocidos, según las series de televisión, son: Kim Russo, Theresa Caputo, Rossie Cepero, Laura Lynne y Tyler Henry. Igualmente podemos nombrar a Marilyn Rossner de Canadá, que es católica devota, y a Chico Xavier, psicógrafo de Brasil, ya fallecido, que escribió más de 400 libros que los espíritus le transmitieron. Kim Russo, en su serie de televisión, iba a las casas donde había espíritus que escogieron permanecer en este mundo y se comunicaba con ellos. La acompañaban las personas que percibieron a esos espíritus. Theresa Caputo y Rosie Cepero, realizan lecturas en sus series televisivas, es decir, cuando están ante personas vivas que pueden solicitarlo o no, retransmiten los mensajes que los espíritus de personas fallecidas allegadas, les piden que lo hagan. Esos mensajes, normalmente son de amor, de apoyo, de motivación, de caricias y de perdón. Laura Lynne, y un grupo de médiums como ella, hacen lecturas y tienen una vida profesional a la vez. Tyler Henry empieza sus lecturas haciendo garabatos, hasta que se enlaza y se comunica con espíritus, y en sus lecturas hasta puede mostrar el futuro. Algunos médiums se comunican con otra clase de espíritus, como los ángeles. Entre ellos está Tania Karam, de México, que se comunica con arcángeles, transmite sus mensajes por Internet y ha publicado el libro *Tiempo de arcángeles*, y Claudia Donoso, de Chile. Incluso hay médiums del amor, y médiums que transmiten charlas y programas en Internet sobre espíritus, como Frank Montañez".

"¿Y los psíquicos?", siguió Robert.

Patricia respondió: "Ya vimos que ellos se comunican con mentes y energías. Los psíquicos pueden tener habilidades muy simples, como la intuición, y en ese sentido, todos somos psíquicos; pero otros tienen habilidades más complejas. Dentro de ellos están los clarividentes, y algunos de ellos han sido presentados en televisión en series de clarividentes, de investigadores de lo sobrenatural y series paranormales. Entre ellos están Carol Pate, Gale St. John, Phil Jordan, Carol Kirkpatrick, Mary Dawny, Noreen Renier, Rosemarie Kerr y Nancy Orleen. Esos clarividentes ayudan o ayudaron a la policía de los Estados Unidos a detectar rastros tocando cosas o acudiendo a lugares donde estuvo alguna persona desaparecida. De esa manera ellos pueden saber si la persona aún está viva o no. Muchas veces sienten el dolor de la persona que ha sido dañada. Han resuelto muchísimos casos. Otro grupo de psíquicos son los premonitorios, que ven una parte del futuro, ya sea apareciéndoles imágenes de eventos futuros de manera espontánea o a través de los sueños, en que ellos aparecen dentro o viendo desde arriba, o incluso al evaluar astros. Entre ellos se encuentran José Ortiz, de Puerto Rico; Ingrith Schaill de Colombia; y la ya fallecida Baba Vanga, que en el año 1989 predijo con impresionante exactitud, el ataque a las torres gemelas de Nueva York, y que el 44° presidente de los Estados Unidos sería un hombre afro-estadounidense. Algunos psíquicos son también médiums. Algunas de las capacidades que pueden tener los psíquicos son:

a. **Telepatía**: Es la conexión voluntaria o involuntaria entre dos o más cerebros o mentes de seres vivos.
b. **Clarividencia**: Es la capacidad de ver lo desconocido, tocando objetos o ubicándose en la cercanía de acontecimientos. Ver más allá de lo que se puede conocer sensorialmente. Algunos la relacionan o identifican como psicometría.
c. **Clariaudiencia**: Es la capacidad de escuchar lo desconocido, de escuchar más allá de lo que se puede oír sensorialmente.
d. **Clariauriencia**: Es la capacidad de ver el aura de las personas vivas y determinar su condición física y moral.
e. **Sanación**: Es la capacidad de percibir zonas con limitaciones en el cuerpo humano de las personas vivas y hasta se puede ayudar a sanarlas sin tocarlas físicamente.

f. **Precognición:** Es la capacidad de conocer eventos del futuro. No es adivinar el futuro.
g. **Retrocognición:** Es la capacidad de conocer el pasado.
h. **Visión Remota:** Es la capacidad de ver sucesos a gran distancia sin moverse del lugar.
i. **Psicoquinesis (Telequinesis):** Es la habilidad de mover o hacer que los objetos se muevan o respondan a voluntad".

"¿Y los niños psíquicos?", preguntó Robert.

"Son los niños con habilidades psíquicas o de médiums; hay algunos que han llegado a ser reclutados por el médium Chip Coffey, la doctora Lisa Miller y la doctora Athenea Drewes. Realmente esas personas brindan una gran ayuda a los niños psíquicos que se sienten diferentes y que no pueden comentar sus habilidades psíquicas. También son ayudados por personas con habilidades especiales, como Tiffany Johnson, que ve auras, y Susan Marino, que habla con animales. En general los niños tienen las mismas facultades que los médiums y psíquicos mayores. Algunos, además de ver fantasmas de personas y animales, tienen premoniciones, hablan con árboles, y tienen también capacidades sanadoras. Los niños tienen más facilidad para comunicarse con espíritus, no sólo porque no rechazan lo que sus sentidos ven, ya que recién están conociendo este mundo, sino también porque su cerebro tiene cierta facultad que se va limitando conforme van haciéndose adultos. Algunos de ellos se asustan con los espíritus que ven y otros hasta juegan con ellos. Depende mucho del espíritu con que se hayan enlazado", dijo Patricia.

"¿Qué hay de los investigadores de fantasmas?", preguntó Robert. Patricia contestó: "Ya vimos en Greensboro lo que ellos hacen. Son grupos que se dedican a detectar entidades fantasmales, a comprobar su existencia, a investigar lo que ellos hacen, y/o a expulsarlos de determinados locales. Los investigadores de fantasmas usan una serie de equipos con que captan esas presencias fantasmales, tales como cámaras fotográficas, grabadoras, videograbadoras, micrófonos sensibles, linternas, medidores de temperatura, detectores y generadores de campos electromagnéticos, sensores de movimiento, generadores de ruido y otros. Con todos estos instrumentos es posible determinar categóricamente la presencia de fantasmas, constituyendo una nueva manera de tener evidencia concreta de la existencia de espíritus en este mundo. Además, cuando estos grupos van acompañados de médiums, pueden determinar la identidad y/o la peligrosidad de esos espíritus. Por otro lado, entre los que expulsan espíritus están los religiosos autorizados para realizar exorcismos, luego de comprobar que esos espíritus han realizado una posesión demoniaca. Entre los que investigan y detectan fantasmas están el Grupo PAT, con su fundador Jason Hawes; Ryan Dum de Georgia; Drew Bartley y Fiona Vipond,

de Inglaterra; y Dharma Paranormal, con su fundador Pedro Noguchi, de Perú. El proceso que utilizan los investigadores de fantasmas es como sigue:
- **a. Determinación de lo que buscan**: Normalmente buscan presencias fantasmales y son convocados por los dueños o encargados de locales, quienes les muestran sus dudas y temores por lo que han experimentado. A veces sólo quieren confirmar que los fantasmas que se manifiestan allí no son malos ni tienen intención de hacer daño.
- **b. Instalación de equipos**: Usan diversos instrumentos, como los que acabamos de describir, que son instalados en los principales lugares donde se presume que ocurrirá la presencia fantasmal. Todos esos equipos pueden estar interconectados desde un centro de operaciones.
- **c. Búsqueda de evidencias locales y comunicaciones**: Los cazadores se ubican en los lugares que estiman más propensos a recibir evidencias. Algunos, además de los equipos, tratan de interrelacionarse con los espíritus. Dentro de las evidencias que han experimentado están:
  - Disminución de temperatura de una zona.
  - Aparición de una neblina que avanza.
  - Sonidos raros, de cadenas, disparos, rejas, etc.
  - Activación de equipos electromagnéticos, alarmas. Incluso hacen funcionar equipos sin energía, o desactivan equipos energizados (no necesitan tomar energía).
  - Comunicación con médiums o interacción a través de transcomunicación en la radio, encendido de linternas y otros. Pueden jugar o lanzar improperios que aparecen en las grabadoras.
- **d. Búsqueda de historia en la comunidad**: En base a la información que van obteniendo, pueden ir y buscar en los archivos de la comunidad para determinar la identidad de esos espíritus y los hechos que ocasionaron su muerte.
- **e. Recolección de información y análisis de datos**: Luego se junta toda la evidencia encontrada y se analizan los resultados obtenidos.
- **f. Exposición de resultados**: Con toda la información analizada, se expone e informa al dueño de la casa o al encargado, sobre los resultados obtenidos. Puede recomendarse una limpieza espiritual si se trata de espíritus no amigables.
- **g. Limpieza espiritual**: Para la limpieza espiritual existen grupos especializados, principalmente cuando se trata de entidades dañinas. Otros grupos pueden intentar que esos espíritus vayan hacia la luz".

Robert siguió preguntando: "¿Y es cierto que los chamanes y adivinos pueden también comunicarse con espíritus?".

Patricia le dijo: "Realmente lo que importa es que tengan habilidades sensibles, de psíquicos o médiums. Los chamanes han existido en casi todas las tribus y civilizaciones, y son los que en la antigüedad han dado origen a muchas religiones. Ellos tratan de conectar los poderes espirituales a las necesidades humanas, para lograr curaciones de enfermedades que se supone son afectadas por espíritus malévolos, para superar infertilidad de mujeres, para lograr cosechas abundantes o para atraer el amor, entre otros. Según su objetivo pueden contactar con espíritus o ancestros específicos, realizar rituales determinados, como danzar alrededor de una hoguera, pintarse la cara y el cuerpo y ponerse máscaras específicas. Los chamanes pueden tratar de hacer el bien o el mal. Si hacen el bien o el mal son llamados indistintamente brujos, magos o chamanes. Algunos usan alucinógenos para entrar en contacto con espíritus, y otros usan fotografías, prendas y hasta muñecos con alfileres para afectar a las personas. Hay grupos que utilizan mantras o palabras repetitivas, ritmos y sonidos de tambores, a manera de oración a distancia, que cura enfermedades. En África hay religiones vudús, de donde salieron variantes en América, como los vudús haitianos, los santeros cubanos o dominicanos, o la macumba de Brasil. Los chamanes también pueden hacer hechizos para proteger a personas o lugares contra hechizos o maleficios de daño. Pero aquellos que hacen hechizos para generar daño, haciendo pactos con espíritus que están en este mundo, podrían terminar con el daño revertido. Por otro lado, los adivinos se dedican a adivinar qué sucederá en el futuro, lo cual difiere de los psíquicos que tienen la facultad de la premonición, que saben realmente lo que va a suceder. No adivinan. Sin embargo, los adivinos pueden tener listos mapas con probabilidades de ocurrencias a personas y agregarles sus percepciones al hacer sus lecturas. Su resultado siempre será probabilístico. Ellos no hablan con espíritus, salvo que sean médiums. Hay muchos adivinos y exorcistas en la India. Hay también muchos adivinos esotéricos, que usan velas, cartas, horóscopos, y cábalas para fechas importantes, como noches de bodas o fiestas de fin de año. Claro que siempre hay que tener cuidado con los estafadores, en todo lugar", afirmó Patricia.

Robert siguió con las preguntas, esta vez a Margarita: "¿Conoces algún chamán y cómo haces tú para protegerte de algún hechizo?".

Margarita contestó: "Sí, conozco a un chamán que le dicen El Chopir. Yo me fui de México porque ese chamán me advirtió que querían hacerle daño a Andy, aunque no me dijo por qué. Yo me fui nomás".

"Vaya, hiciste muy bien", dijo Robert, quien prefirió no contar sobre el incidente que había tenido en el hospital porque no guardaba relación visible.

Margarita continuó: "Jamás paso debajo de una escalera levantada y huyo si veo un gato negro cruzándome. Pero, además, yo he protegido la casa colgando un crucifijo en la puerta y una campana plana de bronce, porque avisa cuando vienen malos espíritus. También, todos los días estoy preparando agua con sal y ruda, y lo salpico por toda la casa. Luego barro toda la casa hacia adentro. Y también me he comprado una piedra de cuarzo azabache, que la he colocado en el cuarto que Andy tiene conmigo. Todo eso es para proteger la casa de intrusos y para proteger a Andy".

"Bueno. No está mal. Quizá hay un poco de superstición, de sugestión mental, y también de religión en lo que has hecho, y tiene un buen fin", dijo Robert. Y Patricia agregó: "Y con la piedra de cuarzo azabache tiene también un poco de esoterismo. El Esoterismo es una corriente filosófica ligada a los grandes conocimientos, pero ahora viene abarcando también aspectos de belleza, de buen augurio, de protección, y de salud. De todas formas, Margarita, todo lo que creas que pueda servir para nuestra protección, aplícalo, pero avísanos de lo que hayas colocado". "Muy bien. Así lo haré", respondió Margarita.

Robert continuó: "¿Y qué grupos humanos conocidos consideran a los espíritus?". Patricia contestó: "Para empezar, todas las religiones importantes consideran la existencia de espíritus. Igualmente, hay corrientes ligadas a los espíritus o a los misterios, como los espíritas, gnósticos y metafísicos. Más recientemente se considera un grupo de personas que por sus pensamientos se han denominado Nueva Era. Pero también hay grupos de oración, y los círculos de ánimas, que se reúnen y concentran sus pensamientos ayudando a las almas a dejar este mundo y dirigirse hacia su paraíso. Y todos los grupos de oración, tanto en iglesias, en lugares de meditación, como al reunirse en cualquier lugar y pedir por una persona específica, tienden hacia el bien".

Al decir esto, todos se pusieron pensativos.

Patricia, para terminar de conversar el tema con Robert, le dijo: "Realmente todas las personas interactuamos con experiencias paranormales constantemente. Cada contacto con tus ángeles guardianes, que te aconsejan sin que los escuches y te brindan una intuición, para que no tomes una decisión que te haga daño, es una experiencia paranormal; y lo pueden hacer porque ellos están viendo tu futuro".

EL FALSO MÉDIUM

Robert estaba muy contento con la conversación. Pero estando cerca de llegar a Lily Dale, se encontraron con un grupo de personas que estaban ubicadas en la carretera impidiendo el paso fluido de los vehículos hacia el pueblo.

Esas personas lanzaban improperios como: "No deben ir a un sitio que está maldito". "Están jugando con el diablo".

Los carros avanzaban lentamente, como si se tratara de un puesto de control mecánico de peaje. Cuando el carro de Robert estuvo cerca de los manifestantes, Patricia vio a una persona que reconoció, por lo que rápidamente ocultó su rostro colocándose una gorra y fingió estar dormida.

Los manifestantes le preguntaron a Robert: "¿Usted vive en Lily Dale?", y Robert contestó: "No, sólo estoy yendo con mi familia a visitar este lugar". Ellos le dijeron: "Tenga cuidado y evite juntarse con las personas que viven allí, porque se conectan con el diablo". Y Robert continuó su camino sin contestar.

Ya estaban cerca de Lily Dale, pero Patricia esperó a estar lejos de los manifestantes para decirle a Robert: "Qué susto. Me tapé la cara porque reconocí a uno de los que protestaban. Él ha ejercido como médium sin serlo realmente. Cuando vino a Lily Dale no pasó las pruebas que evidencian que es un médium y fue rechazado. Luego se fue a Nueva York odiando a los médiums y jurando vengarse de Lily Dale. Después ejerció como exorcista, y como realmente no tenía habilidades psíquicas, torturaba en exceso a las personas que le presentaban como poseídos, tratando de curarlos de esa manera, hasta que uno de sus pacientes murió. No fue condenado porque las autoridades no quisieron meterse con estos temas religiosos".

Robert la miró atónito y dijo: "Qué asombroso. Y ahora esa persona intenta hacerse pasar por un fanático religioso".

Patricia le dijo: "Realmente hay mucha gente que no tiene habilidades de médium, pero engañan vilmente a las personas para tratar de sacarles mucho dinero y para tratar de vengarse porque fueron descubiertos, y quizá pueden ser capaces de matar para lograr sus fines personales".

Al entrar a Lily Dale vieron un letrero que decía: *"Nadie muere en Lily Dale"*. Luego, despertaron a Andy y a Margarita, y fueron a alojarse en un hotel de tres estrellas, en el que ya tenían alojamiento reservado. Margarita, Patricia y Andy se quedaron en una habitación, y Robert en el cuarto del costado.

Luego Robert, Patricia y Andy, salieron a conocer Lily Dale. Margarita prefirió ir a una iglesia que vio cerca del hotel.

Ellos tuvieron un paseo agradable. Lily Dale es un pequeño pueblo de Nueva York, fundado en 1870 por médiums y en el que en la actualidad reside la comunidad de espiritistas más numerosa del mundo: hombres y mujeres que afirman comunicarse con los muertos y que brindan a sus visitantes respuestas en su búsqueda del más allá. Visitaron los monumentos de la Asamblea, el Templo de la Curación, el lago Cassadaga y las casas de los médiums, entre otros lugares. No asistieron a las lecturas gratuitas porque Robert iba a tener una lectura personal más tarde.

LA LECTURA

Además de los médiums que viven allí, periódicamente llegan médiums de otros lugares que son invitados para que hagan lecturas o charlas. Entre los invitados pueden llegar médiums muy famosos como Laura Lynne, Theresa Caputo, Rosie Cepero y otros.

Robert iba a tener una lectura con Valy Gorn, quien se encontraba invitada por esos días. Valy era una médium muy bonita que había adquirido esa habilidad a la edad de doce años. Estaba preparándose para aplicar y obtener certificados de reconocimiento como médium de las dos organizaciones más importantes de los Estados Unidos en este campo, The Forever Family Foundation, para ayudar a las personas que han perdido familiares, y Windbridge Institute for Applied Research in Human Potential. Conocía a algunas médiums certificadas allí, a quienes admiraba mucho.

Robert acudió puntualmente a la cita con Valy, acompañado por Patricia y Andy. Ellos entraron y permanecieron en la sala de espera de la casa asignada a Valy.

Cuando Valy salió a esa sala de espera, tropezó y Robert la sostuvo a tiempo para evitar que cayera, y al notar su fresca fragilidad y que estaba en los primeros meses de embarazo, sintió un cariño especial hacia ella, por lo que aprovechó para saludarla terminando de darle un cariñoso abrazo. Valy correspondió al abrazo de Robert, a la vez que agradeció que la haya sostenido a tiempo.

Luego Valy saludó a Patricia y le dijo: "Vaya, veo que tú también eres médium. Y parece que el bebé también lo será. Es muy hermoso. Me inspira mucho cariño y ternura".

Patricia respondió: "Sí, es un gusto conocerla". Andy también se puso muy alegre y muy risueño con Valy.

Robert le dijo a Valy: "¿Cómo sabes que Patricia es médium y que mi hijo también puede serlo?". Valy le contestó: "Es como ver el aura. Cuando veo a una psíquica, veo que en la parte superior de su cabeza lleva una especie de embudo de luz por el que se conecta psíquicamente. En los niños no es muy claro porque muchos tienen cualidades especiales que las pierden al crecer". Robert se sentía muy complacido, tanto por el incidente, como por pensar que su hijo podía tener las mismas cualidades que Valy y Patricia.

Valy le dijo a Robert: "Bien. Tú vas a recibir la lectura, ¿verdad?". "Sí, ellos van a continuar su paseo mientras tenemos esta sesión", dijo Robert. Valy agregó: "Si tú quieres, ellos pueden participar". Pero Robert sentenció: "No, gracias. Prefiero que sea una lectura exclusivamente para mí".

Patricia y Andy se fueron a pasear y a buscar a Margarita.

Valy y Robert pasaron a la sala de lecturas y empezaron la sesión, sentándose en dos sofás, frente a frente.

Valy le dijo a Robert: "Bien. Ya empieza a hacerse presente un espíritu. Veo a una mujer joven, muy hermosa, que ya ha fallecido y ha tenido un contacto contigo... ¿Sabes quién es?".

Robert contestó: "Sí. Es mi esposa Elizabeth, quien murió hace tres años".

"Ella dice que permaneció en el mundo físico por ti, pero que ahora ya está en su paraíso, y está bien. Y te sigue cuidando desde allí", añadió Valy.

"Eso quería escuchar. Ella me hizo saber de su presencia mediante un teléfono celular. Pero yo no sabía si lo que había pasado era cierto", comentó Robert.

"Ella te agradece porque mantuviste activa la línea del teléfono celular que le perteneció", dijo Valy. "Sí, fue una manera de tenerla siempre presente", explicó Robert. Valy dijo: "Ella te dejaba una piedra cada mes que la recordabas". "Oh, sí. No sabía que era una cada mes", contestó Robert.

"Ella dice que no debes torturarte más pensando que podías haber estado con ella para salvarla. Dice que pronto pasará el peligro. Asimismo, que debes continuar tu vida y seguir con tu investigación paranormal", dijo Valy. Robert trataba de contenerse, pero las lágrimas se le venían encima.

Valy continuó: "Dice que está contenta con la llegada de Andy. Dice que ella lo cuidó para que saliera bien de México". Robert se quedó atónito y dijo: "No lo puedo creer". "Dice que ella mantuvo contacto con Andy, que estuvo en el paraíso donde ella se encuentra actualmente. Andy iba a ser el hijo de ustedes dos", añadió Valy. "No entiendo lo que me dices", dijo Robert.

"Dice que cuando ella murió ya el feto que llevaba en su interior había sido reencarnado, así que Andy se fue al Cielo, donde mantuvo la imagen de un bebé de dos años. Como fue una muerte no esperada en el Cielo, Andy podía volver a reencarnar sin esperar las etapas por las que pasan la mayoría de los espíritus. En el Cielo, algunos espíritus pueden elegir a sus padres. Andy los había elegido a ustedes. Pero cuando él murió con ella, tuvo que elegir a otros padres. Sabía que iba a sufrir al principio, pero después iba a terminar siendo hijo tuyo", explicó Valy.

Robert ya no aguantó y se puso a llorar diciendo: "Él lo sabía, por eso él me llamaba papá". Luego de un rato, cuando se calmó, dijo: "¿Cómo pudo venir a este mundo una vez que eligió a sus padres?".

"Ella dice que Andy se reencarnó en el vientre de Marita, ¿sabes quién es ella?", dijo Valy. Robert contestó: "Sí, era la hermana de Lupita, que nos ofreció adoptar al bebé". Valy siguió: "Dice también que Patricia te hará feliz, porque ella estaba destinada para ti".

Robert seguía asombrado, pero continuó con las preguntas: "¿Por qué dice que pronto pasará el peligro?". Valy le contestó: "Ella dice que ha estado cuidando de Andy y cuando estuvo contigo no dejó que le caigan las balas". Robert se sobresaltó y dijo: "Entonces era cierto que dispararon contra mi hijo. Yo no estoy loco. Era verdad. ¿Cómo debo protegerlo?". Valy le dijo: "Ella dice que ya lo estás protegiendo y que pronto te sorprenderán sus dones".

Robert se quedó perplejo con todo lo que escuchó. Al término de la sesión abrazó a Valy y le dijo: "Muchas gracias por esta lectura. Y por el cariño que me has permitido brindarte. Ha sido sumamente importante para mi vida".

Valy le dijo: "No tienes que agradecer, yo también estoy muy contenta de que lo que has recibido te haga mucho bien. Y también tengo un especial cariño por ti y lo que estás viviendo".

De pronto Valy dijo: "Espera un momento. Se está presentando otro espíritu. Es una mujer. Es una señora de edad. Me dice que se llama Olidia o algo así. ¿Sabes a quién me refiero?". Robert respondió: "Debe ser mi tía Olivia, la hermana de mi madre, que murió cuando yo era niño. Yo la quise mucho". Valy continuó: "Dice que te agradece por recordarla en tus oraciones. Pero también dice que cuides a tu mamá que está muy delicada de salud". "Así lo haré", contestó Robert.

Esta vez sí se terminó la sesión.

Al despedirse, Valy le entregó una tarjeta suya, diciéndole que podía llamarla si se le presentaba algún requerimiento importante. Robert volvió a abrazar a Valy y se fue a buscar a Patricia y a Andy. No tardó mucho en encontrarlos. Estaban jugando y esperando a que él acabase su sesión.

En cuanto los vio, Robert tomó primero a Andy, lo levantó, lo abrazó con mucho cariño y le dijo, con lágrimas en los ojos: "Hijo mío, por eso tú sabías que yo iba a encontrarte. Por eso me llamabas papá. Yo soy tu padre y te quiero con toda mi alma". Andy también abrazó a su padre mientras se regocijaba de felicidad.

Luego Robert puso a Andy en el suelo, se acercó a Patricia y la besó sin darle tiempo de hacer nada. Patricia realmente estaba enamorada de Robert, pero no se atrevía a dar el primer paso porque veía cómo Robert amaba y respetaba a su difunta esposa. Ella sintió algo por él desde que lo vio, como si hubiera salido un brillo especial de sus ojos. Así que ese beso era más bello de lo que ella hubiera esperado.

Por su parte, Robert también estaba enamorado de Patricia y disfrutaba mucho de su compañía, pero no habría dado ese paso sin el consentimiento de su finada esposa, Elizabeth, por el compromiso de amor eterno que tenía para ella. Pero Elizabeth le había dicho que ella sabía que Patricia era para él. Y Robert sentía que ya amaba a Patricia desde que la conoció.

Luego, en presencia de Margarita, Robert le dijo a Patricia: "No sé si éste sea el lugar adecuado, pero sí sé que es el momento adecuado. No tengo ningún anillo conmigo, pero… ¿aceptarías casarte conmigo?".

Patricia respondió que sí mientras Margarita aplaudía por ese hermoso suceso. Robert se puso muy contento y abrazaba y lanzaba al aire a Andy, y luego abrazaba a Patricia y a Margarita.

Esa noche, sólo Andy durmió con Margarita.

Al día siguiente, Margarita sorprendió a Robert y Patricia con un riquísimo y bien presentado desayuno. Nadie supo de dónde consiguió los ingredientes ni cómo lo preparó, pero no importaba. Era un día de felicidad en Lily Dale.

De regreso a casa, Robert le contó a Patricia todo lo que Valy le comunicó. También le explicó que él iba a pedir a su difunta esposa que lo perdone, porque se había enamorado de Patricia. Pero Elizabeth se había adelantado al decirle que ya lo sabía.

Patricia se puso muy feliz al escuchar eso.

Pero también estaba extrañada de no haber podido percibir cuando le dispararon a Andy, siendo clarividente. Luego recordó que su guía espiritual le dijo que sus habilidades psíquicas se podían bloquear cuando las trataba de usar con familiares. Y en este caso se habían bloqueado. Recién entendió por qué se bloqueaba con cada acontecimiento de Robert. Él estaba destinado a ser su familiar. Su futuro esposo.

Robert también empezó a atar cabos. Recordó cuando sintió que un carro oscuro lo seguía y él se detuvo en una estación de gasolina, pero el carro volteó en una esquina anterior a donde él se encontraba. Recordó que era el mismo carro que sobrepasó y de donde salieron los disparos en el centro comercial. No llegó a ver la cara del chofer porque la tenía cubierta con una máscara negra. Pero sí llegó a establecer esa conexión.

Apenas Robert le comunicó esos incidentes, Patricia llamó a Frank, su padre, para que los ayude a proteger a Andy.

Frank contestó el teléfono y dijo: "Lo imaginaba aún sin saber esos hechos. No te preocupes. Yo estuve viendo ese auto oscuro rondando por aquí y luego de seguirlo, alertamos a la policía. El conductor ya fue atrapado. Era un delincuente que estaba siendo buscado por la policía. De todas formas, tendré más cuidado por si hay cómplices".

Eso dejó a Robert, Patricia y Margarita un poco más tranquilos aunque en el fondo seguían preocupados. Sabían que debían estar alertas. Se trataba de un delincuente. Robert y Patricia no encontraban ninguna razón para que un malhechor los siga, y menos con intenciones de matar a su querido hijo. Y encima Margarita les decía que seguramente era el bandido del que le advirtió el chamán El Chopir.

Al llegar a la ciudad de Nueva York, todos se fueron a dormir a la casa de Robert, porque ya contaba con medios de seguridad y videocámaras, que fueron enfocadas hacia las puertas de ingreso. Pasaron previamente por la casa de Patricia para recoger ropa de cama.

Esa noche fue maravillosa para Robert porque estaba durmiendo con su nueva familia, en su casa. Y aunque casi no durmió, por la preocupación de que pudieran venir cómplices de aquel delincuente, y por la incomodidad de no estar acostumbrado a compartir su cama, disfrutó el momento. Por primera vez desde que murió Elizabeth, no se despidió del teléfono celular que preservó para ella. Ya sabía que no volvería a pagar más recibos telefónicos por ese equipo, pero también reconocía que tenía la aprobación de ella, su antiguo amor.

En la madrugada, estando despierto y antes de que su cerebro vuelva a la acción, Robert aprovechó el tiempo para repasar lo que había aprendido en ese viaje:

Los médiums pueden ser no sólo médiums sino también clarividentes, clariaudientes y otros. En ese sentido, los médiums psíquicos pueden tener algunas o todas las siguientes habilidades: ver a personas fallecidas, escucharlas, hablar con ellos, ver escenarios de ocurrencias tocando objetos, ver escenarios futuros, sanar, ver auras, hablar con animales, y algunas otras habilidades.

Cada espíritu y cada médium pueden tener su propio estilo para transmitir y para decodificar lo transmitido. Los médiums no deben usar sus habilidades para provecho personal o de sus familiares. Existen certificaciones muy estrictas para reconocer a los médiums legítimos.

Los médiums psíquicos pueden adquirir esas habilidades desde niños, a diferente edad. Y pueden ser ayudados para que no se sientan diferentes y para que exploten adecuadamente sus dones.

Así como hay quienes regresan a la vida luego de pasar por experiencias cercanas a la muerte, debido a que aún no se esperaba su muerte y tienen metas posibles de completar en el mundo físico, hay también espíritus que no pueden regresar a la vida, porque su cuerpo ya no les da esa posibilidad, y por tanto reencarnan rápidamente, sin esperar a pasar por las etapas que pasan todos los espíritus en el cielo.

Los ángeles guardianes pueden proteger mucho, hasta el extremo de evitar muertes seguras, como lo que le sucedió a Andy cuando le dispararon. Pero probablemente sólo en casos excepcionales.

Se han realizado exorcismos, algunos de los cuales no han sido correctamente llevados y han quitado vidas. Hay falsos médiums y estafadores que pueden hasta matar con tal de obtener beneficios personales.

Los chamanes pueden tener contacto con espíritus si tienen habilidades psíquicas y de médiums, aplicando rituales artesanales para hacer el bien. Los brujos podrían hacer pactos con espíritus para hacer daño, empleando hechizos diversos, pero las consecuencias no los favorecerían.

Las supersticiones son actividades u objetos que protegen contra diferentes males, según creencias populares. Si una persona piensa que cualquier hechizo la protege, realmente la ayudará a sentirse más confiada y protegida. Porque la mente y la creencia pueden permitir logros inexplicables.

El esoterismo ha agregado una rama orientada a la protección y la sanación, mediante actividades u objetos. Con todo ello, algunos objetos producidos y comercializados como parte del esoterismo son una especie de hechizos en serie, comercializables.

Es importante que los hechizos que se apliquen no tengan la intención de hacer daño a otras personas. Y si se presentan de esa manera, probablemente no les hará daño. Lo que uno cree, sirve para uno y no para otras personas.

Hay grupos de investigadores de fantasmas que realizan detecciones, investigaciones y/o expulsiones de fantasmas, usando para ello diversos equipos físicos. Ellos pueden incluir en sus grupos a médiums o personas con alguna habilidad psíquica para lograr objetivos sobre los fantasmas.

Es importante tener en cuenta las advertencias bien intencionadas que puedan ofrecer algunos chamanes con habilidades sensibles.

Capítulo 8
LA VISITA A LOS ABUELOS

Antes del mediodía, Robert fue a visitar a sus padres, acompañado de Patricia, Margarita y Andy. Al entrar a casa, Robert vio que no había nadie en la sala, como era usual, por lo que entró rápidamente, preocupado, hasta que los halló en el dormitorio de sus padres. Su madre estaba postrada en cama, y frente a ella se encontraban su padre y el tío Albert, hermano de su madre, conversando sentados.

"Mamá", exclamó Robert con tono de preocupación. Su madre miró en dirección a la voz y vio a su hijo Robert, a quien dijo: "Hola hijo. Qué gusto que vengas a visitarnos. Estábamos preocupados por la forma cómo contestaste el teléfono la última vez. Pero ¿quién es ese bebé?".

Siguiendo a Robert ya habían entrado Patricia, Margarita y Andy. Patricia entregó a Andy a los brazos de Robert y éste lo cargó hasta ponerlo al costado de su madre. Allí Andy abrazó a la madre de Robert quien se alegró mucho repitiendo: "Qué simpático bebé. ¿Quién es?".

Y Robert dijo: "Es tu nieto", y dirigiéndose a sus dos padres: "Mamá, papá, Este es Andy; su nieto".

El padre dijo: "Nuestro nieto. Es una buena noticia y es un bebé cariñoso. ¿Y quién es su madre?".

Robert dijo: "Les presento a Patricia y Margarita. Patricia es mi prometida y la madre de su nieto. Y Margarita es también abuela de Andy", luego dirigiéndose a Patricia y Margarita, les dijo: "les presento a mis padres, el señor y la señora Cartinston, y al tío Albert, hermano de mi madre".

Luego de los saludos, el padre de Robert, dirigiéndose a su esposa, dijo: "Qué rápido es mi hijo. Debe haber salido a mí".

"En realidad, Margarita es la abuela legítima. Pero no es la madre de Patricia. Patricia y yo hemos decidido adoptar a Andy como nuestro hijo", añadió Robert.

El padre de Robert entendió la figura y pidió a Robert que le lleve al bebé hacia él y allí le dijo: "Bienvenido Andy. Somos tus abuelos y aquí estamos para darte cariño". Y lo abrazó tiernamente, mientras el pequeño, de acuerdo con lo que le decía Margarita, trataba de decir de la mejor manera posible: "Abu, abu".

La madre de Robert se vivificó y se sentó en la cama pidiendo que le devuelvan a su nieto, a quien dijo: "Eres el nieto que estaba esperando y estoy llena de cariño para ti", y lo volvió a abrazar. Luego se dirigió a todos y les dijo: "Bienvenidos todos", y Patricia y Margarita agradecieron. También se dirigió a Patricia y le dijo: "Eres muy bella. Haz feliz a mi hijo. Él quiso mucho a su esposa, y no podía olvidarla. Ahora lo veo más reanimado". Patricia sólo sonreía y movía la cabeza, asintiendo.

Robert se acercó y saludó dando un abrazo a su padre y a su tío Albert. El padre de Robert le dijo: "Justo estábamos conversando con tu tío Albert recordando a su hijo Jeff, que falleció de niño, y que fue un gran amigo para ti".

"Yo también recuerdo mucho a Jeff", respondió Robert. El tío Albert dijo: "Cómo no te vas a acordar de mi hijo. Si murió ahogado cuando ustedes dos estaban nadando en el mar".

Robert sintió que lo que había dicho el tío Albert no era muy sensato. Pero lo pasó por alto, porque ese tío era muy impertinente. Luego, dirigiéndose a todos dijo: "Disculpen que no haya venido antes y que haya contestado parcamente por teléfono. Tuve que arreglar un asunto en Lily Dale y ya lo hice".

"Lily Dale", dijo el padre de Robert. "Creo que allí van los espiritistas".

Robert continuó: "Sí. En Lily Dale hablé con Elizabeth a través de una médium, porque quería que sepa que voy a casarme con Patricia. Así que vamos a regularizar todo para ser una familia formal".

El tío de Robert dijo: "¿Cómo puedes haber hablado con Elizabeth?". Robert ya no contestó.

"Qué bueno, hijo", dijo la madre de Robert.

Robert añadió: "Les traigo los saludos de la tía Olivia".

"Olivia, ¿Nuestra hermana?, pero si ella está muerta", dijo el tío Albert.

"Sí", dijo Robert, y agregó, dirigiéndose a su madre: "A través de la médium me dijo que debes cuidarte".

La madre de Robert le contestó: "Justamente hoy he soñado con mi hermana Olivia. Y la he visto aquí cuando desperté".

"¿Usted la vio aquí en su casa?", preguntó Patricia.

"Sí, aquí. Se sentó en mi cama", respondió la madre de Robert, y agregó: "Ellos creen que estoy un poco loca, pero yo realmente la vi". Luego le dijo a Robert: "Hijo, desafortunadamente yo me estoy sintiendo muy mal, pero espero que sea pasajero. Me preocupa tu papá. No quiero dejarlo solo".

"Mamá. ¿Has ido al doctor?", preguntó Robert.

"Sí, ya fui. Pero él sólo me dice que me cuide", contestó su mamá.

En esos momentos, el padre de Robert empezó a jugar con su nieto Andy, quien bailaba, y todos se pusieron a aplaudir al compás del baile. Patricia aprovechó ese momento para decirle a Robert que los espíritus visitan a sus familiares cuando ya se van a ir de este mundo. Además le hizo saber que el aura de su madre se veía opaca y descolorida, lo cual era otro mal síntoma de su estado de salud.

Robert sintió el golpe de esas palabras, y se acercó nuevamente a su madre. Se sentó en la cama y la abrazó con todas sus fuerzas. Luego le dijo, mientras algunas lágrimas rodaban por su rostro: "Mamá. Sé que no he sido un buen hijo, ni he sido muy agradecido contigo. Siempre estuve dándote problemas. Y más aún cuando entré en depresión. Tú siempre estuviste a mi lado, ayudándome para no derrumbarme. Y yo nunca tuve las palabras para decirte siquiera 'Gracias'. Pero ahora me doy cuenta de lo mucho que significas en mi vida, y quiero decirte que te quiero mucho, que estoy muy agradecido porque me has ayudado, junto con papá, a que sea una persona de bien. Y sólo espero que puedas perdonarme y que puedas saber que soy alguien, gracias a ti".

Patricia y Margarita estaban llorando. El padre y el tío de Robert aguantaban estoicos mientras combatían las lágrimas que se les arremolinaban haciéndoseles un nudo en la garganta.

La madre de Robert le contestó: "Qué bonitas palabras, hijo mío. Quizá no eran necesarias. Pero como sea, es el mejor regalo que puedo haber recibido desde que soy madre. Tú eres mi único hijo. Y yo te tuve cuando ya tenía mis años. Tú eres la parte más importante de mi felicidad".

Y ambos se abrazaron.

Luego Robert dijo: "Tomemos una foto. Un *selfie*". Y todos se pusieron alrededor de la cama mientras Robert tomaba la foto con su teléfono celular.

Y luego vinieron abrazos efusivos entre todos.

EL ESPÍRITU EN LA LÁMPARA

Cuando Robert estaba por retirarse, su madre le dijo: "Te voy a mostrar esta lámpara que me ha regalado tu papá. Es muy bella pero no es nueva". El padre de Robert agregó: "La compré de una tienda de antigüedades a la que acababan de llegar artículos baratos de una casa abandonada".

"Lo raro es que, desde que tenemos esta lámpara estoy teniendo sueños raros y tenebrosos, y tu padre está teniendo el mismo tipo de sueños", dijo la madre de Robert. El Sr. Cartinston agregó: "Esas son locuras de tu madre que no le gusta la lámpara porque la compré en oferta. Aunque es verdad que estoy teniendo sueños raros". El tío Albert agregó: "Qué bueno que lo digan. Yo también he tenido una experiencia rara en esta casa. Anteayer, que vine a visitarlos, y que esa lámpara ya estaba aquí, quise entrar al baño, pero al abrir la puerta vi a una mujer sentada, así que salí rápidamente pensando que mi hermana no había cerrado la puerta con cerrojo, pero al salir la encontré afuera, y al regresar ya no había nadie en el baño".

Patricia comentó: "Estoy empezando a sentir la presencia de un espíritu de mujer, no muy joven pero sí muy elegante".

El tío Albert dijo: "¿Dónde?, que no la veo".

Patricia les explicó: "Yo soy médium y psíquica, y puedo comunicarme con espíritus. El espíritu de esa señora me dice que falleció en un accidente de su automóvil y al quedar en condición de espíritu, prefirió no ir hacia la luz sino quedarse en su casa, que era grande y lujosa, donde vivía con su hija y sus dos nietos. Ella trató de comunicarse con ellos, pero sólo consiguió que su hija la escuchase en sueños. Luego las circunstancias de la vida obligaron a su hija a que viajara a otro lugar, y la casa fue alquilada. El espíritu de esta señora sintió que su casa había sido invadida y decidió esconderse en algún lugar donde no fuese molestada. Así que escogió esta lámpara, por ser grande y bella, ya que nadie iba a pretender quitarla. Pero la retiraron y la juntaron con otros objetos de subasta".

Robert preguntó: "¿Entonces ese espíritu ha provocado esos sueños a mis padres?". Patricia siguió contando lo que el espíritu le transmitía telepáticamente: "Ella está molesta por haber sido desalojada de su casa. Y en esta casa no se siente a gusto ya que no es la propietaria. Así que está provocando esos sueños tenebrosos a las personas que aquí moran, y ya ha empezado a mostrarse físicamente".

Robert agregó: "¿Crees que puedas hacer que deje esta casa?". Patricia contestó: "Eso estoy haciendo. Estoy tratando de convencerla de que siga su camino hacia la luz, pues desde allí va a estar más cerca de su hija viva, y también de sus familiares fallecidos".

Patricia continuó: "Está pensando en lo que le dije. Está evaluando que ya no tiene sentido seguir en este mundo físico y ella siente que no tiene razón para guardar rencor por su muerte ni para asirse de una casa que no disfruta… Ya está lista. Ya está partiendo hacia la luz".

Los padres y el tío de Robert se quedaron mudos e inmóviles. Margarita, que creía en chamanes, no dudó de lo que decía Patricia y sintió un orgullo grande por ella, por su buen corazón para con las almas, y por ser la madre de su nieto.

Robert les dijo a sus padres y a su tío: "Yo conocí a Patricia cuando tuvo una conversación similar con Elizabeth. Desde entonces nunca ha dejado de sorprenderme, y me siento muy contento con ella, como si siempre hubiese estado a mi lado".

La madre de Robert, una vez que se recuperó de la impresión, dijo: "Patricia, eres un ángel en este mundo. Yo sabía que tenía razón, pero el testarudo de mi esposo no creía que nuestros malos sueños venían de esa lámpara". El Sr. Cartinston agregó: "Ahora sí lo creo. Y tengo una duda, Patricia. ¿Tú crees que exista la reencarnación y que las personas se vuelvan a ver en otra vida?". Patricia contestó: "Sí, la reencarnación existe. Y las personas que se aman en una vida pueden volver a encontrarse y amarse en otras vidas. Pueden ser almas gemelas de muchas de sus vidas". El Sr. Cartinston quedó satisfecho con la respuesta. La madre de Robert agregó, dirigiéndose a su esposo: "Entonces, si tú eres mi alma gemela, tendré muchas vidas para seguir controlándote", y se puso a reír. Robert le comentó a su madre que quizá Andy también tendría dones psíquicos, así que ella se dirigió a todos y dijo: "Estoy muy contenta de este momento y de ver que mi hijo está formando una familia muy bonita y con lindos dones".

Luego de ello, todos se despidieron y empezaron a caminar hacia la puerta. Pero la madre de Robert ya no iba a dejar escapar a su flamante nieto, así que sacó un pequeño trozo de pastel de calabaza, y le dijo: "Esto es para ti. Recién te conozco y ya has hecho de mí la mujer más feliz de este mundo. Mi amor explota de júbilo sabiéndote mi nieto". Patricia y Margarita no querían que Andy comiese fuera de su rutina, pero no se atrevieron a contradecir a la nueva abuela.

Luego salieron Robert, Patricia, y Margarita. Andy salió comiendo su pastel.

Mientras se dirigían a su automóvil, Robert le preguntó a Patricia: "¿Cómo puede un espíritu generar sueños en las personas?". Patricia le respondió: "Los espíritus no sólo pueden crear sueños, sino que pueden meterse dentro de los sueños que están teniendo las personas, y pueden hacerlo apareciendo desde atrás, para no causar conmoción. El espíritu de esta señora ya se había especializado en crear sueños. Es una tejedora de sueños. Así que no le fue difícil crear un mismo sueño para tus padres, con la intención de asustarlos". Robert volvió a preguntar: "¿Y por qué se mostró físicamente al tío Albert?". Patricia Respondió: "Eso podía ser el inicio de una espiral de agresión, o podía ser una manera de pedir ayuda para ir al más allá. Ella sabía que yo iba a estar aquí y fue un momento oportuno para que reciba un pequeño empujón que le permita ir hacia la luz".

Prontamente partieron a casa.

Luego de un buen rato, Robert le preguntó a Patricia: "Aún tengo dudas respecto a que las personas no tengan conciencia sino sus espíritus. ¿No crees que pueda existir una mayor integración entre los espíritus y los cerebros humanos?".

"Sí lo creo, pero no sé cómo puede encontrarse esa relación", contestó Patricia.

"He contactado al Dr. Beshet a través del Dr. Mathew. El Dr. Beshet es un neurocirujano muy reconocido y cree en la experiencia que tuvo el Dr. Eben Alexander cuando volvió a la vida, y ha investigado sobre ello", dijo Robert.

"Muy bien. ¿Necesitas algo para esa reunión?", preguntó Patricia.

Robert dijo: "Sí, un poco más de información. ¿Has notado o sabes si los médiums tienen alguna característica física en su cerebro, diferente al resto de personas?", preguntó Robert.

"No, no creo", contestó Patricia, agregando: "No hay diferencia entre el cerebro de un médium y el de una persona común, aunque pueden funcionar diferente. La señora Laura Lynne, que es una médium famosa, en su libro *La luz entre nosotros: historias desde el cielo*, describió que ella fue evaluada mediante una prueba de electroencefalograma cuantitativo, QEEG, por un doctor muy reconocido, Jeff Terrant, psicólogo acreditado y certificado en neurofeedback, que dirige un centro de orientación psicológica y bienestar en Columbia; y esa prueba dio como resultado que la señora Lynne tiene ciertas diferencias no físicas, sino funcionales, en el trabajo donde se unen sus lóbulos parietal y temporal, respecto a las personas comunes, durante el mapeo de ondas cerebrales, y especialmente cuando se concentra y recibe información de espíritus. El cerebro le apaga algunas de sus zonas para realizar actividades psíquicas, pero no pierde facultades. Incluso ella separa en pantallas las áreas de su cerebro, al recibir esa información".

Robert agregó: "Eso es muy interesante porque significa que, en la comunicación con espíritus, los médiums y psíquicos no sólo se están comunicando a través de sus espíritus internos, sino también a través de condiciones especiales de sus cerebros. Ahora veo que no sólo el espíritu sino también el cerebro, son determinantes para comunicaciones con espíritus y actividades psíquicas, tales como telepatía, clarividencia, y hasta psicoquinesis". Patricia respondió: "Es un buen análisis. No sabía eso".

Esa noche, Robert hizo un recuento de la experiencia reciente que había tenido:

Muchas veces, cuando varias personas experimentan un mismo peligro, y algunas mueren pero otras sobreviven, se sienten culpables y pueden ser señalados así por los familiares de los fallecidos, pero si realmente no tienen culpa, deben evitar llevar esa carga innecesaria.

Las personas que están cerca de fallecer empiezan a tener síntomas espirituales notorios, como la visita de familiares fallecidos y el opacado de sus auras.

Es importante y se debe aprovechar, siempre que sea posible, agradecer y expresar amor a los padres que hicieron tanto por uno.

Los espíritus pueden crear o introducirse en sueños de personas a las que quieren acercarse o asustar. Pero hay espíritus que se especializan más y se les denomina tejedores de sueños.

Los espíritus que permanecen en el mundo físico pueden permanecer escondidos al interior de algunos objetos para evitar ser molestados, tales como baúles, lámparas y otros.

Los espíritus pueden ver el futuro cercano, y saber cuándo se van a presentar médiums u otras personas en determinados lugares.

Hay espíritus en el mundo físico que están esperando un pequeño impulso mental para poder ir hacia la luz.

Algunas parejas que se consideran almas gemelas pueden sentir que se conocen desde antes de una vida.

Los espíritus y los cuerpos de los médiums aportan como un solo yo cuando se comunican con espíritus.

Capítulo 9
CEREBRO Y CONSCIENCIA

Esa mañana, Robert se despidió de Patricia, Margarita y Andy, para llegar a la reunión con el Dr. Beshet. Pero antes de ir a esa reunión pasó por la estación de policía de Connie Island, donde estaba detenido el delincuente, y solicitó, como agraviado, que lo programen para hablar con él. Eso no era usual, pero el policía que lo atendió tomó nota de su requerimiento.

Luego Robert salió rápidamente para llegar a tiempo a su reunión. A través del Dr. Mathew, Robert había contactado al Dr. Kirk Beshet, para tener una entrevista acerca del cerebro y sus capacidades, y ver si podía establecer alguna relación con las capacidades de los espíritus.

El Dr. Beshet era un neurocirujano muy reconocido, que creía en la experiencia cercana a la muerte que tuvo el Dr. Eben Alexander. Robert ya sabía que el Dr. Alexander volvió a la vida después de haber estado en coma mortal, y escribió varios libros en los que describió sus percepciones en el Cielo, y un último libro sobre la especial relación de la consciencia universal en torno al ser humano.

Robert llegó a tiempo y bien vestido a un restaurante cercano al Central Park de Nueva York, según lo acordado, y estaba listo para reunirse a almorzar con el Dr. Kirk Beshet.

Al llegar, el doctor Beshet y él se saludaron cordialmente y Robert le agradeció por el tiempo que le estaba concediendo.

"Gracias a ti por la invitación. Me gusta comentar este tema", contestó el doctor Beshet.

LA CONSCIENCIA HUMANA

"Realmente estoy muy intrigado. Hace pocos días he podido conocer y observar muchas actividades paranormales, tales como experiencias cercanas a la muerte, presencias de espíritus en mansiones, y hasta posesiones, y he notado que los espíritus relacionados con esas experiencias sabían exactamente quiénes eran. También he conocido que, según las últimas investigaciones científicas sobre experiencias cercanas a la muerte, algunos científicos reconocen una consciencia que rebasa el ámbito del cerebro. En ese sentido, ¿es posible que los espíritus tengan consciencia?", preguntó Robert.

El doctor Beshet contestó: "Aún hoy es muy difícil definir a la consciencia, pero me da gusto saber lo que has conocido. Vamos a suponer por el momento, que la consciencia es la capacidad individual de reconocernos y reconocer nuestro entorno. Al respecto existen dos grandes corrientes teóricas sobre consciencia y cerebro, que han creado grandes debates entre psicólogos, filósofos, neurofisiólogos, religiosos y muchos otros. Unos piensan que la consciencia y la actividad mental son producto del cerebro y otros piensan que esa consciencia y actividad mental son producto del espíritu. Los primeros creen que los espíritus no existen o no se relacionan con el cerebro, y los segundos consideran que el espíritu es quien lleva la consciencia, y que el cerebro sólo se encarga de la parte neural y del control fisiológico de los otros órganos del cuerpo".

Robert sugirió: "¿Pero podría existir la posibilidad de que el cerebro mantenga la consciencia mientras esté vivo y al morir la transfiera al espíritu?".

El Dr. Beshet contestó: "Aparentemente no es tan sencillo. Primero, veamos el cerebro. El cerebro está compuesto por aproximadamente cien mil millones de neuronas a través de las cuales se encarga de centralizar y controlar la actividad nerviosa. Estas neuronas también perciben y almacenan nueva información o evocan la información ya almacenada, permitiendo en su conjunto que el cerebro tenga memoria, piense, sienta, aprenda, reconozca, y emita acciones a través de otros órganos, de manera que pueda hablar, ver, oír, mover músculos, y actuar en su conjunto con un patrón regular de comportamiento. El cerebro también está dividido en lóbulos y regiones. Según estudios de la facultad de Medicina de la Universidad de Washington, se han identificado alrededor de ciento ochenta regiones cerebrales por hemisferio, que realizan funciones específicas; y en ausencia de alguna de ellas, otra región asume esas funciones. Algunas de estas regiones se activan cuando suceden eventos místicos. De manera similar, los lóbulos temporales pueden ser activados por estímulos eléctricos y magnéticos generando percepciones místicas y de presencias fantasmales, así como efectos parciales de experiencias cercanas a la muerte, lo cual generó polémica entre científicos e investigadores de este campo. Además, aparentemente la consciencia está en múltiples lugares del cuerpo y del cerebro, y hasta fuera de él, pues hay una especie de consciencia por cada actividad que el cuerpo realiza. También parece que hay una región que actúa como interruptor de la conciencia. La Facultad de Medicina de la Universidad de Washington ha demostrado que el *claustrum*, que es una pequeña parte del cerebro ubicado en medio de toda la masa cerebral, es capaz de apagar la conciencia, a manera de un interruptor".

Robert continuó: "¿Por qué es tan difícil detectar la consciencia de un individuo?". Beshet respondió: "Veamos. Existe un fenómeno llamado experiencia extra corporal, ECC, que se presenta en múltiples situaciones psíquicas, cuando se supone que el espíritu sale del cuerpo, sin que la persona necesariamente se vaya a morir, sino simplemente sintiendo una situación crítica o al meditar o practicar un desdoblamiento. En esos casos la consciencia está fuera del cuerpo. Además, algunas personas que han recibido órganos trasplantados de otros individuos que fallecieron, ya han empezado a pronunciarse indicando que se les han presentado sueños, recuerdos y gustos que no les corresponden, como si una parte de la consciencia estuviera en cada órgano. Y además de ello, aparentemente existe una consciencia no local, que es personal, pero que se conecta con otra consciencia no local y no personal, sino universal. Aparentemente el cerebro actúa como un transmisor y receptor que no sólo recibe información a través de los cinco sentidos, sino también de esa consciencia universal. Adicionalmente, hay áreas del cerebro que se cargan y descargan con cierta continuidad secuencial, alrededor de cada veinte milisegundos por área, y en los momentos de actividad es que reciben, procesan y envían información pertinente. Incluso hay estudios que indican que, diez segundos antes de que el cerebro tome una decisión, ya ha tenido una activación pertinente".

"Ya veo por qué no ha sido posible definir la consciencia", dijo Robert, y agregó: "pero por lo que indica, veo también que la consciencia es divisible". El doctor Beshet asintió.

COMUNICACIONES ÓRGANO-ESPIRITUALES

Luego Robert siguió preguntando: "Y en nuestro cuerpo, ¿hay comunicación interna entre nuestros órganos?".

El Dr. Beshet contestó: "Por supuesto. Al menos hay cinco tipos de comunicación que son: sináptica, luminiscente, electromagnética, térmica y sonora. (1) La comunicación sináptica es una comunicación química producida al pasar una sustancia neurotransmisora entre neuronas. Esa es la manera clásica que usan las neuronas para lograr que nuestro cerebro piense, recuerde y sienta. Y este es el medio principal de enlace entre neuronas. Cada neurona transmite señales por unas elongaciones que se llaman axones y recibe las señales en otras elongaciones que se llaman dendritas. Por cada comunicación el proceso es como sigue: Para pasar una señal, la neurona envía su sustancia neurotransmisora y se almacena en forma de bolsas de moléculas en su axón, y, tras un impulso eléctrico, el axón libera esas moléculas de manera que cruzan la membrana del axón, pasan por un espacio sin unión entre neuronas, denominado espacio sináptico, y esas moléculas son recibidas por la dendrita de la otra neurona. Esa conexión la hacen las cien mil millones de neuronas que tiene el cerebro cada vez que tenga que realizar una actividad relacionada con las neuronas de su región. Y ellas desprenden partículas en cada una de estas conexiones. Esas conexiones constituyen el conectoma humano, sobre el que ya hay avances significativos logrados por el Dr. Sebastián Seung, profesor de Neurociencia Computacional en MIT, y por la Dra. Ann Sizemore, encargada del grupo de investigación de la Universidad de Pensilvania. (2) Otro tipo de comunicación es la comunicación luminiscente. Según un estudio publicado por el Dr. Majid Rahnama y otros científicos, en la revista *Cornell University*, y lo reforzado por el Dr. Fritz-Albert Popp, este tipo de comunicación se realiza a través de una luz ultra débil que lleva fotones, denominados biofotones, por ocurrir en seres vivos, los cuales se generan cuando las neuronas y otras células emiten esos fotones desde su ADN para comunicarse entre sí, y guardan relación con el estado de salud de los órganos y con el modo de ser de la persona. Si la luz no es muy coherente, evidencia trastornos físicos de algunos órganos o trastornos psíquicos de la persona. A pesar de que la luz es también generada por ondas electromagnéticas, para nuestro caso la estamos considerando como comunicación luminiscente. (3) La comunicación electromagnética está basada en la vibración. Toda partícula, y partiendo de allí, todo objeto, incluyendo los órganos internos del cuerpo humano, tienen una frecuencia de vibración media o equivalente. Y tienen la capacidad adicional de generar una vibración que permite sintonizarse entre ellas. Pero además de esa frecuencia de sintonía, pueden generar una señal que les permite comunicarse entre sí, emitiendo electrones como partículas de relación. Según los científicos Hameroff y Penrose, esas vibraciones pueden llevarse a cabo y enlazarse entre los microtúbulos de las neuronas, generando así la consciencia al conectar los procesos cerebrales a procesos de la realidad y a la consciencia del universo. (4 y 5) La comunicación sonora y la comunicación térmica se realizan mediante sonidos y condiciones térmicas con que se enlazan los diversos órganos. Estas cinco clases de comunicaciones ocurren permanentemente entre células, neuronas y regiones del cerebro, con cada actividad que realizamos".

Robert continuó preguntando: "¿Y cree que sería posible incluir al espíritu como uno de esos órganos internos del cuerpo humano?". A lo que el Dr. Beshet contestó: "Es muy interesante lo que planteas, y parece que sí es posible. Así el espíritu se estaría nutriendo permanentemente de las experiencias de todos los órganos del cuerpo humano; no sólo del cerebro".

Robert continuó: "Siguiendo con estas comunicaciones sorprendentes, ¿la telepatía permite la comunicación de la persona con espíritus externos?".

El doctor Beshet respondió: "Sí, y algunos piensan que es comunicación entre el espíritu del ser vivo y el espíritu del ser fallecido, pero la verdad es que todas las personas pueden llegar a comunicarse por telepatía. Hay muchos experimentos que se vienen haciendo y se espera mucho más para el futuro, en torno a la telepatía y al cerebro. En el año 2015, las universidades de Harvard y Barcelona realizaron un experimento mediante el cual una persona emitió un pensamiento en India, y al estar conectado por un casco con electrodos a una red de Internet, llevó el pensamiento y fue recibido por otra persona que llevaba un casco similar, en Estrasburgo. Igualmente, la empresa norteamericana Openwater viene utilizando una especie de gorra para realizar resonancia magnética y electro encefalogramas, que tienden a lograr la comunicación de pensamientos, permitiendo también grabar, descargar y aumentar recuerdos mentales. Por otro lado, Michio Kaku, físico teórico de gran trayectoria mundial y cofundador de la teoría de campos de cuerdas, después de publicar el libro futurista *La física del futuro*, se dedicó a buscar relación de la mente con la física moderna, publicando su nuevo libro, *El futuro de la mente*, en el que indica que en el futuro todas las personas podrán utilizar facultades psíquicas como la telepatía, telequinesis, y lectura de la mente. Asimismo, se va a poder digitalizar los pensamientos, guardar y direccionar los sueños, y conservar los cerebros. Además, ya está en ejecución el Proyecto Avatar, que tiene relación con la consciencia y con la inmortalidad. Este proyecto, patrocinado por el millonario ruso Dimitri Itskov, pretende lograr en cuatro fases que durarán hasta el año 2045, que el cerebro viva eternamente. Estas fases son:

- 2015 a 2020: Realizar una copia robótica de un cuerpo humano que se controle remotamente a través de un ordenador, es decir, controlar un robot con la mente.

- 2020 a 2025: Construir un avatar donde se pueda trasplantar el cerebro, y que el cerebro siga vivo, es decir, trasladar pensamientos a una máquina.
- 2030 a 2035: Construir un cerebro artificial de manera que se pueda transferir esa consciencia del cerebro antiguo al artificial, es decir, meter en un cerebro sintético la personalidad de un individuo.
- 2040 a 2045: Que se cuente con una especie de holograma, un sistema electrónico capaz de reemplazar nuestro cuerpo y nuestra mente, en el sistema que permita seguir viviendo eternamente".

Robert respondió: "Vaya. Quizá el problema que van a tener para ese futuro sea que el espíritu de esos cuerpos se vaya y no regrese hasta su siguiente reencarnación, después de ochenta años aproximadamente". Y el doctor Beshet agregó: "Sí. El espíritu será quien marque la diferencia".

Robert estaba muy satisfecho con la conversación. Por la hora, se apresuró en pagar la cuenta del restaurante. Cuando se levantaron y salieron, continuaron conversando y paseando por el Central Park.

LA REENCARNACIÓN

Robert continuó preguntando: "¿Cree que exista la reencarnación?" El Dr. Beshet contestó: "Creo que la reencarnación es posible. Desde el punto de vista médico, la única manera de procreación es la unión del óvulo materno con el espermatozoide paterno. Sin embargo, se han dado muchos casos de reencarnación de manera complementaria. De acuerdo con lo indicado en el *Libro de los espíritus*, de Allan Kardec, la reencarnación se produce en dos etapas. La primera etapa se da antes de la fecundación, en donde el periespíritu que va a reencarnar ingresa al óvulo materno. La segunda etapa se da poco después de la fecundación, en la que el espíritu ingresa al embrión y se une el periespíritu que va a reencarnar. Por otro lado, según el doctor Rick Strassman, psiquiatra y autor del libro *Las moléculas espirituales*, considera que el alma entra al cuerpo humano a los 49 días de concebido, y permanece allí toda la vida, pero coincidentemente, tal como figura en las escrituras del *Libro tibetano de los muertos*, también a los 49 días se manifiesta la glándula pineal en el feto. Esta glándula ha sido venerada por el budismo, taoísmo y algunas disciplinas esotéricas que la consideran como el tercer ojo, y genera melatonina que es una sustancia reguladora del sueño. Pero, además, esta glándula genera una sustancia denominada dimetiltriptamina o DMT, que es una sustancia enteógena o alucinógena, que puede crear estados místicos, sicodélicos y experiencias extra corporales. A partir de allí, muchos entendidos en el tema indican que la glándula pineal tiene participación en la reencarnación. Por otro lado, según los ritos yogas, la ceremonia de llegada del alma que entra en el cuerpo de la mujer embarazada y se funde con el feto, es el cuarto mes del embarazo, alrededor del día 120 desde la concepción. Antes de eso el feto no tiene fuerzas para recibir al alma. De otro lugar, el jefe de la División de Estudios de Percepción de la Universidad de Virginia, Jim Tucker, y antes que él, Ian Stevenson, que han analizado más de dos mil quinientos casos de niños reencarnados, concluyen que la reencarnación es real. Stevenson se centró en casos de Asia, mientras Tucker estudia casos de niños estadounidenses y ha escrito el libro *Vida antes de la vida: los niños que recuerdan vidas anteriores*. Stevenson, que falleció en el año 2007, indicó que puede aparecer similitud de rasgos faciales, de dones y de personalidad entre las personas reencarnadas por el mismo espíritu, aunque pueden reencarnar en personas de diferente raza, género, condición y concepción religiosa. La agresividad sólo se suaviza después de varias vidas. Los logros ganados con esfuerzo en la búsqueda espiritual, intelectual y artística se mantienen. El talento no se pierde, pero puede ser bloqueado por un karma. También el alma puede reencarnar en más de un cuerpo a la vez. Las personas pueden entrar a la vida en un grupo familiar denominado grupo kármico, y vienen con un plan orquestado mediante el cual las parejas pueden volver a reunirse. Algunas personas que han tenido interrupción de su vida, aparentemente sin haber completado sus metas en ella, pueden reencarnar rápidamente. Es el caso de aquellos niños que reconocen haber fallecido durante la caída de las torres gemelas de Nueva York en el año 2001. Se ha observado que los dones psíquicos se pueden transmitir a través de la reencarnación, pero también de generación en generación. De manera adicional, el psiquiatra Brian Weiss en su libro *Muchas vidas, muchos maestros*, la psiquiatra Helen Wambach en su libro *Vida antes de la vida*, y el psiquiatra Michael Newton, en sus libros *La vida entre vidas*, y *El destino de las almas*, han indicado que a través de hipnosis de regresión, sus clientes pueden conocer sobre sus vidas pasadas, lo que evidencia que un mismo espíritu pasa por varias reencarnaciones. En estos casos los espíritus generalmente reencarnan en fetos que tenían entre tres y ocho meses de concebidos. Michael Newton describe cómo el proceso de armonización del espíritu con el cuerpo puede durar varios años, lo cual permite explicar que los niños puedan tener recuerdos de esas vidas anteriores antes de que sus espíritus y cuerpos queden totalmente armonizados. Los niños, aunque se les presentan recuerdos de otras vidas, conservan su razonamiento y expresión de niños. No piensan ni se expresan con la edad en que les ocurrieron los hechos. Según el famoso psicólogo científico Lewis Goldberg, profesor emérito de la Universidad de Oregón, existen cinco grandes rasgos de personalidad que son: extrovertidos (sociables), afables (cooperativos), organizados (responsables), emocionalmente estables (tranquilos), e inteligentes (analíticos). Los cuerpos humanos vienen al mundo con uno de estos rasgos, y los espíritus que se les reencarnan tienen rasgos parecidos para que sean compatibles. Además, existen varios otros escritos, según lo indicado en la astrología kármica y en *El libro de los espíritus, y* apoyados por algunos médiums, que la reencarnación se inicia con la fecundación, y para las entidades en círculos inferiores la reencarnación es realizada en masa, con características de mecanismos primitivos. También es posible que se realice la reencarnación para espíritus rebeldes o en estado de perturbación o inconsciencia. Incluso algunos psicólogos especializados, como Sarita Sammartino, de Argentina, señalan que algunos espíritus, aparentemente no muy avanzados, pueden reencarnar en animales. Ello permite deducir que los espíritus pueden reencarnar al menos en todos los seres vivos móviles. Como se aprecia hasta aquí, es posible darse cuenta que todas las fuentes han transmitido y analizado información brindada principalmente por espíritus, y los datos finales difieren entre sí, incluso siendo verdad en todos los casos. Esas diferencias pueden deberse a que posiblemente existan múltiples formas de reencarnar y a que los espíritus que han proporcionado información pertinente, tienen diferentes niveles de avance y diferente conocimiento sobre las formas de reencarnar existentes en el mundo espiritual".

CAPACIDADES CONJUNTAS DEL CEREBRO Y EL ESPÍRITU

Luego Robert preguntó: "Y finalmente, ¿la consciencia está en el cuerpo o en el espíritu?".

Beshet respondió: "Lo más probable es que esté en ambos. El cuerpo y el espíritu aportan a la consciencia y se nutren de ella. Desde el lado del cuerpo podemos apreciar que el cerebro, que es el órgano principal del cuerpo humano, no sólo realiza operaciones complejas, sino que guarda información en memoria, y permite que la persona se reconozca y reconozca su entorno, y además controla a los otros órganos y hasta tiene experiencias místicas y quizá experiencias cercanas a la muerte. Una persona con la enfermedad de Alzhéimer o con problemas psicológicos afecta la consciencia. Incluso, como ya hemos visto, un órgano trasplantado conserva su memoria y altera los gustos de quien recibió el órgano. Podemos decir que un cuerpo humano puede funcionar sin espíritu. Pero en esas condiciones no llegaría a vivir muchos años por sus características agresivas y porque no estaría cumpliendo su rol asignado como parte del espíritu. Así, desde el lado del espíritu, una persona en hipnosis de regresión observa sus vidas pasadas, las cuales corresponden no al cuerpo sino al espíritu en un cuerpo anterior. Lo mismo sucede con las experiencias cercanas a la muerte y las experiencias extra corporales, inexplicables desde el punto de vista físico. Por ello algunos científicos de avanzada concluyen que la consciencia sobrepasa el cuerpo cuando realiza actividades extrasensoriales. Para los que consideramos que la parte de la consciencia que sobrepasa el cuerpo es el espíritu, podemos considerar que la función del espíritu es actuar con el cuerpo como un solo yo, tratando de suavizar sus rasgos extremos. El espíritu no actúa independientemente, salvo cuando sale del cuerpo. El espíritu viene con metas pactadas que debe cumplir, y las llega a cumplir si no se deja llevar por los placeres y la vida fácil, o los traumas y la vida violenta, que le puede proporcionar el cuerpo, impregnándole sus correspondientes emociones, de egoísmo o violencia. Las actividades del espíritu, así como toda actividad no entendida del cerebro, pueden ser consideradas como parte del inconsciente. En ese sentido, y en concordancia con lo planteado por el Dr. John-Dylan Haynes, director del Centro Bernstein de Neurociencia Computacional de Berlín, existe la posibilidad de que, al actuar juntos, el cerebro y el espíritu, este último, dentro de la red del inconsciente, pueda participar en proponer o emitir decisiones hasta con diez segundos de adelanto respecto al cerebro, pero es el cerebro el que en ese lapso puede modificar o mantener esas decisiones. En tal sentido, el espíritu no es más importante que el cerebro, ni es menos importante que él. Ambos se necesitan y ambos actuando como un solo yo, logran los objetivos de la persona. Por todo ello, todos los estudios y las posiciones o corrientes que se han tomado al respecto, tanto por científicos que han defendido la importancia del cerebro, como aquellos que han defendido la importancia del espíritu, han sido muy valiosos y necesarios para explicar toda la realidad".

Robert preguntó: "Hace poco supe que el cerebro de los psíquicos y médiums es igual al de las personas normales, pero funcionan de diferente forma, validando así la importancia del cerebro. ¿Cómo adquieren esa habilidad?".

El doctor Beshet respondió: "Como el espíritu no puede actuar independientemente, apoya a que el cerebro funcione apagando zonas para realizar actividades psíquicas, sin perder su consciencia. El cerebro puede adquirir esa habilidad ya sea por herencia genética, o por ser una habilidad permitida al espíritu reencarnado, o por práctica, logrando resultados que pueden tener ciertas limitaciones".

Cuando Robert estaba por terminar la entrevista, recibió la llamada de Frank. Robert pidió disculpas y contestó su celular.

"Robert, Soy Frank. La policía dice que quieres hablar con el delincuente detenido, pero quieren que lo reconozcas primero. Debes venir de inmediato a la estación de policía".

Esa llamada impresionó a Robert, que sólo atinó a despedirse rápidamente del Dr. Beshet, agradeciéndole por todo su apoyo. El doctor Beshet, por su parte, le pidió que le hiciese conocer los avances que lograse en ese campo.

Capítulo 10
LA CONFESIÓN DE ZAPÁN

Una vez que se despidió del Dr. Beshet, Robert llamó a Patricia para explicarle que había sido citado a la estación de policía, y ella quiso acompañarlo. En esos momentos no estaba Margarita, así que Patricia acudió llevando a Andy.

Robert y Patricia llegaron casi a la vez. Ya eran las cinco de la tarde. Frank los presentó con el sargento Cassidy, un detective que antes había trabajado como policía. Aún lo llamaban sargento. El sargento Cassidy los llevó a su oficina, los hizo sentar en las dos sillas frente a su escritorio y le dijo a Robert: "Por favor vea si puede reconocer a alguno de estos sospechosos", y le mostró la foto de varios individuos, dejando las fotos encima del escritorio.

Robert realmente no había llegado a ver el rostro del sospechoso, porque le pareció que llevaba una especie de máscara, así que no se atrevía a dar ninguna respuesta. Se sentía mal porque no llegó a ver quién disparó contra su hijo, pero no podía escoger a alguien que no había visto. Por eso él había preferido hablar con el delincuente para conocerlo y saber el motivo de los disparos. Sólo pudo decir: "Disculpe, pero no llegué a ver la cara del individuo que disparó contra mi hijo".

El sargento Cassidy no contaba con esa respuesta, así que se quedó sin saber qué hacer. Pensó para sí: *Es una pena que no concretemos este caso.*

Pasó un rato de silencio, y justo cuando el sargento iba a dar por terminada la sesión, Andy, que estaba sentado en el regazo de Patricia, acercó su manito y tomó una foto. El sargento Cassidy quiso quitarle la foto, pero Patricia le dijo: "Espere, quizá ése sea el individuo que le disparó". La foto era de un hombre llamado Juliano Zapán, que hacía viajes entre los Estados Unidos y México, que estaba buscado por robo a mano armada y que era justamente el delincuente que habían detenido recientemente, y que además era el sospechoso del asesinato de una mujer, en Nueva York.

El sargento creyó que era pura casualidad, así que puso las fotos en otros lugares en el escritorio. Luego dijo a Patricia: "Que escoja ahora". Patricia le dijo a Andy que señale a la persona que le disparó, y Andy volvió a tomar la misma foto. Patricia hizo saber al sargento que su hijo parecía tener habilidades psíquicas.

El sargento seguía incrédulo, así que puso las fotos volteadas, las cambió de lugar y le preguntó a Andy: "¿Quién te disparó?". Andy tomó una de las fotos volteadas y de nuevo salió Juliano Zapán.

El sargento dijo: "No puedo entender cómo, pero ése parece ser el delincuente que buscábamos".

Robert tomó la foto de Zapán y al observarla empezó a recordar, hasta que casi gritando dijo: "Sí, éste es. Este es el individuo que me apuntó con una pistola cuando yo estaba con depresión".

El sargento Cassidy llamó a otro detective que se presentó acompañado por Frank. El sargento le dijo: "¿Es éste el individuo que estaba manejando ese carro oscuro?". "Sí, ése es. Y en su interior encontraron una pistola que había sido disparada no hace mucho tiempo", respondió el detective.

El sargento quiso ir más lejos. Trajo cinco fotos de mujeres asesinadas. Las volteó y le dijo a Patricia: "Quiero que el bebé me señale cuál de ellas fue asesinada por el delincuente de la foto". Patricia le repitió el requerimiento y Andy señaló una foto. Cuando el sargento vio la foto, supo que era verdad. Zapán fue quien mató a esa mujer. Pero repitió la acción colocando las fotos de las mujeres en otro lugar, y Andy volvió a escoger la foto de la misma mujer.

El sargento se levantó y se fue a otra oficina, para hacer conocer lo que Andy había identificado. Regresó después de un largo debate y le dijo a Robert: "¿Cree usted que pueda venir mañana a primera hora para hablar con el delincuente?". "Por supuesto", dijo Robert, agradeciendo el apoyo del sargento.

Robert salió con Patricia y Andy, y no podían creer lo que había pasado. Robert reía de contento por la habilidad que tenía Andy, y Patricia reconocía que iba a tener cualidades psíquicas.

Frank, que ya estaba al tanto de todo, también quedó muy impresionado con lo que había hecho Andy, y decía: "Mi nieto ya tiene trabajo asegurado en mi compañía".

EL MOTIVO DE LOS DISPAROS

Robert y Patricia salieron de casa casi sin desayunar y llegaron temprano a la oficina del sargento Cassidy. Robert esperaba ansioso el momento de hablar con el sospechoso. Patricia fue para apoyar a Robert, pero también esperaba una oportunidad para ver al sospechoso.

Pasó un largo rato hasta que el sargento le dijo a Robert: "Muy bien. Vamos a ir al calabozo, donde está Zapán. Va a pasar sólo usted, conmigo. Nosotros tenemos una alta sospecha de que Zapán es el asesino de una señora más en Nueva York. Yo voy a llevar una grabadora escondida para asegurar que lo que el delincuente le diga será escuchado y grabado. Tenga cuidado. No se acerque ni pierda el control por ningún motivo, diga lo que diga el delincuente. Trate de que comente sobre el crimen que creemos que cometió". Y le impartió algunas otras instrucciones de seguridad. Patricia se quedó afuera.

Robert se sentó con cuidado en una silla ubicada a dos metros del calabozo y vio la cara del delincuente. Sólo unas rejas y dos metros de distancia los separaban. El sargento Cassidy estaba sentado al costado de Robert.

Robert le preguntó: "¿Eres tú el que me apuntó con un arma?". Y el sospechoso respondió: "¿No te acuerdas?" y se puso a reír. Luego continuó hablando: "Debí haberte matado". Robert, asombrado, le preguntó: "¿Y por qué querías matarme?". Y Zapán le contestó: "Para evitar que se cumpla lo que me dijo el chamán".

Robert cada vez entendía menos. Pero continuó preguntando, como si fuera un detective: "¿Qué chamán?". "No lo conoces", dijo Zapán. "¿Qué chamán?", volvió a preguntar Robert, y el delincuente respondió: "El Chopir".

Robert recordó que Margarita le había comentado sobre El Chopir. Que alguien quería hacer daño a Andy en México.

Robert continuó, un poco más exasperado: "¿El Chopir te dijo que me mates? ¿Y te dijo que mates a mi hijo también?".

"No", contestó el delincuente, "El Chopir puede ver el futuro y me hizo un hechizo de protección para que nada me pase, pero me dijo que tu hijo me delataría. No había hechizo contra ello".

Robert siguió adelante: "¿Y por qué te delataría mi hijo?".

"Eso no te importa", contestó Zapán.

"¿Si yo te digo que mi hijo realmente te delató, tú me dirías por qué te iba a delatar?", volvió a preguntar Robert. Robert sabía que estaba jugando con un delincuente avezado que podía mentirle. Pero, aun así, se atrevió a jugar esa carta con él. Y el delincuente contestó: "Si tú me dices la verdad, yo también te digo la verdad". Robert no sabía, pero el chamán le había dicho a Zapán que si el hijo de Robert lo delataba, pero luego él decía la verdad sobre sus crímenes, no le darían la pena de muerte. Por ello, Zapán ya no tendría mucho que perder, y por tanto diría toda la verdad.

Y Robert le dijo: "Mi hijo te reconoció". Luego, el delincuente se quedó callado y pensativo. Finalmente dijo: "Por el asesinato que cometí en Nueva York".

"Tú mataste a esta mujer, ¿verdad?", dijo Robert, mostrándole la foto. Luego de otro largo silencio, Zapán dijo: "Sí".

Esa declaración de Zapán ya era suficiente para que sea declarado culpable. Pero el sargento Cassidy dejó que Robert continúe: "¿Y por eso quisiste matar a mi hijo?". "Sí", respondió Zapán descontrolado, "Por eso también liquidé a esas dos mujeres".

Robert siguió preguntando como si fuera un verdadero detective: "¿A qué otras mujeres liquidaste?" Y la respuesta de Zapán fue espeluznante: "A tu esposa, porque yo la vi salir de la clínica de ginecología. Ella iba a tener un bebé. Así que la empujé para que el carro la atropelle. Así ya nunca tendrías un hijo que me pueda delatar".

Robert nunca había sabido que Elizabeth fue al ginecólogo. Pero empezó a hacer memoria y recordó que ese día su esposa le había dicho que quizá le traería una sorpresa. Robert no lo podía recordar porque para él fue una sorpresa fúnebre. Pero ahora tenía la verdadera explicación. Su esposa estaba empezando un embarazo. Y el asesino de su esposa estaba confesando su crimen frente a él.

A pesar de todas las advertencias, Robert no pudo contenerse. Gritó: "Maldito", y se abalanzó sobre Zapán, que lo esperaba listo para causarle daño mortal si establecían contacto. Pero el sargento Cassidy, que estaba atento, lo detuvo a tiempo. Robert estaba desbocado, y gritaba: "Maldito, maldito". Y vinieron más policías a detener a Robert.

Finalmente se calmó, pero cuando los policías ya se lo llevaban Robert volvió a preguntar mientras caminaba hacia afuera: "¿Y quién es la otra mujer?". Y antes de que Robert saliera del recinto, el delincuente gritó: "La mexicana, la mamá de tu actual hijo, la atropellé y me di a la fuga, porque ella también me quiso delatar". Y soltó una carcajada que sonaba tenebrosa.

Robert quedó desconsolado, rabioso y no paraba de llorar. Patricia trataba de calmarlo. Consiguió que beba un vaso de agua con un calmante, para tratar de tranquilizarlo.

Finalmente, el sargento le dijo a Robert: "Muchas gracias por su colaboración. Lamento lo que ha tenido que escuchar, pero ha hecho un excelente trabajo. Ahora sí tenemos un caso".

Eso calmó un poco a Robert, quien logró salir de la estación de policía y sentarse en su carro a respirar y a meditar. Patricia dejó pasar un tiempo antes de partir, esperando que Robert se tranquilizara por la información impresionante que había recibido por boca del propio autor del crimen.

Esa noche la casa de Robert fue un caos. Margarita no paraba de llorar cuando se enteró que ese delincuente fue quien mató a su hija Marita. Fueron amigos cuando niños. Robert no podía creer cómo ese delincuente había seguido y matado a Elizabeth sin que nadie lo note. Y Patricia se sentía mal de no haber podido ayudar en este caso, porque se bloqueaba.

Sin embargo, todos sabían que, con el delincuente preso, el peligro había acabado. Y Andy estaba bien y había hecho su papel de niño psíquico de manera brillante. Además, se estaba cumpliendo lo que dijo Patricia: que el delincuente iba a ser descubierto por alguien ligado a ellos.

En la madrugada, aún con mucho dolor en su corazón, Robert se puso a repasar todo lo que había ocurrido en tan pocos días, por lo que silenciosamente salió de su cuarto y se fue al comedor. Prendió una luz tenue y se puso a recopilar lo aprendido:

Durante experiencias cercanas a la muerte y experiencias extra corporales, la consciencia se va con el espíritu cuando éste se desprende del cuerpo. Y regresa al cuerpo junto con el espíritu cuando regresa al cuerpo.

Tanto el cuerpo como el espíritu participan en el desarrollo de la consciencia.

Las neuronas y otras células del cuerpo humano se comunican por cinco vías: química, luminiscente, electromagnética, térmica y sonora.

La comunicación de los médiums con los espíritus es telepática; y con ayuda de los avances científicos, quizá todos podremos comunicarnos de esa manera en el futuro.

El cerebro de los médiums físicamente no tiene diferencias con el cerebro de la persona común, pero funcionalmente sí. Es como si fuera un don espiritual, o psíquico. Tanto el cuerpo como el espíritu del médium participan en la comunicación con espíritus.

La reencarnación existe y es reconocida científicamente.

Los dones psíquicos se pueden heredar por genética, por el espíritu y por práctica.

Algunos chamanes tienen habilidades psíquicas especiales, como la premonición. Y ellos pueden especializarse en hacer hechizos para proteger a las personas, incluso si son delincuentes.

Hay personas que llevan mucha maldad. Sin embargo, es conveniente no contaminarse con sentimientos de odio y venganza, aunque a veces provoque hacerlo.

Los espíritus tienen características de consciencia, que son las mismas que las del cerebro, pero características físicas diferentes a las de un cuerpo físico. Quizá sean características parecidas a las que tienen las partículas subatómicas.

Cuando Robert terminó de escribir y analizar esto, todavía el cielo estaba oscuro, así que se preparó para regresar a su cama. No sabía si iba a lograr conciliar el sueño, con toda la impresión que había recibido, pero al menos podría descansar por unos momentos.

Al caminar hacia su cuarto pudo ver que detrás de él pasó una sombra de lado a lado. Cuando volteó, ya no había nada. Eso inquietó a Robert, así que sin pensarlo más se fue rápidamente a acostarse.

Capítulo 11
EL DESDOBLAMIENTO

Pasó un mes durante el cual todo empezó a acomodarse. Robert había logrado arreglar su casa para que duerman Patricia y él en un cuarto, y Margarita en el otro. En ambas habitaciones había una cuna, así que Andy podía dormir con sus padres o con su abuela Margarita. Incluso a veces no dormía en ninguna de las cunas sino en las camas, con sus papás o con su abuela.

Igualmente, en ambos cuartos había un baúl con juguetes, para que Andy pudiera jugar en cualquiera de los dos dormitorios. Quizá no era lo más conveniente para su educación, pero Andy estaba muy feliz así, y sus padres y su abuela también.

Además, Andy ya estaba inscrito en un nido pre escolar, que quedaba muy cerca de la casa. Por la mañana, Margarita le preparaba su merienda y luego ella y/o Patricia lo llevaban en su coche moderno de bebé, y lo recogían a mediodía.

Robert, sin embargo, seguía viendo sombras y se sentía angustiado, como si estuviera siendo perseguido. Por lo general no dormía bien. Él pensó que eso se debía a toda la emoción por tantos asuntos paranormales, así que decidió descansar de ese tema.

Margarita tenía una amiga llamada Florinda, que trabajaba como secretaria en un centro de terapia de sanación. Florinda le comentó a Margarita acerca de los grandes logros curativos que se obtenían en ese centro de sanación. Asimismo, le dijo que el dueño de ese centro tenía muchos dones y estaba altamente capacitado. Margarita les dijo muchas veces acerca de esa alternativa para relajarse a Robert y a Patricia.

Robert no estaba interesado, pero un día llegó cansado y angustiado, y en ese momento aceptó que Margarita le sacase una cita. Eso sí: pidió ser atendido por el dueño de ese centro de sanación, de manera que pudiese hacerle algunas preguntas simples. Robert deseaba descansar, pero ya sabía que su ímpetu investigador lo iba a llevar a formular muchas preguntas del campo paranormal. Y eso lo entusiasmaba.

Margarita se encargó de programar la sesión en las condiciones que indicó Robert.

El día de la cita Robert llegó temprano, y no tuvo que esperar mucho. A los pocos minutos salió un joven, que se llamaba Joseph y que era el dueño del local y a la vez la persona que lo iba a atender, y lo invitó a pasar a su oficina.

Su oficina era realmente su taller, pues allí se encontraba su escritorio, una zona para hacer ejercicios, que la denominó zona de absorción de vibraciones, y una cama.

Luego de sentarse, Joseph le preguntó acerca de cómo se enteró de ese lugar, a qué se dedicaba y cómo se sentía.

"Siento un poco de cansancio y de angustia. Pero creo que es por un exceso de emociones que tuve en poco tiempo", dijo Robert. Joseph evaluó lo que Robert decía y efectivamente notó su angustia, así que consideró conveniente realizarle una imposición de manos.

De pronto, Robert empezó con sus preguntas: "¿En qué consiste la medicina alternativa?". A lo que Joseph contestó: "Es una terapia en la que no se usa pastillas y se intenta ver al paciente como un todo que debe mejorarse y no como sólo una parte de él que debe ser mejorada".

Robert replicó: "Pero creo que en este momento ya hay muchas terapias dedicadas a eso, ¿verdad?". Joseph contestó: "Sí, las terapias alternativas clásicas iniciales fueron la hipnosis y las aplicadas en la medicina oriental clásica, tales como la acupuntura, la meditación, el yoga y los masajes. Hoy han aparecido muchas otras terapias, con diferentes variantes, pero lo interesante es que, si el terapeuta está realmente acreditado, o tiene cualidades innatas, esas terapias pueden generar resultados de mejora real. Hoy podemos hablar de terapias biológicas, como la homeopatía (uso de remedios sin ingredientes químicamente activos) y la naturopatía (nutrición naturista y dietética); terapias mentales, como la músico terapia, la danza terapia, la riso terapia (risa) e incluso la oración; terapias corporales, como la quiropráctica no aplicada por médicos o profesionales, la reflexología (estimulación de pies, manos, nariz y orejas como zonas de reflejo), y la aroma terapia; y terapias bioenergéticas, como la imposición de manos, la hidroterapia (agua), la terapia floral, la magneto terapia, y otras que siguen saliendo", indicó Joseph.

EL AURA Y LOS CHAKRAS MAYORES

"¿Y cuál es la terapia que tú utilizas?", dijo Robert. Joseph contestó: "Yo utilizo varias terapias, según lo que requiera la persona. Yo he notado tu angustia y considero que sería conveniente que te aplique la terapia de imposición de manos. Es una terapia que fue impulsada en los Estados Unidos por la Dra. Bárbara Ann Brennan, y que, a través de una adecuada imposición de manos en los lugares más sensibles del cuerpo humano, que son sus chakras mayores, logra que el cuerpo recupere su armonía espiritual, que puede haber estado afectada por diversas circunstancias de la vida, como miedos, pensamientos negativos, emociones mal canalizadas, patrones de conducta y energías inapropiadas, entre otras. Y además te va a relajar para que te calmes. Bárbara Ann Brennan ha sido una sanadora, terapeuta y científica que trabajó como investigadora en la NASA, organismo aeroespacial de Estados Unidos, y que dedicó más de veinte años al estudio y exploración del campo de la energía humana y a practicar la terapia bioenergética. Es autora de dos libros, *Manos que curan* y *Hágase la luz*, que se han convertido en pilares de la nueva medicina alternativa".

Robert volvió a preguntar: "¿Pero esas prácticas tienen algún sustento científico?". Joseph respondió: "Por supuesto. Para empezar, el científico Bruce Taino, en la Universidad Estatal de Cheny, Washington, determinó que la frecuencia media vibratoria del cuerpo humano es de 62 a 72 megahertz (Mhz, Megaciclos por segundo), y que sus pensamientos positivos pueden elevar su frecuencia de vibración hasta en 10 mhz más, mientras que sus pensamientos negativos pueden reducir su vibración hasta en 10 mhz. Los seguidores de reiki, aun cuando consideran otras frecuencias, indican que una persona llena de miedo, rencor o enojo vibra en la menor frecuencia, y que una persona llena de amor, gratitud o alegría, en la mayor frecuencia".

Robert interrumpió: "Según el físico Max Plank, creador de la mecánica cuántica, la energía es proporcional a la frecuencia de vibración. ¿Eso significaría que una persona radiante tiene más energía que una persona triste o amargada?". Joseph continuó: "Así es. Incluso, una persona experimentada en transmitir energía puede vibrar en el tope de la frecuencia de vibración, y por tanto, al acercarse o tocar a quien lo necesite, puede ayudar a que vibre a mayor frecuencia. Por otro lado, el doctor William Tiller, profesor emérito de la Universidad de Stanford y cofundador del Instituto de Ciencias Noéticas, evidenció con equipos especiales y con estrictos protocolos científicos, que las manos de los maestros de medicinas alternativas con buena intención de sanar podían emitir un campo electromagnético real, por encima del espectro electromagnético conocido. Además, estudios reiki indican que las manos impuestas por un maestro terapeuta generan una fuerza magnética curativa equivalente a un imán de 20,000 gauss. Adicionalmente, la doctora Lynne Metaggart, también del Instituto de Ciencias Noéticas, en su libro *El campo*, proporcionó una explicación científica de la medicina alternativa y de la curación espiritual, así como de la percepción extrasensorial y del inconsciente colectivo. Posteriormente escribió un nuevo libro, *El experimento de la intención*, en el que evidencia que la consciencia es una sustancia que está fuera de los límites del cuerpo humano y que sus pensamientos afectan y transforman la materia, sea ésta objetos o personas. Este experimento continúa desarrollándose con el aporte de sus lectores".

Robert continuó: "¿Entonces tú tienes el don de sanación?", y Joseph contestó: "La sanación ha sido realizada por maestros de medicinas alternativas, por religiosos, por psíquicos que tienen ese don natural, e incluso por terapeutas akashicos y por curanderos. Los terapeutas de sanación podemos considerar que la energía que transmitimos la tomamos del universo, y la distribuimos por todo el cuerpo para armonizarlo, y por ello la consideramos sanación holística o de todo el cuerpo. Los psíquicos sanadores consideran que su don les permite localizar y aplicar la energía de sus manos a las zonas del cuerpo con dolencias, y los religiosos consideran que su don proviene de su Dios y la aplican mientras oran, logrando resultados sorprendentes. Hay también quienes logran este resultado por meditación y hasta por desdoblamiento del cuerpo. Pero, finalmente, todos obtenemos resultados positivos. Además, todos sabemos que este don se puede adquirir con la práctica, basándose en las buenas intenciones y una vida ordenada. Luego, al margen de que la consciencia sea o no espiritual, esta imposición de manos logra, para nosotros, el equilibrio de los chakras de la persona".

Robert volvió a preguntar, casi interrumpiendo: "Cuando hablas de chakras, ¿te refieres a aquellos relacionados con el aura?".

"Sí", respondió Joseph, y agregó: "Pero para esta terapia me refiero al aura concebida por Bárbara Brennan, que tiene algunos cambios en relación al aura oriental".

Y Robert volvió a preguntar: "¿Y cómo es esa aura?".

Joseph contestó: "El cuerpo energético, o aura, es la manifestación de la energía universal, íntimamente conectada con la persona. Este campo puede ser descrito como un halo luminoso que rodea el cuerpo físico y lo penetra o emite radiaciones muy peculiares y reconocibles por la percepción humana. El aura realmente es la parte visible del cuerpo energético. Según algunas corrientes ideológicas, el aura humana se divide en siete capas, o cuerpos sutiles, que se compenetran entre sí y desempeñan una función energética, psíquica y espiritual distinta y, junto con los chakras, componen el campo energético humano. De esta concepción emana todo el conocimiento y la práctica de las medicinas orientales y de las denominadas terapias alternativas, naturales u holísticas.

A cada capa del aura se le asigna un nombre. Las siete capas del aura, según Bárbara Brennan, que van desde el cuerpo hacia afuera son:
1. Etérea, relacionada con el cuerpo físico y el estado de salud.
2. Emotiva, relacionada con las emociones y los sentimientos.
3. Mental, relacionada con la consciencia.
4. Astral, relacionada con la afección y el amor, (según algunos, atada al cuerpo físico por un cordón plateado) y puede desplazarse libremente en las proyecciones astrales.
5. Etérea Matriz, relacionada con la verdad personal y el propósito superior.
6. Celestial, relacionada con la espiritualidad y memorias de otras vidas.
7. Ketérica Matriz o Casual, relacionada con las creencias religiosas y sabiduría divina.

Esas capas tienen diferentes colores e intensidad, pueden cambiar según el estado de ánimo y de salud, y pueden ser percibidas por algunos psíquicos. No existe consenso en la interpretación de colores del aura. Tampoco existe consenso en las capas según diferentes religiones o corrientes religiosas. Pero no existe duda de su existencia entre los terapeutas holísticos. Incluso los espíritas, aun sin considerar el aura, consideran la existencia de un periespíritu, que bordeando el cuerpo constituye el borde del espíritu, y a su vez concuerda con el aura. Y hay quienes piensan que la séptima aura es el espíritu. Se creía que las auras eran vistas en las cámaras fotográficas Kirlian, pero ya se demostró que no. Sin embargo, las auras sí son vistas por algunos psíquicos, que pueden ver incluso sus siete capas. Estas capas del aura, además de dar información, protegen al cuerpo, como el ozono protege a la tierra. Pueden presentarse agujeros en el aura o baja intensidad. Eso es parte de lo que debe levantarse. Y como tú lo has dicho, la energía de una persona alegre es más intensa, y por tanto su aura también lo es".

Robert explicó: "Las cámaras fotográficas denominadas Kirlian en honor a su inventor, Semyon Kirlian, captan el efecto corona de los cuerpos, es decir, captan el umbral de luz por diferencia de potencial entre dos cuerpos. Luego esa luz que bordea el cuerpo corresponde a la descarga o pase de iones o partículas, del cuerpo, que puede ser el cuerpo humano, hacia el aire u otro fluido. Pero eso significa que hay partículas en constante movimiento alrededor del cuerpo y el aire circundante. Y ello es consistente con lo que sería el concepto de aura desde el punto de vista de las partículas. Los seres humanos irradiamos partículas subatómicas provenientes tanto de los rayos cósmicos y otras partículas externas que ingresan al cuerpo, y colisionan y rebotan en las partículas internas que emitimos, tales como fotones, que salen de nuestras células, y llegan hasta la superficie del cuerpo y la rodean. En ese sentido, si existe el aura, estaría constituida por la resultante de esas partículas subatómicas. Incluso podrían formar el aura con capas de diferente frecuencia e intensidad".

Joseph respondió: "Gracias por ese sustento. Continuando, los chakras, tienen como función principal absorber la energía universal, metabolizarla, alimentar las auras, regular energía en órganos y funciones específicas del cuerpo, y por último, soltar o emitir energía hacia el exterior. Los chakras son muy numerosos, pero los siete mayores tienen relación con las siete capas del aura y a la vez tienen la siguiente relación:

1. Chakra Raíz, relacionado con la voluntad y la tierra,
2. Chakra Ombligo, relacionado con la autoestima y la sexualidad,
3. Chakra Plexo Solar, relacionado con el poder personal,
4. Chakra Corazón, relacionado con el equilibrio entre amor y voluntad,
5. Chakra Garganta, relacionado con la expresión de la verdad propia,
6. Chakra Tercer Ojo, relacionado con la visión y la imaginación, y
7. Chakra Corona, relacionado con la divinidad y el conocimiento directo".

Robert agradeció por la explicación. Joseph se sintió muy bien y, después de un pequeño preámbulo ceremonial, en el que prendió algunas velas para retirar energías no adecuadas, dijo: "Bueno, ahora sí, sigamos con nuestra terapia. Recuéstate y yo voy a tomar en mis manos energía del aire para limpiarme y luego para limpiarte a ti".

EL VIAJE ASTRAL

Robert preguntó atemorizado: "Estoy un poco cansado. ¿Hay algún problema si me duermo?". Joseph le contestó: "No te preocupes. Durante la terapia, muchas personas se han quedado dormidas al recostarse en esta cama. Y ello no afecta la terapia. Incluso algunos de ellos, por tratar de mantenerse despiertos, se han desdoblado al dormirse". "Vaya, eso no lo sabía", indicó Robert. Joseph agregó: "Eso también puede pasar en la terapia de meditación".

"¿Y cómo es el proceso de desdoblamiento?", preguntó Robert. Joseph contestó: "Básicamente es la salida del cuerpo espiritual, y luego realiza un viaje astral y al final retorna al cuerpo físico. Según algunas personas, se hace viaje astral cada vez que se sueña. Pero cuando se sale despierto se regresa con recuerdos". Robert preguntó: "¿Y por qué se llama viaje astral?". Joseph dijo: "El Astral es una dimensión espiritual por la que puede desplazarse el espíritu del individuo que sale en viaje astral, unido a su cuerpo físico por un cordón de plata. De acuerdo con lo que la mente desee, el espíritu puede desplazarse por toda la dimensión astral, compuesta de siete capas. En los niveles superiores, que se denomina Alto Astral y que comprende las capas cinco a siete, el astral no tiene zonas oscuras y puede colindar con la dimensión de los espíritus. Y en los niveles inferiores, que se denomina Bajo Astral y que comprende las capas uno a tres, tiene zonas donde se encuentran parásitos espirituales y espectros, y puede colindar con la dimensión física. Con sólo desearlo, se puede avanzar por el astral y estar en medio del universo y luego regresar de inmediato, de la misma forma".

"Bueno", dijo Robert, y se acomodó en la cama en la forma que le indicó el terapeuta, que arrancó de inmediato con el movimiento de manos.

Robert seguía sintiéndose incómodo de dormir, así que hizo un esfuerzo para no dormir, pero en el preciso momento en que se quedaba dormido, se percibió a sí mismo como un punto que había salido de su cuerpo y que llegaba a la casa de sus padres, donde podía ver a su madre postrada en cama mientras su padre dormía en una silla, a su costado, con su cabeza en la cama, y a ambos agarrándose mutuamente de la mano.

Luego, en un instante empezó a recorrer las estrellas, y un instante después vio a un individuo recostado en una cama mientras otro le hacía una imposición de manos por el cuerpo y le había colocado unos imanes en el cuerpo. Al observar bien, se dio cuenta de que el individuo que estaba recostado era él, y eso lo asustó mucho, e inmediatamente volvió a su cuerpo, y despertó con la respiración agitada.

Joseph lo vio y le dijo que no se preocupe y continuó hasta acabar el tratamiento. Una vez que terminó y que Robert se puso de pie, Joseph le preguntó: "¿Cómo te sientes?". Robert contestó: "Me siento bien. Vi a mi madre". "¿Tuviste un viaje astral?", preguntó Joseph. Y Robert le dijo: "Sí creo. ¿Cómo pudo pasarme eso?".

Joseph le dijo: "Voy a explicarte, pero escúchame bien porque es un poco complicado: Existen al menos cuatro estados mentales de concentración, que tienen relación directa con cuatro grupos de ondas cerebrales que se miden por su frecuencia y amplitud, y son:

Ondas Beta: De 14 a 40 ciclos por segundo (hz): Estado de excitación normal, de vigilia.
Ondas Alfa: De 7.5 a 14 hz: Estado de relajación, de enfoque.
Ondas Theta: De 4 a 7,5 hz: Estado de somnolencia, de meditación, de sueño ligero.
Ondas Delta: De 0,5 a 4 hz: Estado de sueño profundo, de meditación trascendental.

Y existen cinco fases de sueño, por las que pasamos mientras dormimos, que están relacionadas con el Movimiento Rápido de Ojos, REM, y con el No Movimiento Rápido de Ojos, NREM. Esas fases son:
NREM 1: Sueño ligero y meditación profunda.
NREM 2: Sueño ligero y desconexión del entorno.
NREM 3: Sueño profundo, sin sueño.
NREM 4: Sueño profundo, con sueño, actividad cerebral lenta.
REM (fase 5): Sueño narrativo, actividad cerebral rápida, activación del sistema nervioso central.

Pues bien, las terapias de sanación, como esta terapia o como la terapia reiki y otras bien fundamentadas, tratan de trabajar en estados que van desde relajación hasta sueño, es decir, de ondas alfa, theta y delta, que más o menos corresponden a las fases de sueño NREM 2, para alfa y theta; y NREM 3 y 4, para delta. De manera similar, para control mental se trabaja con ondas alfa y para hipnosis con ondas alfa y theta. Pero hay una gama de frecuencias, entre 7 y 8 hz, que corresponde al final de ondas theta y al inicio de ondas alfa, o en sueño ligero entre meditación profunda y desconexión del entorno (NREM 1 y NREM 2), es decir, el momento en que se pasa de consciente y se queda inconsciente, en que el yo, espíritu-cuerpo, transmite su deseo de permanecer consciente y/o realizar un viaje astral, y el espíritu, notando además que el cuerpo va a permanecer durmiendo, puede decidir salir del cuerpo, llevándose la conciencia. Ese es el inicio del viaje astral. Y es un proceso natural que le puede ocurrir a cualquier ser humano, pero se efectúa con mayor eficiencia cuando se le practica".

Robert quedó maravillado con la explicación, difícil, pero muy interesante. Entendió que él había estado en una situación entre estar consciente e inconsciente, y al dormirse creó una experiencia extra corporal, que en este caso correspondía a un viaje astral. Era un complemento a lo que él había estado buscando cuando conversó con el doctor Beshet. Entonces preguntó: "¿Y hay alguna relación entre los viajes astrales y las experiencias cercanas a la muerte?". "Sí", dijo Joseph, y continuó: "Normalmente los viajes astrales y las experiencias cercanas a la muerte tienen su espacio, pero ha habido oportunidades, en que los que han hecho viajes astrales han visto a familiares fallecidos, lo cual es típico de las experiencias cercanas a la muerte. También, la doctora Elisabeth Kübler–Ross, famosa psiquiatra, quien fue una de las primeras personas en reunir y escribir sobre las experiencias cercanas a la muerte, escribió y comentó que tuvo varias experiencias extracorpóreas, con viajes astrales, en los que llegó a ver lo que ella consideraba su paraíso. Pero también hay las siguientes diferencias entre viajes astrales y experiencias cercanas a la muerte: La persona que realiza un viaje astral no se va debilitando cuando sale del cuerpo, pero una persona que fallece sí. En el viaje astral, si el individuo se asusta regresa a su cuerpo, porque se considera que está unido a él por una especie de cordón de plata, mientras que una persona que fallece, así se asuste no regresa a su cuerpo. En un viaje astral la persona tiende a viajar por zonas astrales y del universo abierto, mientras que una persona que fallece experimenta su pase, que puede ser por un túnel y acompañado de familiares, hasta llegar a su paraíso".

"¿Y existe una fuerza mental que nos ayuda para la sanación?", Robert preguntó al terapeuta.

"Sí. Una de las frecuencias cerebrales, las ondas Alfa, tienen que ver con el efecto positivo y control mental, y si estamos bien, podemos ayudar a que nuestro cuerpo mejore. De alguna manera, existe una conexión cuando varias personas se unen pensando en una misma causa, como en una oración, y eso puede lograr mejoras", contestó Joseph.

"Una última pregunta", dijo Robert, añadiendo: "Cuando una persona fallece, ¿su aura se desvanece?", y Joseph respondió: "Sí, se desvanece porque ya no hay energía en el cuerpo físico. Sin embargo, su espíritu sí sigue vivo y tiene energía, pero no necesita un aura que lo rodee permanentemente. Algunos grupos religiosos consideran que el espíritu puede permanecer con una especie de aura, que tiene la forma del último cuerpo que tuvo la persona a quien corresponde ese espíritu, pero puede tomar cualquier otra forma. De todas maneras, lo que llega a detectarse con cámaras fotográficas, son orbes".

Robert se fue muy contento con todo lo que había aprendido de Joseph. Además, realmente se sentía mejor, más calmado y más bondadoso. La terapia le había hecho efecto.

Ya en casa, Robert agradeció a Margarita y todos pasaron una noche muy agradable. Andy fue quien sacó más provecho al buen ánimo de Robert, para jugar con él hasta tarde.

Antes de dormir, Robert hizo un recuento de lo que había aprendido en esa sesión alternativa:

La medicina alternativa tiene un campo importante en la mejora holística de la persona, aun cuando han aparecido muchas terapias.

La imposición de manos y las buenas intenciones generan energías físicas, y por tanto validan su aplicación.

Aun cuando las técnicas de sanación pueden ser realizadas por terapeutas, psíquicos o religiosos, todos obtienen resultados positivos.

Las personas que se encuentren radiantes y felices tienen un aura con mayor intensidad y tienen más energía que si se encontrasen tristes o enojadas.

El cuerpo humano cuenta con un campo energético, constituido principalmente por un aura y varios chakras.

El aura estaría formada por partículas subatómicas provenientes de los rayos cósmicos y de las comunicaciones internas del cuerpo, que se concentran y se mueven alrededor del cuerpo.

El aura tiene siete capas de diferente frecuencia y color, y puede ser vista por psíquicos, no por cámaras fotográficas especiales, y también puede ser leída por esos psíquicos.

Las capas del aura pueden mostrar el estado de salud de los diferentes órganos que emiten partículas, así como su energía del cuerpo de acuerdo con el estado de alegría, entusiasmo o tristeza, amargura.

Los chakras son centros de energía alrededor de partes donde se concentran los órganos del cuerpo humano, aun cuando su relación sea con aspectos mentales.

Hay estados de la mente y del sueño que hacen propicia la salida del espíritu para realizar experiencias extracorpóreas.

El desplazamiento del espíritu en el Astral es inmediato y hacia donde señale la mente. Si existe algún cordón de plata, es muy probable que sea mental, o formado por partículas en entrelazamiento cuántico.

El aura se desvanece cuando muere la persona, pero quedan los orbes como elementos visibles en cámaras fotográficas y videocámaras.

Si la mente sobrepasa al cerebro, pues abarca también al resto del cuerpo y al espíritu, y quizá más, las capas del aura y los chakras deben incluir esa condición de la mente en sus interpretaciones.

La lectura del aura probablemente incluya información emitida por el espíritu interno. Podría existir relación entre la séptima aura y el periespíritu.

Capítulo 12
LA MUERTE DE LA MADRE DE ROBERT

Después de varios meses, Robert hizo desinstalar las videocámaras por considerar que ya no las necesitaba. Al día siguiente de ello, en la madrugada, Robert estaba durmiendo plácidamente cuando sintió un golpe en su ventana. Al despertarse pudo ver que en la parte exterior de esa ventana había un niño que le decía: "Apúrate y reza". Robert no sabía si le había hablado o lo escuchó en su mente, y se frotó los ojos para verlo mejor y saber si era real.

Al mirar de nuevo, el niño ya estaba a su costado, había atravesado la ventana aun estando cerrada, y le repitió: "Apúrate y reza" con voz más autoritaria. Robert miró bien y reconoció al niño. Era su primo Jeff, que falleció varios años atrás y ahora le hablaba telepáticamente. Cuando quiso contestarle, Jeff desapareció.

Robert reaccionó, y supo que debía ir a casa de su madre porque sintió que algo podía haberle ocurrido. Pensó que Jeff vino a dejar ese mensaje. Se dio cuenta también que los espíritus no sólo tienen un lenguaje especial para los médiums, sino para todos, y se hacen presentes cuando se trata de algo urgente. Robert ya no temía a los espíritus y menos si reconocía a un familiar. También supo que el hecho de aparecer primero en la ventana exterior y luego adentro, significaba que el espíritu le había dado más urgencia al mensaje. Y el hecho de decirle "reza", igualmente significaba que debía rezar, por su madre.

Robert, acompañado por Patricia, Margarita y Andy, llegó lo más rápido que pudo a la casa de sus padres y encontró a su padre llorando en el lecho de su esposa, la madre de Robert, que ya había fallecido.

Robert se acercó a despedirse de su madre y a consolar a su padre. Y junto con su padre se pusieron a rezar por su madre, tal como le indicó Jeff.

Patricia y Margarita apoyaron para que se pudiera programar el velatorio en esa casa y el entierro en el Cementerio de Brooklyn.

A pesar del dolor de perder a su madre, Robert sentía alivio de haberle podido agradecer por todo lo que hizo por él y por haberle dicho lo mucho que la quería.

Cuando se llevó a cabo el velatorio, Robert ya podía sentir la presencia de su madre, al igual que la sentían Patricia y Andy.

Robert no sabía cómo, pero sentía que su madre estaba feliz observándolo.

También pudo darse cuenta de que habían venido casi todas sus amigas; las que con ella formaron un grupo que llamaron "Las temibles", porque juntas controlaban a todos los maridos del grupo.

Patricia le dijo a Robert que el espíritu de su madre la había contactado y le dijo que estaba muy feliz y que tenía intenciones de permanecer hasta su sepultura, momento en el cual partiría hacia la luz. Patricia sabía que las almas jóvenes e intermedias gustan de quedarse hasta la sepultura, en cambio las almas avanzadas tienden a irse apenas fallece el cuerpo.

Al día siguiente del velatorio, cuando vino el entierro, Robert pidió que todos recen por el alma de su madre, porque ése fue su deseo.

Luego de orar en conjunto, el padre de Robert dio sus palabras finales en las que hizo conocer lo linda que fue y le agradeció por todos los momentos que vivieron juntos: "Yo sé que nos vamos a encontrar nuevamente porque somos almas gemelas. Sin embargo, no puedo dejar de sentir dolor por tu ausencia. Yo pedí a Dios que me lleve a mí primero. ¿Por qué no me hizo caso? Ojalá estés con Olivia, disfrutando y conversando. Y ojalá, como ella hizo contigo, puedas venir a visitarme y acompañarme. Aunque no charlemos. Así harás que mi dolor se haga más tierno y llevadero".

Robert, que ya había incrementado su conocimiento sobre espíritus, entendió que todos contamos con un ángel protector, que ha sido asignado por el Ser Supremo, para que nos proteja y oriente, pero no siempre puede hacerlo de la manera que quisiéramos. Ni siquiera puede lograr que siempre tomemos las decisiones correctas, y por tanto tampoco puede decidir quién se irá primero de este mundo. Y desafortunadamente, muchos culparán a su Dios de esos sucesos que deben llevarse tal como sucedieron.

Durante el discurso, Robert pudo observar un picaflor que rondaba por allí y que se posó frente a Andy. Robert ya había aprendido que esa era una señal que su madre le estaba enviando para decirle que siempre estaría cerca. De pronto el picaflor desapareció.

Robert levantó a Andy y dijo con el pensamiento: *Mamá, ven cuando quieras para jugar con tu nieto.*

De pronto, Robert vio que entre las personas que asistieron al entierro se encontraba su gran amigo Renato Bouller, a quien no había visto desde hacía varios años, cuando Renato se encontraba delicado y muy mal de salud, debido a su cáncer, del tipo linfoma cutáneo, y carcinoma. Robert le dijo: "Hola, qué gusto verte aquí". "También es agradable verte, aún en estas circunstancias", dijo Renato, y agregó: "Quise venir a ver a tu madre porque la recuerdo gratamente desde que jugábamos siendo niños". Robert le dijo: "Es sorprendentemente placentero ver cómo has logrado superar el cáncer que tuviste". Renato respondió: "Gracias. Desde que me detectaron el cáncer, hace siete años, tuve que estar sometido a múltiples sesiones de quimioterapia y radioterapia, acompañados de medicamentos. Por las sesiones para el cáncer, perdí mi trabajo como abogado y estuve cerca de la muerte. Yo sentí que mi cuerpo ya no resistía, así que mis dos hermanas me llevaron a la iglesia cristiana a la que ellas asisten, y mi sobrina me mostró que allí requerían personas que apoyen en un programa de risoterapia para personas con cáncer, actuando como payaso. Ese programa está inspirado en las actividades realizadas por el célebre médico Hunter Doherty, más conocido como Patch Adams, que aplicaba dosis de risa como parte de la terapia a sus pacientes. No sé cómo me atreví a postular, y sorprendentemente fui aceptado. Así que empecé a actuar como payaso, llevando risa a los pacientes de cáncer que visitaba. Yo empecé a sentirme un poco mejor, conseguí un nuevo trabajo y logré recuperarme en lo que parecía ser un milagro. Sin embargo, tuve varias recaídas con riesgo mortal. Hace siete meses, luego de un tratamiento de quimioterapia, mi cuerpo perdió sus defensas y tuve que ser internado en el hospital. Los médicos notaron que mi hígado estaba en mal estado y me indicaron que debía tratarme del hígado antes de volver con la quimioterapia. En esos días contacté con el pastor de otra iglesia, que era también sanador internacional, y me pidió que yo me encargue de formar un grupo de payasos para esa iglesia. Ese pastor me impuso sus manos orando a Jesús para que mi cáncer desaparezca. Yo he notado una franca mejoría en mí, aunque mi cáncer sigue activo. Hace un mes acudí a mi siguiente cita, y el médico se sorprendió al verme pues constató que había mejorado significativamente del cáncer, sin ningún tratamiento. Me confesó que no creía que yo viviría para llegar a esa cita, y menos para encontrarme mejorado. Yo reconozco que Dios ha hecho un milagro en mí. Además, actualmente estoy siguiendo un curso de sanación y expulsión de espíritus malignos, así que ya encontré mi camino y espero seguirlo para gloria de Él, sabiéndome uno de sus instrumentos".

A Robert le impactó conocer la historia de Renato que acababa de contarle, así que le agradeció por compartírsela. Renato le dejó una tarjeta y Robert se despidió deseándole que se sane completamente.

Robert terminó de despedirse de todos los asistentes. Fue una ceremonia bonita y muy emotiva. El dolor del padre de Robert podía sentirse a la distancia, aun cuando ya él sabía que volvería a ver a su esposa en el Cielo y en una próxima vida, porque ella era su alma gemela y compañera de muchas de sus vidas.

PRESENCIAS ESPIRITUALES

Al llegar a casa, Andy vio nuevamente un picaflor que se encontraba en el comedor. Había entrado por la ventana. En cuanto lo vio, Andy corrió hacia él, jugando, y el picaflor voló un poco, como jugando con Andy, y luego se fue, saliendo por la ventana por donde ingresó. Robert agradeció con el pensamiento nuevamente a su madre, por su presencia y por su acercamiento a Andy. Pensó: *Quizá mi madre se convierta en uno de los ayudantes del ángel guardián de Andy.*

Esa noche, Robert fue con toda su familia a casa de su padre, para cenar con él, ordenando por *delivery* una cena a base de pollo. Allí encontró al tío Albert y se enteró que ya había acordado irse a vivir a casa de su padre, para de esa manera acompañarse mutuamente. Eso le agradó a Robert. Ambos iban a estar cerca uno del otro y podrían cuidarse juntos. Además, eran buenos amigos y se llevaban muy bien.

El tío Albert llevaba bajo su brazo unos libros y un cuaderno que había traído de su casa. Apenas vio a Patricia, se acercó a Robert y le dijo: "Qué bueno que has venido con tu esposa. Cuando yo abro estos libros en mi casa, o escribo sobre el abominable modo de ser de algunas personas que pertenecen a ciertas sectas, siento que unos demonios vienen hacia mí y tengo que enfrentarlos. ¿Podrías preguntarle qué demonios son los que están en estos libros?". Robert le dijo: "Aquí está Patricia, y te ha escuchado". Patricia trató de concentrarse para establecer contacto con esos espíritus, pero no respondieron ni dieron muestras de estar allí. Por ello, Patricia le dijo: "Parece que esos espíritus no lo han seguido hasta aquí, y no quieren comunicarse conmigo. Quizá se han quedado en su casa. Pero evite escribir de manera ofensiva".

Robert agregó: "Yo tengo aquí una tarjeta que me ha dejado mi amigo Renato Bouller, quien se está especializando en sanación y expulsión de espíritus malignos. Será bueno que te contactes con él", y le entregó la tarjeta. El tío Albert contestó: "Por esa razón es que yo prefiero vivir aquí, acompañando a mi cuñado. Pero me voy a preocupar en desalojar a los espíritus que puedan estar en mi casa".

Patricia sacó un libro de bolsillo con hojas desglosables y continuó: "Yo también le voy a dejar una de estas hojas que contienen algunos pasos que se deben tomar para evitar la presencia de espíritus no deseados en su casa. Estas instrucciones incluyen acciones con niños. Pueden considerar esa parte cuando haya niños aquí, incluso de visita". Patricia tenía varias hojas con esa información. Desglosó una hoja que dejó pegada en la refrigeradora, bajo un imán, con la siguiente información:

Recomendaciones generales en caso haya presencia de espíritus en su casa.
En caso note la presencia de espíritus en su casa, es recomendable tomar las siguientes acciones:

1. Poner atención cuando los niños jueguen, por si están incluyendo a algún amigo imaginario.
2. Si hay un amigo imaginario, tratar de determinar de quién se trata.
3. Si determina que es un espíritu familiar, cuya relación es buena para sus niños, puede, serenamente, tratar de incluirse en esa relación.
4. Si logra contactar con el espíritu y percibe que es pacífico o amistoso, puede indicarle que es un invitado bienvenido, y luego intentar ayudarlo para que continúe su viaje hacia la luz, ya que es a donde debería ir. Si logra que vaya a la luz, habrá ayudado en la recuperación de un espíritu y con ello al regocijo de los espíritus en el Cielo.
5. Si no llega a identificar al espíritu, consulte con especialistas para tratar de determinar la identidad del fantasma.
6. Si empieza a percibir que da muestras de actuar hostilmente, evite enfrentarlo enojado o asustado. Manténgase sereno y ordénele, con firmeza, y en nombre de santos, íconos o el Ser Supremo, según sus creencias, que se retire.
7. Hasta que no tenga resultados concretos, coordinar para que toda la familia tome conocimiento del hecho, para que se mantenga unida, y que hagan su mejor esfuerzo para evitar asustarse demasiado y/o pelear o molestarse mutuamente.

8. Si el fantasma continúa actuando agresivamente, o si nota que alguno de sus familiares ha sido poseído, pida ayuda a especialistas para que logren recuperar a las personas y sacar al espíritu de la casa. Puede aplicarse exorcismo de ser necesario.

9. Si el fantasma es expulsado, puede darse el caso de que retorne luego de un tiempo. En ese caso es mejor que se retire usted, por lo menos hasta tener la certeza de que el espíritu ya ha sido expulsado definitivamente.

Luego de cenar, Robert y su familia, compuesta por Patricia, Andy y Margarita, se despidieron del padre de Robert y del tío Albert, pidiendo que la abuela siempre los acompañe.

Cuando regresaron a casa, todos se pusieron a trabajar en las tareas pendientes que dejaron de hacer por los eventos relacionados al fallecimiento de la madre de Robert. Margarita cambió a Andy con ropa de dormir y lo dejó jugando en su cuarto con dinosaurios de juguete.

Mientras preparaba sus clases, Robert escuchó que Andy hablaba y se reía. Así que dejó pasar un tiempo y luego entró a ese dormitorio y vio que Andy ya estaba en su cuna. "¿Has estado jugando con alguien?", preguntó Robert y Andy le contestó: "Abu, abu", que era la manera cómo llamaba a sus abuelos y, en este caso, a su abuela recién fallecida. Robert quedó contento de que la abuela haya visitado a su nieto varias veces ese día, para despedirse de él y de todos sus seres queridos. Luego le dio un beso y Andy se durmió.

Más tarde, Robert trató de desdoblarse para hacer un viaje astral, pero no lo consiguió. Lo que sí logró fue quedarse profundamente dormido.

Ya de madrugada, Robert volvió a hacer un repaso de lo aprendido respecto a espíritus durante los últimos acontecimientos que le había tocado vivir. Lo que analizó fue lo siguiente:

Los espíritus cuando quieren alertar de una situación de peligro o de apoyo, pueden presentarse a personas sin habilidades psíquicas, y utilizan sus propios métodos de comunicación, para ser interpretados por quienes ven sus señales.

Los espíritus que quieren comunicarse con seres vivos, sin asustarlos, toman formas de seres buenos conocidos; y si quieren asustarlos, toman formas hasta de demonios.

Es conveniente hacer lo que nos pide el espíritu que se acerca, siempre y cuando sea algo bueno, como orar, o hacer el bien.

Los espíritus envían a otros espíritus para apoyar a las personas que lo necesitan, pero también pueden enviar a personas vivas a hacer ese papel.

La oración es un alivio tanto para las personas vivas, como para los espíritus de personas fallecidas.

Los espíritus jóvenes tratan de permanecer en este mundo hasta que concluya la ceremonia de su sepultura. Los espíritus avanzados tratan de irse apenas fallece el cuerpo.

Los espíritus que fallecen dejan señales de su presencia, que pueden ser en forma de animales, aves, plantas, y otros, que pueden ser interpretadas por quienes ellos deseen que lo hagan.

Aun cuando toda muerte es dolorosa para los familiares que quisieron de verdad a la persona fallecida, es un consuelo haberse despedido diciéndole lo mucho que se le amaba. Sin embargo, el espíritu que sale de ese cuerpo recién fallecido está lleno de gozo, amor y perdón, y lo que menos quiere es que las personas que no llegaron a despedirse o que no le dijeron las palabras exactas, estén tristes y hasta se sientan culpables. Es como si los flamantes nuevos espíritus dijeran: "Estás perdonado y ahora haz tu vida. Logra tus propias metas sin atarte a mí. Yo estaré muy cerca de ti, para protegerte desde otra dimensión".

Hay personas vivas que realmente experimentan milagros al relacionarse con los espíritus que para ellos representan las más altas jerarquías de su religión.

El dolor por la pérdida de un familiar no se va, así se sepa que retornará reencarnado.

Los espíritus que quedan en este mundo no necesariamente siguen a las personas, sino que permanecen en los lugares que lo deseen.

Es importante seguir instrucciones adecuadas ante la presencia de espíritus.

Los espíritus de personas fallecidas, en especial de abuelos, tienden a visitar a sus nietos y hasta a conversar con ellos.

Los espíritus que protegen a las personas no siempre pueden hacerlo de la manera que esas personas quieren, y al no haberlos satisfecho, culpan y hasta reniegan de su Dios.

Capítulo 13
LAS PARTÍCULAS ESPIRITUALES DEL SER HUMANO

Luego de unos meses, Robert estaba teniendo una vida muy feliz con su flamante familia, y trataba, como todos en casa, de que Andy sea el centro de atención, al que todos daban mucho cariño. Robert jugaba con Andy luego de trabajar. Patricia le tomaba algunas fotos y videos, y los publicaba en sus redes sociales, para que sean vistas por sus amigos más cercanos. Margarita le daba los cuidados de cambio de ropa y preparación de su comida. Todos participaban en su aprendizaje.

Robert había hablado con los padres de Elizabeth, su esposa fallecida, y les hizo saber de la entrevista que tuvo con Zapán, quien ya estaba en proceso de ser sentenciado a una pena no menor de cincuenta años, lo cual generó mucho dolor a los padres de Elizabeth porque ellos siempre pensaron que su hija sufrió un accidente y no un asesinato, pero a la vez sintieron alivio al saber que Robert había logrado que el asesino quedase tras las rejas. Así que, para ellos, Andy también era su nieto y se regocijaban cuando recibían correos con sus fotos y videos.

Andy había avanzado tremendamente en su formación social y académica en la escuela de bebes a la que asistía, y ya reconocía todo objeto; y gracias a Margarita podía recordar y pronunciar muchas palabras tanto en inglés como en español. Incluso tenía amigos que venían a su casa o que lo invitaban a la de ellos. Tenía una amiga muy especial, de nombre Jessica, con quien Andy sentía más afinidad pues parecía poseer cualidades similares a las suyas. Ya estaba dejando de usar pañales.

En casa, Margarita se había adueñado de la cocina y preparaba comidas muy sabrosas a base de potajes mexicanos. Ni Patricia ni Robert le decían lo que debía hacer; ella limpiaba la casa, lavaba y planchaba la ropa, seguía poniendo amuletos, avisando cuando lo hacía, y los sorprendía cada día con diferente comida.

Un día, después del trabajo, estaban jugando todos en casa, escondiéndose de papá Robert, que había tomado el papel del lobo, cuando sonó el timbre y Robert abrió la puerta pensando que uno de ellos se escondió afuera. Era la inspectora del Departamento de Adopciones, que venía a ver las condiciones en que vivía Andy. Apenas entró, la inspectora vio que Patricia, Margarita y Andy salían de detrás de los muebles y cortinas.

"¿Qué están haciendo?", preguntó la inspectora. Robert contestó con cierto rubor: "Estamos jugando a las escondidas". "Ya veo", dijo la inspectora.

Luego se acomodó en la mesa del comedor, sacó unos papeles y empezó a hacer muchas preguntas y a llenar su formulario. Vio que Margarita, que tenía la custodia de Andy, así como Robert y Patricia, que iban a adoptarlo, vivían juntos en la misma casa, mantenían una buena relación y estaban todos presentes. Notó el comportamiento cariñoso y juguetón de Andy, y advirtió juguetes regados en los dos dormitorios de la casa, en desorden, lo cual era un indicio de que realmente vivía un bebé en ese hogar y que el ambiente era propicio para su desarrollo. Finalmente, todo encajó para la inspectora, quien expresó que recomendaría la adopción de Andy por Robert y Patricia. Ellos agradecieron con mucha gentileza.

Cuando se retiró, todos en la casa se pusieron a saltar de alegría esperando que los trámites culminasen satisfactoriamente. Andy, aun cuando no entendía por completo, se sentía muy feliz de saltar de júbilo con sus padres y con su abuela Margarita.

LAS PARTÍCULAS ENTRELAZADAS

Al día siguiente, Robert fue a la universidad a dictar la clase que correspondía, sobre las características de las partículas subatómicas.

Los alumnos ya sabían que, por su condición cuántica, las partículas pueden tener masa en un momento, y no tener masa sino sólo energía en otro momento.

Pero ahora Robert les estaba enseñando sobre las dos características cuánticas de las partículas: la superposición y el entrelazamiento cuántico.

Por la superposición, las partículas pueden estar en varios lugares a la vez, en diferentes estados (masa o energía), al mismo tiempo, y su comportamiento varía dependiendo si hay o no un observador.

Por el entrelazamiento cuántico, las partículas que se enlazan, ya sea por contacto cercano en un largo periodo, o por otra razón aún no conocida, mantienen un vínculo, de forma tal que al ser afectada físicamente una de ellas, la otra también manifiesta alguna afección instantáneamente. Robert les hizo saber que esta afección podía aplicarse estando las partículas aún en lugares muy alejados, lo que implicaba que esa acción podía realizarse a una velocidad de información mayor que la luz; Einstein se refirió a este suceso como una acción fantasmal de las partículas, ya que nada debería ir más rápido que la velocidad de la luz.

Luego de eso pidió que sus alumnos le explicasen, con sus propias palabras, lo que entendieron de esas características.

En eso habló una alumna que era muy coqueta y le dijo a Robert: "Profesor, el entrelazamiento es lo que me pasa a mí con mi novio, que está en la Marina. Aún sin verlo, cuando le pasa algo, yo lo siento y al comunicarme con él compruebo nuestra correlación. Así que, yo estoy entrelazada con mi novio".

Robert se quedó viéndola por un largo tiempo mientras ella coquetamente le decía: "Profesor, ya no me mire que me ruboriza".

Hasta que Robert reaccionó y le dijo: "Sí. Lo que dices es correcto. Eso es el entrelazamiento. Tienes una "A" por tu intervención". Dio por terminada su clase y salió casi corriendo.

Luego llamó a su amigo Bryan Montgomery y le pidió una cita para conversar con él. Bryan le contestó haciéndole saber que estaba de viaje pero que pronto iba a pasar por Nueva York, y que allí aprovecharía para visitarlo.

El sábado de esa semana, Robert y su familia recibieron en su casa la visita de su amigo Bryan Montgomery, físico de partículas, quien había trabajado en el Centro de Partículas de Chicago y con quien Robert tenía mucha amistad, pues estudiaron juntos en la universidad. Se hicieron muy amigos desde que se conocieron y se apoyaron mutuamente en sus estudios. Ellos sentían como que se habían conocido antes de la universidad.

"Qué gusto verte, amigo. Gracias por aceptar mi invitación. Quiero presentarte a mi novia Patricia, a mi hijo Andy y a la abuela Margarita, quien nos va a sorprender con una deliciosa comida", dijo Robert a manera de saludo.

Bryan saludó a todos y luego le dijo a Robert: "Siento mucho lo de tu madre". Y agregó: "Qué rápido avanzas y me da mucho gusto. No nos veíamos desde que celebramos la confirmación de existencia del Bosón de Higgs y después supe que Elizabeth había fallecido y por ello no querías contestar mis llamadas. Así que estoy muy contento de encontrarte nuevamente alegre, con novia, con hijo, y con suegra".

Robert sonrió y le dijo: "Bueno, no estoy yendo tan rápido como las partículas, pues aún no me he casado con Patricia y aún no somos los verdaderos padres adoptivos de Andy, pero vamos avanzando con eso".

Inmediatamente, Patricia preguntó: "¿Qué es el Bosón de Higgs del que hablas?".

Bryan contestó: "El Bosón de Higgs, también conocido como la Partícula de Dios, como una expresión por lo mucho que costó detectarla, es una de las partículas elementales del universo. No hay nada más pequeño ni indivisible, que las partículas elementales, y con estas partículas está formado todo el universo. Esta partícula específica, el Bosón de Higgs, fue postulada por el Dr. Peter Higgs, premio Nobel de Física, y permite que se forme la masa de los cuerpos. Se consideraba que faltaba descubrir esa partícula para completar el Modelo Estándar de la Física de Partículas".

"Ese día bebimos champán festejando la noticia", comentó Robert. Luego le dijo a Bryan: "¿Sigues trabajando en la investigación de partículas?". Bryan contestó: "No, ya me retiré hace un año del laboratorio de física. Pero me he dedicado a dictar clases. Además, sigo de cerca los avances en investigación de partículas".

"¿Y el CERN ha sido nuevamente repotenciado?", preguntó Robert. "¿Qué es el CERN?", preguntó inmediatamente Patricia, y Bryan le explicó: "El CERN es el centro de investigación de partículas más importante de Europa. Queda en Suiza. Dentro de sus inmensas máquinas, tiene unos colisionadores de partículas, que hacen que las partículas colisionen entre sí a altísima velocidad, para que al desmembrarse dejen descubrir las partículas más elementales. Así es como se descubrió el Bosón de Higgs. El Gran Colisionador de Hadrones del CERN se trata de repotenciar cada año, con equipos más modernos. La última repotenciación ha conseguido duplicar su potencia respecto a su etapa anterior. Aun así, siempre se piensa en construir un nuevo acelerador de partículas, en otro lugar de Europa o en Asia".

"¿Y ahora cuál es el objetivo del CERN?", preguntó Robert.

"Después del Bosón de Higgs, se descubrió el pentaquark, y recientemente se ha descubierto una partícula que tiene dos quarks pesados. Ahora están interesados en descubrir evidencia de nuevas dimensiones, así como de la materia oscura y de los agujeros negros", describió Bryan.

"¿Y qué son esos quarks?", preguntó Patricia. Bryan volvió a explicarle, haciéndole saber que iba a ser una explicación larga y complicada:

"Los quarks, al igual que los bosones, los electrones y otras, son también partículas elementales, pero que cuando se unen forman otras partículas compuestas, pero como siguen siendo más pequeñas que un átomo, se les conoce como partículas subatómicas. Así, la unión de tres quarks puede formar un protón o un neutrón, que son los componentes del núcleo de un átomo. En este caso, recién han detectado la presencia de cinco quarks unidos por una fuerza nuclear fuerte. A esa partícula de cinco quarks se le ha denominado el pentaquark. La otra partícula recién descubierta está compuesta de tres partículas elementales, dos quarks pesados y un quark liviano, y por tratarse de quarks pesados tiene una masa muy superior al protón, pero menor al átomo.

Todas las partículas elementales han constituido la Teoría del Modelo Estándar de Partículas, que con sus características pretende describir las cuatro fuerzas fundamentales del universo, en lo que se conoce como la Teoría del Todo.

Esas cuatro fuerzas fundamentales que gobiernan el universo son:
1. **La fuerza electromagnética**, que atrae o repele partículas entre sí, según su carga;
2. **La fuerza nuclear fuerte**, que hace que las partículas se mantengan juntas, incluso formando otra partícula;
3. **La fuerza nuclear débil**, que mantiene a las partículas cerca pero no las junta; y
4. **La fuerza de gravedad**, que atrae cuerpos basados en una curvatura del espacio-tiempo por efecto de la masa de los cuerpos.

Sin embargo, la Teoría del Modelo Estándar de Partículas parece estar incompleta, ya que no puede dar respuesta a enigmas, como la existencia de la materia oscura o el predominio de la materia sobre la antimateria.

Por esas razones se hizo necesario postular la Teoría de Cuerdas, de la cual el famoso científico Michio Kaku es uno de sus iniciadores. Esa teoría considera a las partículas ya no como corpúsculos, sino como pequeñísimas cuerdas o bandas de goma, vibrantes. Esta teoría funciona también en el instante del *big bang* y en el centro de los agujeros negros, los dos lugares que no podían ser resueltos por la Teoría de la Relatividad de Einstein.

Pero luego aparecieron cinco teorías de cuerdas válidas, por lo que fue necesario unificarlas en una nueva teoría, denominada Teoría M, que aun cuando no soluciona todas las incógnitas requeridas, ha logrado conciliar las dos grandes teorías de la física moderna, que son la relatividad general y la mecánica cuántica. Las ecuaciones de la Teoría de la Relatividad General, concebida por Einstein, y que tiene aplicación para objetos grandes como estrellas y galaxias, no es compatible con las ecuaciones de la mecánica cuántica, concebida por el físico Max Plank, que son aplicables a objetos muy pequeños como átomos y partículas. Pero la Teoría M logró unir ambas ecuaciones para explicar así el universo. Incluso considera la posibilidad de varios universos, o multiversos.

Sin embargo, esas cinco teorías de cuerdas requerirían de la existencia de diez dimensiones, que son: largo, ancho, alto, tiempo, y seis dimensiones aún no conocidas. La Teoría M, al unificar todas esas teorías, logró la consolidación de la Teoría del Todo, pero aumentó una nueva dimensión. Es decir, ahora deben ser once dimensiones. Pero consideró que esas dimensiones podían ser como membranas, denominadas branas.

Respecto a la materia oscura, que forma aproximadamente el veintidós por ciento (22%) del universo, se sabe que existe porque, como toda masa, logra efectos de atracción de la gravedad y de ocupación de espacio en las estrellas, galaxias y cúmulos, pero esta masa no es visible y no tiene radiación ni luz óptica.

Similar a la materia oscura, está la energía oscura, que forma el setenticuatro por ciento (74%) del universo, y que se conoce y diferencia de la materia oscura por sus efectos.

La materia oscura explica la mayor fuerza de gravedad de los objetos celestes, mientras que la energía oscura explica la aceleración con que se alejan esos objetos celestes en el universo. Actualmente el universo está en expansión y la aceleración de separación de objetos celestes va en aumento.

Pero con la existencia de la materia y la energía oscura, sólo queda un cuatro por ciento (4%) de materia conocida en el universo.

Y bueno, finalmente el CERN pretende conocer más acerca de los agujeros negros. Los agujeros negros son grandes cantidades de masa en espacios reducidos, formados principalmente por extinción de estrellas. Esos agujeros pueden constituir los centros de las galaxias, y son capaces de absorber toda la materia y la energía de los astros de la galaxia que llegan hacia ese centro. No deja escapar ni la luz. Recientemente se han detectado ondas gravitacionales producidas por el choque de dos agujeros negros".

"Vaya, qué interesante", contestó Patricia, aunque no había entendido mucho. Por ello prefirió retirarse y dejar que los dos amigos disfruten de sus locuras.

LA FUERZA ESPIRITUAL

"Bryan, necesito tu ayuda para entender si hay relación entre las partículas subatómicas y los espíritus", propuso Robert.

"Uyy, no me asustes…", dijo Bryan.

"No te preocupes Bryan…", dijo Robert, riéndose. "Lo que quería era trabajar algunas ideas contigo".

"¿Como cuáles?", contestó Bryan.

"Las partículas elementales y subatómicas de las que has hablado, ¿forman tanto a los seres vivos como a los seres inertes?", preguntó Robert.

"Sí. Como sabes, las partículas forman los átomos y éstos las moléculas y éstas las células con las que están formados los seres vivos. Además, los físicos Sun Kwok y Yong Zhang, de la Universidad de Hong Kong, han descubierto recientemente que las moléculas orgánicas se producen en las estrellas. Estas moléculas constituyen las sustancias requeridas para la evolución de los sistemas vivos", explicó Bryan.

"Y todas las partículas, elementales y subatómicas, ¿tienen la característica de entrelazamiento cuántico?", preguntó Robert.

"Claro, y no sólo las partículas sino muchos cuerpos físicos formados por ellas", dijo Bryan.

"¿Tú crees que una parte del entrelazamiento cuántico pueda ser vista como una fuerza fundamental adicional de las partículas?", preguntó Robert. Bryan respondió: "Vaya, ¿Por qué crees que deba considerarse una fuerza fundamental adicional?".

Robert agregó: "Porque en muchos casos de entrelazamiento cuántico se han presentado manifestaciones de fuerza física medible. El entrelazamiento es en esencia sólo un enlace, un enlazamiento. En ese sentido, su posible proceso parecería tener los siguientes pasos entre partículas: conocerse, acercarse y vincularse. Pero erróneamente también se le ha atribuido características de aplicación de fuerzas, unas sobre otras, lo cual es realmente una fuerza. Tal como lo son, la fuerza nuclear fuerte, la fuerza nuclear débil, la fuerza electromagnética y la gravedad. Además, esta fuerza, originada en partículas entrelazadas, puede estar presente en todas las partículas elementales. Según el Modelo Estándar de Partículas, hay algunas partículas que tienen masa, como los fermiones, que incluyen a los quarks y leptones, y otras partículas que transmiten fuerza, como los bosones; entonces, al menos los bosones son capaces de generar esta fuerza medible". Bryan le contestó: "Es un planteamiento interesante. ¿Puedes indicar algunos casos en que se haya manifestado esta fuerza?".

Robert dijo: "Por supuesto. Hay muchos casos. El fundamento clásico del entrelazamiento cuántico indica que si una partícula es afectada en un sentido, la partícula entrelazada queda también afectada instantáneamente en el sentido contrario. Y ese acto ya demuestra la existencia de una fuerza que actúa sobre esa partícula entrelazada. Y ya se podría empezar a esbozar su magnitud. Por otro lado, el Dr. José Miguel Gaona y el Dr. Blake Dotta, miembros del Instituto TAR, Instituto de Investigación de Anomalías Transnacionales, con sede principal en Canadá, realizaron un experimento con dos dispositivos electroquímicos iguales, los cuales fueron previamente enlazados y luego separados una distancia determinada. Esos dispositivos estaban compuestos cada uno por un arreglo de ocho bobinas, conteniendo peróxido de hidrógeno, y generando un campo magnético de alrededor de cien microteslas (constituyen una unidad física magnética, equivalente a un gauss). Es conocido que cuando se mezcla peróxido de hidrógeno con hipoclorito de sodio, ante la presencia de un campo magnético como ese, se genera una luz en esa mezcla. En este caso se aplicó hipoclorito de sodio sólo al primer dispositivo, y al aplicar el campo magnético a ambos dispositivos, ocurrió que ambos dispositivos generaron una luz del doble de intensidad, por lo que, en lugar de generar aproximadamente tres lux, generaron seis lux, cada uno. Incluso en una repetición del experimento, por error no se aplicó hipoclorito de sodio al primer dispositivo, pero se aplicó el campo magnético a ambos dispositivos, y el segundo de ellos generó luz. Demostrando así que ese entrelazamiento generó una fuerza basada en algo así como la costumbre, el reconocimiento, y la comprensión.

  Por otro lado, también a través del Instituto TAR, se realizó un experimento en un matadero de cerdos de Europa, instalando allí un instrumento generador de números aleatorios. Luego de calcular que cada cerdo generaba aproximadamente $2{,}77 \times 10^{-21}$ joules, se observó que juntos, alrededor de trescientos cerdos, generaron la suficiente energía que perturbó ese generador de números aleatorios, originando que arroje tendencias consideradas imposibles de ocurrir. Quizá no sólo era la energía en joules, sino una energía emocional adicional, que, sin malograr el generador, le hacía arrojar datos inverosímiles. En otro experimento, con seres humanos, se juntó a dos personas que no se conocían, durante una hora al día, y al cabo de treinta días se observó que sus electroencefalogramas empezaron a sincronizarse. Como se aprecia en estos casos, esas personas y esos cerdos tendieron a mantener una relación cercana, y, por tanto, de entrelazamiento.

  Pero, además, en experimentos relacionados con la intención humana, se ha observado que, ante buenas intenciones, los cristales congelados de agua pueden producir figuras bien formadas e incluso pueden mejorar su concentración de acidez PH en un valor apreciable. Igualmente, las palmas de los maestros que realizan terapias de sanación por imposición de manos generan un magnetismo curativo equivalente a 20,000 gauss. Finalmente, las personas que tienen dones psíquicos, para realizar comunicaciones telepáticas, y acciones de clarividencia, lo hacen tendiendo a enlazarse mentalmente con grupos de partículas no entrelazadas. Incluso los dotados del don de la psicoquinesis pueden mover o doblar objetos".

Bryan advirtió: "Pero esos experimentos ya han sido mostrados como la influencia del pensamiento sobre la materia". Robert contestó: "Es cierto. Pero como se ve, no es sólo influencia del pensamiento, pues sucede tanto en seres vivos como en seres inertes, y sí está logrando resultados medibles. También se están dando principalmente en partículas que han estado previamente enlazadas o tendiendo al enlazamiento, o incluso sólo predispuestas a ese enlazamiento, como es el caso de los psíquicos. Y en esos tres casos puede haber influencia sobre la materia".

Bryan, aún no convencido, dijo: "Pero esa fuerza sólo genera valores muy pequeños y algunos son generados sólo de manera emocional, ¿no te parece?". A lo cual Robert respondió: "Sí. Aparentemente es así. Esa fuerza no sólo es fuerza física, sino también fuerza emocional, y por tanto genera resultados mecánicos y/o de motivación. Pero esa motivación también es parte de la naturaleza, que puede iniciarse en las partículas. Es una fuerza que mueve y une a las personas a realizar hasta las más impresionantes proezas. Y mueve también a los seres inertes a generar su mejor resultado. Quizá es la fuerza que realmente faltaba, para definir completamente al ser viviente y al inerte en el contexto de la naturaleza universal".

Bryan sabía que en las investigaciones físicas científicas debía descartarse todo asunto emocional, y por tanto era difícil aceptar esa propuesta. Sin embargo, parecía que esa fuerza explicaba el misterio atribuido al pensamiento y otras fuerzas adicionales. Además, le agradó escuchar cómo Robert había sintetizado el proceso de entrelazamiento cuántico, que aún es considerado desconocido para la comunidad científica. Así que le preguntó: "¿Por qué consideras que el entrelazamiento cuántico se logra mediante un proceso?". Robert contestó: "Al menos una parte se logra así. Como acabamos de ver, las partículas logran incidir sobre otras desde que existe predisposición para conocerse. Luego, podemos considerar que las tres etapas del entrelazamiento son: Predisposición, Acercamiento y Vínculo. Y las partículas logran activar la fuerza relacionada con el entrelazamiento desde que existe la predisposición de acercamiento bien intencionado. Y una vez entrelazadas, ese vínculo nunca lo pierden. Esta característica es muy importante porque podría indicar que las partículas tienen capacidad de comprensión, de memoria y de sentimientos. Por ello, el proceso de entrelazamiento es similar al proceso del amor. Dos personas primero se predisponen a conocerse, luego inician un conocimiento y acercamiento mutuo, y finalmente se unen en el sentimiento más fuerte y más puro del universo, el amor. Y es el amor el sentimiento que predomina en el mundo espiritual".

Bryan insistió intrigado: "¿Entonces el amor no es sólo privilegio de los seres vivos?". Y Robert respondió: "Así es. Incluso dentro de los seres vivos no es sólo un privilegio del cerebro. Hace pocos meses tuve una entrevista con el Dr. Beshet, un prestigioso neurocirujano, quien me hizo conocer que en los últimos avances científicos los órganos trasplantados de unas personas a otras influyen en las nuevas personas que los poseen. Adquieren recuerdos, gustos y sentimientos que no les pertenecen. Eso es porque todas las partes del cuerpo, hasta las partículas más elementales, mantienen en fragmento la parte de la misma memoria y los mismos sentimientos del ser humano completo. Cada partícula del universo goza de ese sentimiento, y es un fractal de su entorno, es decir, es una parte que tiene todo lo que tiene su entorno, incluidos sus sentimientos".

Bryan siguió: "Es muy interesante tu planteamiento. Aunque quizá sea más romántico que científico. Si realmente existe esa fuerza fundamental adicional, ¿Cómo llamarías a esa fuerza?". Robert respondió: "Fuerza Espiritual".

Finalmente, Bryan dijo: "Debo admitir que es una muy interesante deducción. Seguramente hay mucho que probar y quizá esto haga que nosotros mismos respetemos más a cada parte de nuestro cuerpo y a todo lo que nos rodea. ¿Cuándo se te ocurrió esa idea?". Robert contestó: "Cuando una de mis alumnas me dijo que estaba entrelazada con su novio". Y ambos se pusieron a reír.

LAS PARTÍCULAS DEL ESPÍRITU

Luego Robert continuó: "¿Tú crees que las partículas logren entrelazamiento cuántico no sólo en el espacio sino también en el tiempo, es decir, en el pasado y en el futuro?".

"Sí, en teoría el entrelazamiento debe poder mantenerse con partículas alejadas en el tiempo, por una eternidad", contestó Bryan.

Robert siguió: "En ese sentido, si una partícula en el presente enlaza con otra partícula con la que estuvo vinculada en el pasado, ¿podría evocar recuerdos de ese pasado?".

"No había pensado en eso, pero sí. El Dr. Ronald Mallet, físico de la Universidad de Connecticut, quien ha escrito el libro *Viajero del Tiempo: Una misión personal de un científico para hacer del viaje en el tiempo una realidad*, ha conseguido algunos logros en su intento por enviar una partícula subatómica al pasado, en busca de poder armar posteriormente una máquina del tiempo", observó Bryan. Robert le contestó: "Qué bien. Claro que mi intención es determinar otra cosa diferente y no tan aceptada". Bryan dijo: "¿Qué quieres conseguir?". Robert contestó: "Al igual que el esfuerzo que vienen haciendo varios científicos por determinar las partículas que componen la materia oscura, yo estoy tratando de determinar qué partículas conforman el espíritu".

Bryan dijo: "¿Partículas del espíritu?".

Robert contestó: "Sí. Te lo explicaré, aunque ello te asuste. Hace casi un año atrás, recibí una llamada en mi teléfono celular, realizada desde el teléfono móvil de Elizabeth, que yo mantenía activo. Al investigar, se estableció que ella había permanecido en este mundo físico en condición de espíritu, cuidándome por una promesa que me hizo, y llamó para despedirse, porque ya se iba al mundo de los espíritus. Yo no creí que eso fuese cierto y ahondé mis investigaciones; pero, en contra de lo esperado, a partir de entonces me han seguido ocurriendo otros sucesos paranormales, y esas indagaciones han seguido mostrándome que los misterios en torno a los espíritus que nos rodean, son muchos y muy reales. Ahora uno de mis objetivos es determinar la estructura de los espíritus, y para ello he confeccionado el siguiente cuadro con las características que he determinado en base al comportamiento de los fantasmas".

CUADRO DE CARACTERÍSTICAS DE LOS ESPÍRITUS

1. **Características de consciencia**
   Comprensión; se auto reconocen e identifican.
   Reconocen al menos a otros seres similares.
   Reconocen su pasado.
   Mantienen su comportamiento, condicionado al entorno.
   Conservan en memoria experiencias que van teniendo (*).
   Tienden a comunicarse entre seres similares.
   Expresan sentimientos de afinidad, aunque algunos de repulsión.
   Tienden a influir o ser influidos.
   La afección no afecta el espacio ni tiempo.
   Pueden asumir un rol de comprensión y protección.
2. **Características físicas**
   Son imperceptibles por personas normales.
   Atraviesan paredes.
   Pueden dividirse para estar en más de un lugar a la vez.
   Pueden desplazarse a muy alta velocidad.
   Pueden desplazarse en al menos tres dimensiones.
   Pueden desplazarse al pasado y futuro.
   Duran una eternidad (*).
   Pueden influir o manipular la materia y realizar actividades físicas.

Nota: (*) Las partículas conocidas no cumplen completamente esas características.

Bryan enmudeció. Pasó un par de minutos antes que pudiera articular sólo estas palabras: "Creo que el susto me ha movido el estómago. No sabía que habías pasado por esas situaciones paranormales... Lo siento… Permíteme ir al baño".

Al regresar, Bryan revisó el cuadro y dijo: "Realmente es un tema que me asusta. Creo que aún se sabe muy poco sobre los espíritus y me imagino que la comunidad científica no los toma en serio. Pero tú eres mi amigo y quisiera dar lo mejor de mí, esperando poder ayudarte. ¿Cómo has logrado determinar esas características de los espíritus?".

Robert contestó: "En base a múltiples informes sobre experiencias de personas que fallecieron y volvieron a la vida, así como de personas que han tenido contacto con fantasmas, de científicos entendidos en este campo y de personas con dones psíquicos. Esas características las he clasificado en características de consciencia y características físicas del espíritu". Luego de una breve pausa, Robert continuó: "Hay algo más. He comparado esas características de los espíritus con las características de las partículas subatómicas conocidas del modelo estándar de partículas, y he visto que hay una coincidencia entre ellos. Se puede apreciar que están incluidas las características de comprensión, memoria y sentimiento, que utilizan las partículas para entrelazarse. En general, las partículas subatómicas que conocemos pueden hacer prácticamente todo lo que hacen los espíritus. Las únicas características que no encajan completamente, y que hacen suponer que podría haber otra partícula aún no conocida, es que la memoria de las partículas parece ser limitada, y también, ninguna de ellas es eterna. Dentro de las partículas conocidas, ¿Cuáles crees tú que cumplen mejor esas características?".

Bryan dijo: "Podrían ser el protón, el electrón y el fotón, en orden de tamaño de su masa, por si tenga relación con la capacidad de memoria. Y, además, esas partículas tienen una vida media mayor que la vida actual del universo, pero no son eternas. ¿Por qué estás considerando que los espíritus están hechos de partículas?". Robert contestó: "Estoy considerando que si el ser vivo es parte de la naturaleza, entonces, puede que lo sea tanto su cuerpo como su espíritu. En ese sentido, para que el espíritu cumpla la característica de atravesar paredes debería estar constituido por una sustancia fluida o gaseosa, formada por partículas elementales y/o partículas subatómicas; no por átomos, ni por células, sino exclusivamente por partículas de tamaño menor a un átomo. Las partículas, incluidos los gluones, que atraviesan todo, son afectadas por el cuerpo que atraviesan, reduciéndoles su velocidad, pero lo atraviesan. De ser así, esas partículas podrían tener la característica dual de ser materia en un momento y energía en otro momento. Además, esas partículas podrían estar unidas por una fuerza especial, que podría concordar con la fuerza nuclear débil, para permitirle fragmentarse, y, a la vez, que todas las partículas de ese espíritu estén integradas, reconociéndose y vibrando en la misma frecuencia".

Bryan volvió a replicar: "¿Cómo puede el espíritu actuar con las partículas para realizar las características que indicas?". Robert respondió: "Básicamente debe hacer que sus partes, que son las partículas, adopten la misma forma o generen el mismo comportamiento según lo requiera. Así, para que el espíritu se desplace, a alta velocidad, en tres dimensiones, atravesando paredes o incluso desplazándose al pasado o al futuro, las partículas deben ponerse a la vez en estado de energía; no de materia. En cambio, cuando desee golpear, empujar o tomar formas visibles, las partículas deben ponerse a la vez en estado de corpúsculos. Y cuando el espíritu quiera pensar, reconocer, recordar y/o expresar sentimientos, puede hacerlo en cualquiera de los dos estados. Y esa es en esencia la naturaleza de las partículas. Ellas pueden tomar uno de sus dos estados. Cuando un observador, persona o instrumento, trata de medir resultados de su comportamiento, ellas notan eso y muestran un comportamiento estándar y el estado concordante. Cuando no se las observa, generan resultados de ambos estados".

Bryan exclamó: "Oh, eso es impresionante. Al margen de conocer o no las partículas del espíritu y si funcionan exactamente como tú supones, lo que importa más es que toda partícula tiene capacidad de observar y comprender al observador, así como de actuar en base a su memoria y sentimientos". Luego Bryan continuó: "Entonces, si así son los fantasmas, ¿cómo interactúan con el cuerpo humano?".

Robert respondió: "El espíritu mantiene una frecuencia media de vibración individual, y genera otra frecuencia de vibración para, a través del inconsciente, mantenerse en contacto con el cerebro y con los demás órganos del cuerpo. Al interactuar, se transmiten mutuamente tanto sus experiencias como su estado actual. De esta manera el espíritu, como los otros órganos, logra almacenar todas las experiencias del cuerpo, que incluye lo que perciben los otros órganos a través de sus sentidos, y lo que piensan, sienten y cómo va su condición. Los órganos físicos y el espíritu se comunican a través de partículas tipo electrones y fotones, que al desplazarse pueden llegar al borde del cuerpo humano, participando en la formación del aura, por lo que esa aura puede dar información de la salud orgánica y espiritual de su cuerpo y sus órganos".

Bryan dijo: "¿Entonces hay una relación directa entre el aura y el espíritu?".

Robert contestó: "Sí, pero las capas del aura no son el espíritu. El aura es el reflejo de la energía cósmica que ingresa al cuerpo y de la energía desprendida por todos los órganos del cuerpo, considerando al espíritu como uno de esos órganos".

Bryan interrogó: "¿Y cómo hace el espíritu para salir del cuerpo?".

Robert replicó: "El espíritu tiene vida propia y eterna, y somos nosotros. Así que puede salir del cuerpo cuando considera que ese cuerpo no va a requerir moverse ni estar consciente, es decir, cuando el cuerpo no va a requerir del apoyo del espíritu. En esas condiciones, el espíritu es el único que conserva la consciencia. Ello sucede principalmente cuando el cuerpo pasa del estado de consciencia al de no consciencia, ya sea por fallecer, por meditar, por hacer un viaje astral, o incluso al dormir. Y el espíritu sale para estar con otro espíritu cercano, para distraerse, para estar al costado y/o ayudar a alguna persona que le preocupa, para realizar un viaje astral o para continuar su viaje hacia el mundo de los espíritus. Además, el espíritu sale en condición de energía, y es a través del tiempo que empieza a aprender y a aplicar fuerza física".

Bryan quedó muy impresionado.

Capítulo 14
LAS PARTÍCULAS ESPIRITUALES DEL UNIVERSO

La reunión de Robert con Bryan se estaba haciendo larga pero ellos no lo notaban. Luego dijo Robert: "Todavía me faltan resolver algunas dudas importantes".

"No me hagas volver al baño", dijo Bryan.

Robert sonrió y prosiguió: "Bien, por la información que tengo, los espíritus de la mayoría de personas que fallecen, se van a un lugar que consideran su paraíso, y desde allí, entre otras cosas, pueden dedicarse a proteger a sus seres queridos vivos. Pero ellos están siempre muy cerca de nosotros. ¿Hay alguna teoría que hable de alguna dimensión muy cercana a la nuestra?".

Bryan contestó: "Las branas de la Teoría M, que ya hemos visto, son en realidad dimensiones. Y las características de esas dimensiones no están muy determinadas. Hay quienes piensan que son muy diminutas y otros que son muy grandes, o la mezcla de ambos. Incluso pueden ser universos paralelos".

"¿Crees que esas dimensiones grandes podrían encajar con la Dimensión Espiritual y con la Dimensión Astral?", preguntó Robert.

Bryan contestó: "No lo sé. No sé qué características tienen esas dimensiones que me indicas".

Robert le dijo: "Para empezar, esas dimensiones estarían formadas sólo por partículas cuánticas en su condición de energía. No de masa. Y aparentemente estas dimensiones están casi juntas, casi sobrepuestas a nuestra dimensión física, pero no podemos percibirlas", contestó Robert, y añadió: "Y como dije, esas dimensiones pueden ser denominadas Dimensión Espiritual y Dimensión Astral. La dimensión espiritual, es aquella en donde habitan los espíritus de las personas fallecidas, y otros espíritus".

"¿Qué?", exclamó Bryan, "¿personas fallecidas?", y antes de que Robert pudiera continuar, se puso a caminar divagando. Bryan no era muy religioso, pero tenía mucho temor a los espíritus y también a los muertos. Robert lo esperó. Cuando Bryan volvió a sentirse mejor, Robert continuó: "(1) Esta dimensión espiritual es una dimensión en la cual las partículas se encuentran solo en condición de energía, y en la cual se encuentra el mundo de los espíritus. Esta dimensión puede ser considerada como un universo paralelo al universo físico, pero no es afectado por las dimensiones de espacio, tiempo y masa, como las conocemos. Las partículas no pueden pasar del mundo físico al mundo espiritual en condición de masa, sólo de energía, y a través de portales, similares a agujeros físicos muy diminutos, que se crean y desaparecen casi instantáneamente. Las partículas del mundo espiritual, cumpliendo ciertos requisitos establecidos, sí pueden pasar hacia la dimensión física. En esta dimensión espiritual, en la parte que es percibida como un paraíso, están concentrados sentimientos de amor, así como sonidos y olores muy agradables para quienes han visitado este lugar. Y en la parte que es percibida como una zona de tormento, sólo hay frío y soledad. (2) Pero además de la dimensión espiritual hay otra dimensión denominada dimensión astral. Esta es una dimensión en la que no hay sentimientos tan profundos y donde pueden habitar seres espirituales de menor jerarquía, como los espectros, parásitos espirituales y otros. Esta es también una especie de dimensión neutra en la que no existe el espacio ni el tiempo y por tanto las partículas entrelazadas se desplazan o se afectan de manera instantánea. A través de esta dimensión puede desplazarse la comunicación telepática de espíritus y médiums, de manera instantánea. Esta es también la dimensión por la que se desplazan la mayoría de espíritus de personas que tienen viajes astrales y también se desplazan otros espíritus exploradores, para ir entre mundos de este y/o de otros universos o galaxias. También parece que allí pueden ir algunos espíritus a recoger conocimientos de los libros akáshicos. Pareciera que esta dimensión colinda y se mezcla con la dimensión física por un extremo, y con la dimensión espiritual por el otro extremo".

Bryan contestó: "Me asombra todo lo que me dices. La doctora Lisa Randall, doctora en física de partículas por la Universidad de Harvard, ha escrito el libro *Universos Ocultos*, en el que considera la existencia de dimensiones ocultas en el cosmos, relacionadas con partículas todavía no descubiertas. En concordancia con ello, y considerando que las dimensiones que tú postulas pueden ser inobservables, aún sin ser compactadas, entonces sí pueden ser parte de aquellas dimensiones indicadas por la doctora Randall y por la teoría M".

ENERGÍA, CONOCIMIENTO E INCONSCIENTE UNIVERSAL

Robert le dijo a Bryan: "Aún tengo otras dudas. Quisiera hablarte ahora sobre el universo, al cual le atribuyen algunas cualidades". Bryan dijo: "¿Qué cualidades?".

Robert continuó: "Hay una teoría muy difundida y reconocida de que el universo tiene energía positiva. ¿Esa energía positiva puede ayudar a mejorar la energía individual que tiene cada persona?".

Bryan contestó: "Sí. Es concordante con la Teoría del Punto Cero, postulada por Albert Einstein y Otto Stern en 1913, que indica que todo sistema tiene al menos una energía mínima o residual. En ese sentido, el universo genera y transporta esa energía y también información. Sin embargo y aun cuando en la Tierra la esencia que constituye el aire no es la misma que la del universo fuera de la atmósfera, pues está compuesta por átomos tales como hidrógeno, nitrógeno, oxígeno y otros, sí es afectada por muchas partículas que la atraviesan permanentemente, tales como electrones, fotones, neutrinos, gluones, y otros más, en forma de ondas de frecuencia, de rayos de luz, de rayos cósmicos y otros. Incluso cada elemento, en este caso el aire, tiene una determinada vibración que puede ser medida de manera puntual, zonal, regional o global, y puede variar según el tamaño que se quiera considerar. Por tanto, el aire también tiene energía positiva que puede ayudar a mejorar la energía individual".

Robert siguió: "Pero, además de portar energía, ¿El universo podría estar portando información y sentimientos?". Bryan contestó: "Según lo propuesto por el Dr. Ervin Laszlo, Ph.D, laureado futurista, nominado al premio Nobel de la Paz y autor de muchos libros, entre los que destacan *La ciencia y el campo akáshico* y *El paradigma akáshico*, ha indicado que existe una dimensión oculta en el universo que le permite no sólo llevar información física sino también información intelectual y que esa información está almacenada en un campo denominado Campo

Akáshico, similar a la nube informática de esta era digital. El término *akasha* en sánscrito significa cielo, y se le conceptúa como el éter sin generar fricción, o incluso como el campo de Higgs, o como el espacio que es llenado por todo lo que existe en el universo, incluso lo que está al interior del ser humano, y puede ayudar a corregir todas la incongruencias físicas existentes, y además parece que contiene todos los conocimientos pasados, presentes y futuros del universo, almacenados en registros también denominados registros akáshicos, que aparentemente son de acceso común a todo ser inteligente que lo desee y que tenga la capacidad de entenderlo adecuadamente. Además, el *akasha* y el universo, siendo lo mismo o aun teniendo algunas diferencias, están constituidos por partículas, las cuales, como tú has indicado, podrían tener la capacidad de generar adicionalmente esa fuerza espiritual. Tiene sentido".

Robert dijo: "Qué bien, ¿cómo se puede acceder a la información contenida en esos registros akáshicos?", y Bryan contestó: "Aparentemente hay dos formas para llegar a ese conocimiento. Una es por medio de la meditación, tal como lo indica el doctor Deepak Chopra, autor de muchos libros entre los que figura, *Tú eres el universo*; y otra forma es accediendo a esa información, simplemente al requerirla de corazón y después de un tiempo presentársele de manera espontánea, y a veces hasta ha llegado a dos o más personas a la vez. Ello tiene relación con los sincronismos descritos por el famoso psicólogo Carl Gustav Jung. Así, en 1922 en Nueva York, la socióloga Dorothy Thomas publicó un artículo en donde exponía 148 casos de inventos simultáneos realizados por dos o más personas, de diferentes continentes y culturas, tales como el fonógrafo, inventado por Scott de Martinville y por Thomas Edison; el teléfono, inventado por Elisha Gray y por Alexander Graham Bell en 1876; y más recientemente el primer motor de *jet*, inventado por el inglés Frank Whittle y por el alemán Hans Von Ohain durante la Segunda Guerra Mundial; así como el descubrimiento de que los neutrinos tienen masa, realizado por Arthur Mc Donalds y por Takkaki Kajita, en diferentes lugares".

Robert preguntó: "¿Y esa información responde entonces al término de Conocimiento Universal?". Bryan contestó: "Sí, en parte. Hay tres términos muy usados por los científicos, que tendrían relación con estos registros akáshicos, y que son: El Conocimiento Universal, La Consciencia Universal, y el Inconsciente Colectivo".

Robert siguió: "¿En qué consiste el conocimiento universal?". Bryan respondió: "En ampliación a lo ya dicho, es todo ese conocimiento al que han ido aportando muchos seres inteligentes, y que permiten que quien acceda a ellos tenga la posibilidad de captar o dejar información nueva y valiosa al conocimiento de la humanidad. Pero es también información de experiencias pasadas y futuras, cuyo acceso al futuro permite que se aporte con premoniciones. Y según lo perciben algunos, este conocimiento está disponible en el universo para los seres humanos y también para extraterrestres inteligentes. Cuando el conocimiento es sólo del planeta Tierra, se denomina noósfera, pero cuando es de todo el universo, se denomina conocimiento universal".

Robert continuó: "¿Y qué es la consciencia universal?". Bryan respondió: "Es la parte de ese conocimiento universal compuesto de normas y buenas acciones que se han experimentado y que deben aplicarse por todos o por un grupo. En este caso, esa información no sólo está disponible para acceder a ella, sino que algo en el universo la hace llegar a la población a la que va dirigida, para que sea aplicada en provecho de su evolución. Eso es lo que sucedió con el mono centésimo en el Japón: luego de que cien monos lavaron sus manzanas sucias antes de comerlas, sin avisarse; y desde ese momento, todos los monos de esa región lavan sus manzanas". Robert dijo: "Pero parece que también se considera que existe una consciencia universal de la cual se van alimentando las consciencias individuales, que reciben parte de ella y recién allí generan la sensación del "yo" personal. Puede que esa consciencia universal esté también en el universo, o en el akasha". Y luego preguntó: "¿Y en qué consiste el inconsciente colectivo?". Bryan respondió: "Es también una parte del conocimiento universal. Según el Dr. Carl Gustav Jung, es la parte que llega a nuestros cerebros, constituida por símbolos primitivos, a los que denominó arquetipos, con los que se expresa nuestra psique, y que está más allá de la razón. Según la reconocida psicóloga terapeuta Virginia Gawel, es el inconsciente de los ancestros que absorbemos a través de generaciones. Incluye los miedos ancestrales, así como los sueños, y puede tener un alcance grupal, nacional, global o universal".

Robert indicó: "Es impresionante. Además, veo que hay la posibilidad de obtener información del registro akáshico tanto desde el *akasha* como desde la dimensión astral. ¿Qué tienen en común estos dos lugares?". A lo que Bryan contestó: "Como estamos viendo, ambos contienen partículas subatómicas". Robert pensó en la respuesta y se puso feliz exclamando: "Eso es. El *akasha* está formado por partículas y quizá también por algo más pequeño que ellas, como la nada. Porque el *akasha* es el espacio en el universo que puede ser ocupado por otros objetos, y, si no lo ocupan, queda el *akasha*. Y existe desde que se creó el universo, porque en ese momento también aparecieron las partículas, no aún como átomos ni objetos mayores, sino sólo como partículas. Y estas partículas están en todos los espacios del universo, moviéndose y enlazándose a través de vibraciones, que es una de sus características inherentes. Las partículas vibran a altísimas frecuencias que escapan a los instrumentos existentes. Al formar cuerpos, incluso espirituales, su frecuencia de vibración va disminuyendo. Los psíquicos, al adoptar ciertas posiciones en su cerebro, que facultan que sus espíritus las perciban al sintonizarlas, se comunican con ellas, y pueden recibir de ellas informes de sucesos pasados, de malas energías, de grandes deseos, de ayuda en la búsqueda de conocimientos, de ingresar rápidamente a otras dimensiones, y de pasar a ser parte de otros objetos y luego salir de ellos, como le pasa al ser humano cuando desecha células. Y por ello, aunque no conocemos ni la materia ni la energía oscura, podemos tener la certeza de que allí está el *akasha*. Y a ese nivel las partículas parece que crean densidades que dan origen a sustancias o campos o dimensiones no visibles para nosotros. Pero logran resultados de compensar, acomodar y calmar las cosas. Pero, además, aparentemente todas las partículas tienen características similares a las que conforman el universo conocido".

Bryan agregó: "Eso es muy bueno. De ser así, prácticamente un espíritu sería un campo espiritual viviente y en movimiento". Robert, contestó: "De acuerdo con lo expresado por varios psiquiatras y psicólogos, como Brian Weiss y Michael Newton, entre otros, todos los espíritus provienen de la dimensión espiritual y es probable que encarnen en todos los cuerpos de los seres vivos móviles que existen en el universo. Por tanto, si hay seres vivos en otros planetas o cuerpos celestes, estos seres tendrán un espíritu dentro de ellos. Y como el espíritu puede dividirse según las características que hemos visto, pueden encarnar en más de un cuerpo a la vez. Además, esa característica de encarnar en todo ser vivo, de alguna manera podría significar que la dimensión espiritual podría considerarse como el centro del multiverso, pues tiene relación con todos los mundos y universos donde haya seres vivos".

Bryan intervino: "Ese sí es un nuevo punto que no conozco. Pero si realmente los espíritus encarnan en todos los seres vivos, ya tendríamos un elemento común en ellos. Y es un punto grato porque supondría que la mayoría de los seres son buenos, como lo son la mayoría de seres humanos y sus espíritus. Claro que no sabemos si la materia será la misma en todos los lugares. Y eso implicaría que las partículas que componen esos espíritus deben ser capaces de adaptarse, viajar y soportar todo tipo de condiciones físicas y espirituales en todos los lugares del multiverso donde haya seres vivos. Desde esta perspectiva ya no sé si las partículas que conocemos serán capaces de conformar espíritus que deban habitar en otras condiciones de vida más extremas".

Robert contestó: "Pero aún en las peores condiciones, los espíritus estarán hechos de partículas. Eso ya es otro punto que une a todos los seres vivos". Bryan replicó: "Pero las partículas que conocemos son válidas sólo en la porción del universo conocido".

En esos momentos salió Margarita con los platos preparados y Patricia invitó a Bryan y Robert a pasar a la mesa del comedor. Margarita había preparado tacos y enchiladas, así como una limonada helada que provocaba sólo de verla.

A la hora de sentarse, Andy tenía su propia silla que lo sujetaba y que le permitía estar integrado a la mesa. Margarita se sentó al costado de Andy para ayudarlo a comer, si se lo permitía. Aunque se ensuciaba, Andy disfrutaba tratando de comer solo.

Patricia les preguntó a Bryan y Robert: "¿Cómo les fue con las partículas?".

Bryan respondió: "Muy bien. Veo que Robert tiene una idea muy loca, pero parece que explica algunas estructuras espirituales. ¿No te disgusta hablar sobre espíritus?".

"No. Yo soy clarividente", explicó Patricia.

Y Bryan empezó a reír diciendo: "Con razón Robert ha sacado estas ideas. Ha tenido que ponerse a tu altura".

"Sí. En cierto modo es cierto. Yo me enamoré de una linda clarividente que arregló mi vida", dijo Robert.

"Gracias por lo de linda. Pero fue Andy el que nos unió totalmente", dijo Patricia.

"Así es", se sumó Robert y agregó: "Pero también hemos hablado del conocimiento universal y de los registros akáshicos".

Patricia preguntó: "¿Registros akáshicos universales o registros akáshicos personales?".

Robert preguntó: "¿Cuál es la diferencia entre esos registros?". Patricia contestó: "Los primeros contienen los conocimientos universales, y los segundos contienen las experiencias de cada persona, sus vidas pasadas, su vida presente y su vida futura".

Robert continuó: "¿Y cómo se accede a esos registros akáshicos personales?". Patricia respondió: "Hay varios caminos. Uno de ellos consiste en meditar y pedir permiso a nuestro guía espiritual para acceder a nuestros registros, que están almacenados en el mundo espiritual. Pero lo que debemos buscar, o solicitar de ellos es algo que nos ayudaría a mejorar como personas. Otro camino es que nuestro guía espiritual sea quien acceda por nosotros a nuestro registro akáshico y nos haga llegar la información que le hemos pedido. Esa información nos la hace llegar telepáticamente y/o a través del inconsciente".

Robert indagó: "¿Y si quisiéramos acceder a los registros akáshicos universales?". Patricia le dijo: "Se pueden usar los mismos caminos y pedir acceso a partes específicas de esos registros. También es posible que las partículas del universo nos apoyen".

Robert continuó: "Entonces, ¿crees que haya alguna relación entre lo que pueden hacer los guías espirituales y el conocimiento universal, consciencia universal e inconsciente colectivo?". Patricia contestó: "Sí. Además de nuestro guía espiritual, nosotros podemos contar con guías espirituales por grupos y por zonas más grandes, de manera que nos pueden ayudar haciéndonos llegar información relacionada con el conocimiento universal y con nuestro consciente o inconsciente colectivo. También con espíritus de nuestros familiares fallecidos y hasta de ángeles viajeros que se acercan y nos transmiten información, incluso en sueños, mezclando imágenes en las que incorporan arquetipos".

Robert dijo: "Esto es impresionante. Tenemos ayuda a través de partículas en el universo y a través de partículas en los espíritus".

Bryan asintió: "Yo también estoy muy impresionado y muy contento con lo que he aprendido hoy".

Patricia agregó: "Es bueno que Robert conozca eso. En dos meses va a dar una conferencia sobre asuntos relacionados con experiencias cercanas a la muerte. Justo cuando se cumple un año de cuando decidimos adoptar a Andy. Dos meses después de ese evento, si Robert no se arrepiente, nos casaremos".

Andy hacía el intento de comer solo, y aunque se ensuciaba de manera considerable, disfrutaba con su familia, y con el amigo de su padre, quienes también disfrutaban viéndolo así, y haciéndolo participar de la algarabía.

Cuando terminaron de cenar, Bryan se despidió agradeciendo la invitación y haciendo conocer lo mucho que había disfrutado de esa experiencia.

Después, todos en casa se fueron a dormir felices.

En la madrugada, Robert hizo un recuento de lo aprendido con Bryan:

Puede considerarse la existencia de una fuerza espiritual en las partículas que experimentan entrelazamientos, que es complementaria a las fuerzas fundamentales ya conocidas.

Cada partícula subatómica existente puede considerarse como un fractal de su entorno, es decir, tiene las características de ese entorno.

Puede considerarse que al menos una parte del entrelazamiento cuántico se logra en base a un proceso que incluye algunas fases tales como: Predisposición, acercamiento, y vínculo.

Las cualidades de la fuerza espiritual o del entrelazamiento cuántico se pueden activar desde que se encuentran en la fase de predisposición.

La fuerza espiritual puede afectar a la materia, y su principal sentimiento es el amor.

Las partículas con entrelazamiento cuántico pueden recibir información del pasado, y quizá ir al pasado.

Los seres vivos somos parte de la materia común del universo. Y todos estamos constituidos de partículas subatómicas. En ese sentido, los espíritus parecen estar constituidos también por partículas subatómicas. Luego, un espíritu constituido por esas partículas constituye un campo de partículas en condición especial.

Las características de los espíritus tienen similitud con las características de las partículas elementales del modelo estándar de partículas, aunque no encajan completamente.

Las características de los espíritus han sido clasificadas en características de consciencia y características físicas. Las partículas pueden adoptar las formas de corpúsculos o de ondas; no sólo al ser observadas, sino también al adecuarse para cumplir esas características diversas.

Las partículas vibran a altísimas frecuencias que escapan a los instrumentos existentes. A medida que se juntan para formar átomos y otros cuerpos superiores, su frecuencia de vibración va disminuyendo.

La densidad, por concentración de partículas, y la vibración, son dos características principales que pueden identificar a los objetos espirituales, los cuales aún no son percibidos por los cinco sentidos humanos.

Aparentemente el espíritu interno se comunica con su cuerpo y con sus órganos a través de la vibración. Vibran a diferente frecuencia pero sintonizan sus frecuencias de vibración para comunicarse.

El aura está formada por partículas resultantes de los rayos cósmicos que ingresan al cuerpo, y de las partículas que salen de él, y que son irradiadas desde el borde del cuerpo vivo.

Las capas del aura aparentemente se enlazan por su frecuencia de vibración.

Las partículas más externas de los cuerpos formados por partículas subatómicas pueden intercambiar posiciones con los cuerpos colindantes y con otras realidades.

Hay la posibilidad de que existan dos dimensiones adimensionales, que podrían estar formadas sólo por partículas en estado de energía, que vibran mucho más rápido que la dimensión física, y resultan imperceptibles a nuestros sentidos. Ellas son la dimensión espiritual y la dimensión astral.

La dimensión espiritual es aquella a la que van los espíritus de las personas fallecidas. Aparentemente las partículas que componen esa dimensión tienen movimiento y forman objetos espirituales según su densidad y vibración.

La dimensión astral es aquella a la que van los espíritus de personas que hacen viajes astrales y por allí se desplazan partículas y espíritus que viajan sin límite de tiempo y espacio.

Por existir dimensiones diferentes a la dimensión física, se puede considerar la existencia de un multiverso.

Existe un concepto muy ligado al universo, denominado akasha, que es el espacio que es llenado por todo lo que existe en el universo, y que corrige incongruencias físicas y que, junto con el universo y las dimensiones astral y espiritual, almacena todo el conocimiento universal y está disponible para quien lo requiera.

De acuerdo con la definición de akasha, la materia oscura y la energía oscura están ocupando el espacio del ahasha, y éste está ayudando con las incongruencias físicas que presentan.

El akasha y el universo conocido están formados por las partículas elementales del modelo estándar de partículas.

Las partículas del universo son parecidas a las partículas de los espíritus, pero no iguales; y están contenidas con una densidad menor. Probablemente, las partículas de la materia oscura también sean diferentes a las partículas conocidas del universo.

Aparentemente las partículas del universo, o del akasha, pueden ayudar a alcanzar los conocimientos universales contenidos en un registro denominado, Registro Akáshico.

Existe un registro akáshico personal por cada espíritu, que contiene toda su historia y su futuro próximo.

Se puede acceder a los registros akáshicos mediante meditación, mediante deseo insistente, y mediante viajes astrales.

El espíritu interno y el espíritu protector con que cuenta cada persona, ayudan a conocer los registros akáshicos, principalmente los personales.

El acceso a los registros akáshicos tiene relación con el acceso al conocimiento universal, a la consciencia universal, y al inconsciente colectivo.

Todos los seres vivos físicos móviles del universo tienen espíritu interior.

Capítulo 15
LA REGRESIÓN

La siguiente semana, cuando Robert ya se retiraba de la universidad, creyó ver una sombra y se puso muy nervioso. Abrió la maletera de su carro y sacó la llave de ruedas, luego corrió hacia el coliseo cerrado donde está la cancha de básquet de la universidad. A esa hora no había ningún estudiante practicando. Robert se escondió en un compartimento que no tenía puerta y esperó allí, listo para golpear a quien lo seguía, con esa llave de ruedas.

Esperó más de una hora, controlada minuto a minuto en su reloj, hasta que empezaron a llegar los alumnos que iban a practicar básquet. Luego de comprobar que no se trataba de la persona que lo seguía, Robert preguntó a esos alumnos si habían visto a alguien rondando por allí, y ellos respondieron que no. Sólo después de eso se atrevió a salir para dirigirse a su casa.

Robert y Patricia tenían la costumbre de hablar por teléfono cuando él estuviese camino a casa; de esa manera Patricia escondía a Andy en algún lugar de la casa, y Robert debía encontrarlo, para empezar así la diversión como familia.

Ese día Robert estaba asustado y no quería jugar, pero a la hora que llamó a Patricia, ella habló antes, y sin darle tiempo, lo convenció de seguir con ese juego tradicional para ellos y que ponía tan feliz a Andy.

Finalmente Robert llegó, buscó a Andy y lo encontró en el baño. Y todos empezaron a reír y jugar, incluso Margarita. Luego Robert le pidió a Margarita que jugase con Andy mientras él conversaba con Patricia. Margarita se fue a su cuarto con Andy.

Apenas quedaron solos, Patricia volvió a ser la primera en hablar y contó lo que le había ocurrido en el trabajo, sin dar oportunidad a que Robert pudiera hablar. Sólo le quedó resignarse y escuchar a Patricia, quien le contó que resolvieron un caso de homicidio con ayuda de un psicólogo, a través de hipnosis y regresión, que efectuaron sobre una señora.

Robert cambió de expresión y empezó a escuchar con mucha atención, y Patricia se sintió contenta de cómo Robert la escuchaba, demostrando que la tomaba en cuenta, así que siguió contando:

"Esta señora perdió a su padre cuando era una niña y tenía mucho miedo de bañarse en la piscina y no sabía por qué. Cuando el psicólogo la hipnotizó y le hizo la regresión hasta la edad en que murió su papá, ella recordó que cuando cumplió diez años, vio cómo su tío mató a su padre de un disparo, y luego la arrojó a ella a la piscina, sabiendo que no sabía nadar. Ella fue dada por muerta pero se recuperó después de varios días en coma. Debido a aquel susto, ella borró todo de su memoria. Y ahora, luego de la sesión que tuvimos, y después de recordar esos sucesos, ella ya perdió el miedo a la piscina y llamó a la policía para informar sobre ese hecho criminal".

Finalmente Robert pudo hablar y le dijo: "Es muy interesante lo que me cuentas y creo que tú me puedes ayudar". Patricia se puso más contenta. Robert continuó: "Yo estoy sintiendo que hay sombras que me persiguen y eso me causa angustia. No estoy seguro si es parte del problema de depresión que tuve hace unos años, así que estaba indeciso de llamar al Dr. Mathew, mi médico psiquiatra, pero con lo que tú me has contado, me gustaría ver a ese psicólogo. ¿Crees que podrías conseguirme una cita con él en su consultorio?".

Patricia le consiguió una cita para llevarse a cabo en dos días, en último turno, a las ocho de la noche.

Llegó el día de la cita. Robert se presentó puntual, acompañado de Patricia, pero tuvo que esperar porque el paciente anterior demoró más durante su turno.

Al finalizar, el doctor Doug Siems los hizo pasar. Era un psicólogo de unos cincuenta años de edad que había seguido muy de cerca los estudios del Dr. Brian Weiss, autor del libro *Muchos guías, muchos maestros*, entre otros libros, donde narra sus experiencias en torno a reencarnaciones. Saludó cariñosamente a Patricia, quien no dejaba de comentar acerca del resultado de la regresión que le hicieron a la señora, en su oficina.

Después de esos momentos, el Dr. Siems le pidió a Robert que le cuente lo que le ocurría. Robert le dijo: "Estoy viendo sombras que me persiguen y eso me produce mucha angustia".

Luego, el doctor se enteró de que Robert había sufrido de paranoia tras tener una gran depresión por la muerte de su esposa. Pero el doctor quería saber si recordaba algún pasaje en el que siendo niño había visto sombras. Robert no recordaba eso.

Luego el doctor hizo sentar a Robert en un sillón muy cómodo y le dijo: "Vamos a realizarte una sesión de hipnotismo, para tratar de encontrar algún pasaje relacionado con tu niñez".

"Muy bien", dijo Robert, y se acomodó en el sillón. El doctor no tuvo que hacer mucho esfuerzo para llevarlo a su niñez. Todo transcurría con tranquilidad para Robert, hasta que el doctor dijo: "Vamos al momento previo a las sombras que te persiguen. ¿Ves allí alguna sombra?" Robert empezó a ponerse muy tenso.

"¿Qué haces?", preguntó el doctor. Y Robert en estado de trance respondió: "Estoy corriendo". "¿Y qué edad tienes allí?", preguntó el doctor. Y Robert respondió: "Treinta años". El doctor quedó estupefacto. Él esperaba regresionar a Robert a cuando tenía una edad entre cinco a diez años, pero aparentemente lo había llevado a una vida pasada.

El doctor preguntó: "¿Quién eres?, ¿dónde estás y por qué corres?" Y Robert le contestó: "Soy un biólogo francés. Estoy en Chad, que es una de las colonias francesas en África; estamos en 1892. Acaba de producirse una incursión y estamos siendo atacados por africanos. Quieren matar a todos los franceses, y llevarse a todos los africanos de aquí, como esclavos. Yo estoy corriendo, llevando de la mano a mis dos hijas, Michèle y Emma, tratando de llegar a la fortificación militar francesa, donde se encuentra el destacamento que justamente hoy partirá hacia Argelia y de allí a Francia. Ya llegué al puesto militar. Logro que acepten el ingreso de mis hijas, con el apoyo de una mujer que trabaja allí, Vivien, con quien tengo una relación amorosa. Yo regreso rápidamente a mi laboratorio para recoger los resultados de los experimentos biológicos que he conseguido con apoyo del doctor Emmert, quien ya ha sido asesinado, y luego debo volver a la misión militar antes que partan hacia Argelia. Vivien llora cuando parto".

"¿Puedes ver si reconoces a algunas de las personas que están por allí?", preguntó el doctor Siems. Robert hizo un esfuerzo, observando caras, miradas y otros rasgos, y dijo: "Sí. Reconozco a mi hija Michèle. ¡Es mi hijo Andy! Sé que los espíritus pueden reencarnar en cuerpos de diferente sexo, diferente raza, diferentes condiciones sociales, y otros. Y veo que mi hija Emma, ¡es Valy, la vidente! No entiendo, pero por eso yo sentía tanto cariño por ella. Están juntos, mis dos chiquitos, y yo siento que los quiero mucho. Andy y Valy. Ellos aquí tienen 10 y 6 años respectivamente. Cómo los quiero y siento que ellos también me quieren mucho".

"¿Reconoces a alguien más?", preguntó el doctor, y luego de otro esfuerzo, Robert contestó: "Sí. Reconozco a Vivien. Vaya, ella es Patricia. Yo tengo una relación amorosa con ella, desde que mi esposa Elianne regresó a Francia, para nunca más volver".

"¿Qué haces tú ahora?", preguntó el doctor Siems, y Robert le dijo: "Estoy corriendo desde mi laboratorio, ocultándome entre los árboles. He visto una sombra que me persigue. Me causa mucha angustia. Vuelvo a correr y me escondo en un nuevo árbol. Me he quedado quieto detrás de un árbol. No veo la sombra. Oh, no. La sombra era de un niño que ha salido con una lanza. Me sorprende y me atraviesa el corazón. Estoy muriendo".

"¿Puedes ver quién es el que te clavó la lanza?", preguntó el doctor. Robert hizo otro esfuerzo y dijo: "Sí, lo reconozco. Tiene el pelo rizado y el color negro de muchas personas de África. Pero es mi primo Jeff". Ya estoy muerto.

He salido de mi cuerpo…

ROBERT EN EL PARAÍSO

"¿Qué te está sucediendo?", preguntó el doctor Siems y Robert le dijo: "He salido de mi cuerpo, en forma de espíritu, y me estoy elevando. Veo a un ser espiritual con mucha jerarquía que se me acerca, y le he pedido que me invite a conocer el Cielo. Él ha aceptado. Me está llevando a hacer un repaso rápido de mi vida por el mundo de los espíritus. Me indica que debo pasar por siete etapas".

El doctor le pidió a Robert que le narrase esas etapas.

Etapa 1
"Como espíritu ya no tengo ningún dolor; me siento un poco desorientado porque no esperaba morir, y quizá un poco fastidiado porque ese niño no debió haberme matado. Pero noto que ha disminuido mi rencor y me percibo bien. Algo me hace elevar, y siento que soy una energía brillante que se expande. Algo me jala como un imán. No quiero irme. Alguien que no llego a ver me hace saber que puedo quedarme si quiero. Finalmente decido no permanecer en el mundo físico, sino continuar mi viaje. Además, puedo presumir que mi funeral no será agradable ni tendré a quién intentar consolar en ese sitio. Me doy cuenta de que se abre una especie de ventana o túnel e ingreso por él, es oscuro pero hay luz al final del túnel. El túnel mismo se mueve en forma de ondas sobre las que avanzo. Este túnel está formado de capas estratificadas de energía y luz. Me da la impresión de que ir por el túnel

evita un viaje dificultoso. Al llegar, me invitan a salir del túnel. Salgo y veo una neblina brillante. Noto que este lugar está lleno de paz y amor. Empiezo a percibir una sensación de inmenso amor. Lo relaciono con el amor más elevado que pude sentir cuando oraba en grupo en la iglesia. Eso significa que yo estoy en el lugar que considero mi paraíso. Aquí sólo prevalecen pensamientos de amor, unión, simpatía y seguridad. Percibo que todos aquí saben quién soy y qué hago. Siento que ya estoy en casa de nuevo. Sigo siendo guiado al lugar que me corresponde. Con mi movimiento y mi vibración llego a escuchar sonidos tintineantes, binaurales, muy relajantes. Siento también un olor y un sabor gratificantes".

Etapa 2

"Veo que se aproxima un ser que brilla mucho y que impresiona. Viene en forma de una pompa de luz. Pronto toma forma humana y lo reconozco. Me doy cuenta de que es mi guía espiritual, a quien llamo Anthony. Él me acompaña en todas las vidas que he tenido y también en todos los periodos que estoy en mi paraíso. Me pongo a hablar con él telepáticamente. Todas las comunicaciones aquí son telepáticas. Esta vez le increpo que por qué me dejó morir si necesitaba ayudar a mis hijas pequeñas. Me hizo ver que así estuvo acordado y que hice una vida buena y cumplí mis metas. Me muestra que mis hijas van a salir adelante apoyadas principalmente por mi amiga Vivien. Pero me hace saber que voy a volver a estar con mis hijas, así como con Vivien y con Elianne aquí, cuando vengan del mundo físico. Anthony me explica que las volveré a ver porque ellas pertenecen a mi grupo primario y secundario y en equipo avanzaremos en nuestro aprendizaje. Como grupo primario de aprendizaje, casi siempre estaremos juntos en el mundo espiritual, en condición de compañeros, y en el mundo físico, adoptando roles de padres, abuelos, hijos, nietos, parejas o amigos íntimos. Como grupo secundario, algunas veces podremos estar cerca. Eso me tranquiliza y me hace sentir que estoy preparado para continuar mi viaje. Inmediatamente después aparecen varios espíritus que constituyen mi grupo de recepción, formado por mis familiares y amigos fallecidos, de mis grupos primario y secundario. Veo a mi hermano Gael, que murió cuando éramos niños. Nos queríamos mucho y jugábamos siempre juntos. Nos abrazamos y disfrutamos acordándonos de nuestras travesuras. Luego veo a mi padre y a mi madre, a quienes abrazo con mucho amor. También a mi tío Edgar, muy allegado a mí y que me ayudó a salir adelante cuando empezaba a descarrilar mi vida. Y a Emmer, un amigo que me acompaña por varias vidas. Veo también a mis abuelos y algunos tíos, hermanos de mis padres. Me doy cuenta de que esos familiares son espíritus que tienen la forma primigenia de una pompa de luz pero han tomado la forma humana del cuerpo de la última vida para que yo pueda reconocerlos y sentirme en confianza con ellos, sin confusión. El orden en que se presentan es el orden de cuánto significamos el uno para el otro. Después veo que mi tío Edgar se va. Anthony me explica que él pertenece a otro grupo y que sólo vino a darme la bienvenida. Anthony me invita a que lleve a cabo una remoción de mis partículas cargadas de molestia y rencor, en la sala de purificación. Los estragos del cuerpo y la mente humana dejan una marca en el espíritu después de la muerte. Acudo a ese lugar cargado con sentimientos de miedo, angustia y rencor que traigo desde el mundo físico, y logro erradicarlos, ya que aquí sólo prevalecen los buenos sentimientos. Es como un baño de luz que limpia y cicatriza mis heridas como espíritu. Si es necesario, puedo acudir a esta zona varias veces, y puedo hacerlo antes o durante esta y otras etapas".

Etapa 3

"Luego del baño de purificación, me dirijo hacia donde está Anthony, pues vamos a tener una reunión de orientación sobre cómo ha sido mi vida. Los espíritus más avanzados pueden tener esta reunión posteriormente ante un consejo superior. Pero en mi caso éste es mi momento. No sé cómo, pero aparece frente a mí una especie de gran pantalla en donde se proyecta toda mi vida. Yo soy el protagonista principal. Me doy cuenta de que yo no pude haber hecho esas tomas, por lo que deduzco que las hizo Anthony, mi guía espiritual.

Me veo junto a mi hermano Gael jugando en casa y en el colegio. Vivíamos al sur de Francia. Una vez me salvó de una golpiza que me querían dar varios niños. Sufrí mucho cuando murió Gael, siendo muy joven. Luego nos mudamos a Marsella y yo empecé a dedicarme a la pesca, pero frecuentaba a muchas personas de mal vivir. Un día que estaba por embarcar mercadería prohibida, fui observado por mi tío Edgar, quien me llevó a tomar un café y me advirtió del peligro que corría. Luego me ayudó a juntar dinero y viajé a París, donde estudié Biología. Por un largo periodo estudié y trabajé, sin quejarme del sacrificio que hice. Me casé y tuve dos hijas, Michèle y Emma. Luego visité las colonias francesas en África y pude investigar sobre las plantas medicinales, a la vez que pude apoyar a mucha gente de las tribus africanas que necesitaban ayuda. Pero no pude apoyar a mucha otra gente porque aún había conflictos tribales. Mi esposa, Elianne, se aburrió de nuestra vida en África y regresó a París, dejándome con nuestros hijos. En el puerto de Argelia conocí a una joven muy hermosa, Vivien, con quien mantuve una relación amorosa. Pensaba regularizar mi situación ante mis hijos y mi esposa, cuando ocurrió una incursión de rebeldes liderados por Rabah en Chad, para reclutar esclavos, y fui alcanzado por una lanza que me clavó un niño en el corazón y puso fin a mi vida".

Durante la exposición de mi vida, Anthony realizó varias preguntas, que llevaban mucha consideración y comprensión, sin juzgar lo que hice:

"¿Cuáles fueron los objetivos de tu vida?". Yo respondo: "Vivir en Marsella, estudiar e investigar sobre plantas, tener al menos dos hijos, y ayudar a gente necesitada de países pobres".

¿Cómo te sentiste cuando tu hermano te salvó?". Yo respondo: "Aprendí una lección muy importante. Apoyar a quienes necesitan de uno. El amor es primordial en eso".

"Tú tenías el encargo de vencer el miedo, ¿Crees que en África no ayudaste a todos por miedo?". Yo respondo: "Es cierto. Sentí la presión de algunos colegas y de las autoridades militares que colonizaban África, y quienes consideraban que los habitantes de esa zona debían ser esclavos, y tuve miedo de defenderlos más. Logré ayudar a algunos, pero no pude enfrentarme valientemente a esos grupos militares. Aún me falta vencer ese miedo".

"¿Por qué dejaste que tu esposa se vaya sola?". Yo respondo: "Yo sabía que mi esposa gustaba de las comodidades y no quería cuidar a mis hijas, a quienes hasta maltrataba porque tenía problemas sicológicos que ella cargaba de su pasado. Por el contrario, en África mis hijas fueron bien cuidadas por gente que las llenaba de cariño. Elegí quedarme por mis hijas. De todas formas yo pensaba viajar con ellas a Nueva York, en el futuro".

"¿Sabías que debías encontrarte con Vivien?". Yo respondo: "Sí. No me topé con ella, pero ahora recuerdo que yo debí haberla conocido de joven y hasta podía haberme casado con ella".

"¿Sentiste las señales que te hice para que conocieras a Vivien?". Yo respondo: "No sentí la primera señal. Sentí la señal en Argelia y tuvimos una relación sentimental. De todas formas, creo que debo mejorar mi capacidad de conexión".

"¿Qué es lo que más valoras de lo que alcanzaste?". Yo respondo: "El amor que pude sentir por mis hijas".

"Respondo con total veracidad. Yo sé que Anthony me conoce muy bien y no hay nada que pueda ocultarle. Al final yo me siento contento con la exposición de mi vida, con las respuestas que doy, y con la orientación que recibo. Sé que Anthony también".

Etapa 4

"Luego de la orientación, me dirijo a una especie de terminal central de transportación, a la que llegan muchos espíritus que entran y salen, todos en forma de pompas de luces. No hay congestión. Mi guía espiritual decide no acompañarme porque ya conozco este lugar. De pronto empiezo a desplazarme en una especie de nube galáctica. Empiezo a sentir los pensamientos de todos los espíritus a mi alrededor, pero destaco dentro de ellos los pensamientos de un grupo de mis familiares y amigos cercanos fallecidos que se están reuniendo para recibirme. Esa fuerza mental me arrastra hacia ellos, pasando desde una especie de mar abierto, pero no es agua ni viento, hacia una especie de río y luego a afluentes, reduciéndose los pensamientos hasta quedar sólo los de los grupos de esos afluentes. Veo a mis padres que están en otro afluente, pero me dicen mentalmente que siempre estaremos contactados. Cuando llego al afluente que me corresponde, sólo quedan los pensamientos de mis amigos, los que vienen a recibirme. Estoy muy contento de verlos. Todos ellos constituyen mi grupo primario. Me doy cuenta de que hasta aquí llega mi viaje desde que dejé mi cuerpo físico. También me doy cuenta de que aun cuando estoy en el mismo lugar, he avanzado a un plano superior de evolución, de desarrollo. Me saludo con mi amiga Vivien; mi hermano Gael, mi amigo Joss Torwhite, muy unido a mí desde el colegio y a quien visité cuando vivía en Nueva York; y el doctor Emmert, con quien logramos algunos avances en biología cuando estuvimos en África y quien murió unos pocos días antes que yo; ellos son familiares o amigos que fueron compañeros míos, ya fallecidos. Pero Vivien no falleció. No lo entiendo aún. Todos ellos componen mi grupo primario. Piensan parecido y tienen objetivos similares a los míos, por lo que disfrutamos trabajar juntos y elegimos llevar vidas en conjunto, como hermanos, parejas o amigos. Cada grupo primario es relativo en función a cada espíritu. Así, el grupo primario de Vivien o de Gael no necesariamente están conformados por los mismos espíritus que los de mi grupo primario. Me doy cuenta de que Anthony, mi guía espiritual, está conmigo. Le pregunto: "¿Cómo puede estar aquí el espíritu de Vivien, si aún está viva en la tierra?". Anthony me responde: "Los espíritus dejan una parte de sí en el mundo de los espíritus y otra parte puede ir a la Tierra o a otro mundo a reencarnar en una nueva vida. Algunos incluso pueden encarnar en más de un cuerpo". Vuelvo a preguntarle: "¿Estarán en un grupo cercano al mío, mis hijas Michèle y Emma?", y Anthony me responde: "Sí, y también tu esposa Elianne, y Kuntala, el niño africano que te mató. Ellos se van a especializar en otros temas cuando dejen la Tierra, y por ello están en otro grupo, muy cercano al tuyo, pero todos ustedes podrán volver a reencarnar juntos". Eso me pone muy contento. Luego hablo con Vivien y le digo: "¿Dónde estuviste que no pude encontrarte cuando fui más joven?", y ella me responde: "No lo sé. Yo tampoco te vi. Pero cuando te acercaste a mí en el puerto de Argelia, noté tus zapatos sucios y tu pantalón con una mancha verde, así como el brillo de tus ojos, y recordé que esa era la señal alternativa para acercarnos. De todas formas, aun cuando tengamos que pasar por diversas experiencias kármicas, siempre disfruto llevando una vida de pareja contigo". Yo respondo: "Yo también". Asimismo, me doy cuenta de que además de esos grupos, hay un grupo secundario en el que están todos los espíritus de las personas con las que tuve contacto en la vida que dejé. Y siento ganas de agradecerles por haberme ayudado a cumplir los objetivos de mi vida".

Etapa 5

"Una vez instalado con mis amigos, acudo a la escuela con ellos. Yo percibo esta escuela, de forma similar a las del mundo físico. Es como un edificio amplio con varias aulas, en las que hay grupos de estudiantes categorizados según su nivel de aprendizaje alcanzado, lo cual también tiene relación con el color de energía luminosa que irradian los estudiantes. Yo soy de color amarillo pálido, lo mismo que mis compañeros. Los principiantes emiten un color blanco y nuestros profesores un color amarillo intenso que se va tornando azul a medida que incrementan sus conocimientos, pudiendo llegar a azul y hasta violeta en los más avanzados. Veo a varios estudiantes, que no son de mi grupo primario, que se han integrado a nuestra aula. Algunos de ellos vienen tanto de planos superiores como de planos inferiores de desarrollo, y permanecen con nosotros mientras estudiamos los mismos temas. Uno de los temas de estudio tiene que ver con valores, y con el desarrollo del espíritu dentro del cuerpo humano y de otros cuerpos. Aprendemos cómo debe ser la influencia del espíritu en diferentes cuerpos, inclusive en aquellos que tengan grandes limitaciones. También voy regularmente a la biblioteca donde estudio mi libro de la vida o registro akáshico personal. Este libro, que inicialmente parece que no contiene nada, al enfocarme me muestra en imágenes toda mi historia pasada, incluidas las alternativas que pude tomar, y también algunos extractos de mi vida futura, incluidas las opciones que podría tener. Para mis prácticas, yo estoy yendo al mundo físico de la creación y no creación. Este mundo es similar a la Tierra. Allí voy a disfrutar paseando por bosques o mares. Aquí se puede experimentar con la creación y verla evolucionar. Es como estar en un laboratorio formando cosas físicas a partir de mi propia energía. A mí me interesa crear allí un ser viviente, elemental, pero debe responder a las condiciones de ese mundo y a las leyes del universo, para que pueda vivir y avanzar genéticamente. No es un tema sencillo y para ello debo conocer esas leyes que ya han sido creadas por espíritus más avanzados, y luego determinar qué elementos existen en el planeta que elija, que pueden armonizar con la composición, supervivencia, alimentación, herencia genética y otros, teniendo presente que no debe degradarse ni tornarse muy riesgoso en el tiempo. Si la práctica sale bien, lo cual podría demorar cientos de años y muchas correcciones y nuevas prácticas, los resultados pasan a ser evaluados en los más altos niveles de los grupos de espíritus dedicados a este tema, y por el Ser Supremo del mundo espiritual, haciendo las modificaciones y complementos necesarios, para que se produzca una nueva especie en el universo. Realmente es paradójico. Aquí se crean las condiciones y leyes naturales apropiadas, las cuales después serán descubiertas con ingenio apropiado por los habitantes de los lugares donde han sido aplicadas. Pero así es como avanzamos todos en el universo. También tenemos buenos momentos de recreo, en los que disfrutamos no sólo entre nosotros, sino que a veces vamos a otras aulas a ayudar a quienes creemos que podemos hacerlo. Por otro lado, yo le pido a Anthony, que coordine con los guías protectores de mis hijas Michèle y Emma, para que me permitan desempeñarme como su ayudante, para así poder proteger a mis hijas mientras estén vivas en la Tierra. De hecho, ya veo que le han pedido a su madre que les permita arrojar unas piedras al mar en mi honor. Me siento agradecido por ello. Luego de un tiempo, veo que Michèle cae bajo las ruedas de un camión. Evito que el camión avance. Al final sale ilesa. Emma también sufre una enfermedad que la pone al borde de la muerte pero logro salvarla. Me siento feliz. Adicionalmente tengo la intención de ser guía espiritual y ya tengo el nivel de preparación básica para iniciar. Así que estoy empezando a aprender cómo debo comportarme y cómo debo ayudar al alma de la persona poco desarrollada que se me asigne como su guía. Por otro lado, observo que mi guía espiritual también va a clases, en un nivel superior, mientras yo estudio aquí. Una vez que me especialice, ya sea como guía espiritual o como diseñador de vidas, posiblemente deba dejar a mis compañeros de aula, para reunirme con quienes se especialicen en estos temas conmigo. Aquí puedo ver a los grupos de espíritus avanzados que realizan muchas actividades tales como guías, biólogos, cuidadores de espíritus bebés, etc. Pero, además, a medida que pasa el tiempo acudo a las comitivas de recepción para dar la bienvenida a Elianne y a Vivien. Ellas incorporan su energía que acaba de llegar a la energía que permaneció en el mundo de los espíritus. Cuando veo a Vivien empiezo a vibrar de emoción y ella también, nos acercamos y empezamos a girar juntos. Es un momento maravilloso. Es como estar haciendo el amor. Todo lo que ocurre en ese momento es puro amor. Ella es mi alma gemela y compañera de muchas vidas. Posteriormente acudo a recibir a mis hijas Michèle y Emma cuando fallecen. Les doy la bienvenida y nos unimos también en amor infinito, pero luego las dejo porque ellas son parte de otros grupos primarios".

Etapa 6

"Cuando ya he logrado completar mi aprendizaje en este plano, siento la voz de mi guía que me dice: "Ya va siendo hora", y yo le contesto que ya estoy listo para volver a reencarnar en la Tierra, con los espíritus de mi grupo primario. Mi guía me pregunta en qué lugar me gustaría reencarnar y a qué me gustaría dedicarme en la próxima vida y yo respondo que me gustaría estar en Nueva York, que es el lugar al que quería llevar a mis hijas antes de fallecer; y que me gustaría estudiar física moderna, porque tengo preferencia por el área científica. Mi guía habla con los coordinadores, que son un grupo de espíritus encargados de armar todo el escenario y el grupo de personas que reencarnarán en conjunto, y me dice que en Inglaterra hay un cuerpo disponible de un individuo muy inteligente, pero que tendrá serias limitaciones físicas, por lo que podría dedicarme más tiempo a estudiar. Yo respondo que prefiero Nueva York y luego de unas coordinaciones adicionales, mi guía me lleva al Anillo de Destino. Yo recuerdo haber estado allí, en el Anillo de Destino, que es como una gran sala dentro de una burbuja, rodeada por pantallas grandes en blanco que se curvan. Allí son convocados los espíritus que van a participar, incluido mi guía. De pronto se encienden las pantallas y me muestran Nueva York, en el año 1980. Veo cuánto ha cambiado desde que estuve allí. Me impresiona la cantidad de edificios y carros. Yo estoy ayudando a un grupo de espíritus, denominados controladores, a mover las pantallas con mi mente. Me muestran la pantalla con la imagen de una persona, que sería yo, y entro en ella. Ahora soy el protagonista de esas escenas. Veo que tendría un cuerpo con cerebro inteligente pero con tendencia a la paranoia. También veo que llevaré una vida tranquila y hogareña hasta que fallezca mi esposa y todo saldrá fuera de control. Luego me muestran otras vidas en que aparezco, con otro cuerpo, en otros lugares, así que indico que prefiero esa vida en Nueva York. Luego de retirarnos, mi guía me pregunta qué amigos me gustaría que reencarnen conmigo. Yo le hago saber que me gustaría retornar con Vivien, mi alma compañera, así como con quienes fueron mis hijas, Michèle y Emma. También le hago saber que me gustaría que vayan Gael, Kirk, Elianne y Emmert. Mi guía coordina con los guías de esas personas. La mayoría de ellos han fallecido después que yo, así que han tenido menos tiempo de preparación en el mundo de los espíritus, pero todos están listos y deseosos de emprender juntos un nuevo retorno en la Tierra. Los que tienen dudas de ir a Nueva York, van primero al Anillo de Destino, y finalmente todos deciden ir a Nueva York, aunque no todos a la vez. Después de eso, todos vamos al lugar de reconocimiento, incluidos nuestros guías. Este lugar es parecido al Anillo de Destino, pero ahora participan todos los que vamos a relacionarnos. Hay un espíritu ubicado en un estrado elevado que dirige la reunión. Hay también un grupo de espíritus, denominados apuntadores, que se dedican a inventar señales que permitan enganchar a los espíritus compañeros. Debemos armar los momentos en que nos conoceremos. Los coordinadores nos hacen saber que algunos nos reencarnaremos antes que otros. El espíritu que dirige la reunión se refiere a todos nosotros con una arenga: "Ustedes saben que la Tierra es considerada uno de los mundos físicos más duros para los espíritus, porque allí las personas experimentan sentimientos y actitudes extremas y opuestas, desde amor y trato bondadoso, hasta odio y asesinato masivo, incluidas guerras. Ustedes ya estuvieron allí y saben que esos riesgos pueden ir acompañados de emociones traumáticas, tanto para el cuerpo como para el espíritu.

Sin embargo, ustedes demostrarán que son parte de esos espíritus valientes que a partir de hoy forjarán una nueva aventura que ayudará no sólo a su evolución, sino a la de todos los espíritus en los diversos mundos". Y todos nosotros sentimos una emoción especial y gratitud por esas palabras telepáticas. Luego empieza el armado de escenas. Todos participamos y los apuntadores nos apoyan en determinar los momentos en que nos conoceremos mutuamente. Al término yo ya sé cuándo conoceré a los compañeros de mis grupos. Los momentos se darán por un brillo especial en sus pupilas y/o por las señales pactadas. Yo conoceré a Elianne, sin saber cuál será su nuevo nombre, siendo ambos adolescentes. No conocemos los nuevos nombres que tendrán en vida física nuestros espíritus compañeros, pero quizá se llame Elizabeth. Yo reconoceré a Elianne porque antes de correr una maratón ella me guiñará el ojo dos veces. Ella lo hará porque yo me mostraré muy tímido ante ella. Pero ella morirá joven porque debe terminar de pagar una deuda kármica y porque aún no está preparada para cuidar niños. Los apuntadores me hacen ver que aun cuando voy a sufrir mucho por ella, debo superar esa prueba kármica y debo tener en cuenta que finalmente no estoy perdiendo a mi alma gemela sino a una amiga. El dolor es mayor cuando se sufre la pérdida del alma gemela o incluso cuando esa alma nos produce un daño sentimental para pagar deudas kármicas. Yo conoceré a Vivien, mi alma gemela y compañera, bajo otro nombre, posiblemente Patricia, pocos años después, al topar mi cara con la suya en una librería. Pero si no surge ninguna relación en esa circunstancia, la conoceré pocos años después cuando ella porte un cinturón y unos calcetines rojos. Kuntala será un familiar mío, quizás un primo que podría llamarse Jeff, con el que pasaremos una niñez juntos, pero morirá de niño como un pago kármico por haberme asesinado en África y como una experiencia que deben tener sus padres. Yo reconoceré a mi hija Emma cuando se tropiece y caiga en mis brazos. Aparentemente ella tendrá su vida en otro lugar, y quizá se llame Valy, pero luego de ese encuentro continuaremos viéndonos. Yo reconoceré a mi hija Michèle cuando me diga papá, Y será un hombrecito. Aparentemente él tendrá dificultades para nacer y para acercarse a mí. Puede que se reencarne dos veces seguidas antes de nacer. Quizá se llame Andy. Yo reconoceré a mi hermano Gael, porque será mi gran amigo en la universidad y estudiaremos juntos física moderna. Quizá se llame Bryan. Yo reconoceré a mi tío Edgar, porque seguirá siendo una persona muy cercana. Quizá un tío nuevamente, y quizá se llame Albert. Finalmente, yo reconoceré a Emmert porque será un amigo desde mi niñez. Quizá se llame Renato. Por otro lado, el cuerpo en el que voy a reencarnar tendrá problemas de paranoia y de carácter explosivo, problemas que tendré que dominar como parte de mi evolución. Además, aún sin tener dones psíquicos, yo debo llegar a conocer algo del mundo espiritual. Todo eso es lo que debo pasar en la vida que estoy por empezar. Una vez que todos sabemos cómo nos conoceremos, aceptamos mutuamente tener una amnesia voluntaria, de manera que no recordemos nada de nuestra naturaleza espiritual ni de estas señales, hasta que se presenten. Una vez que acaba la reunión regresamos a nuestros lugares a esperar los momentos oportunos para reencarnarnos. Cada vez que alguien va a ir a reencarnar, lo acompañamos hasta su lugar de partida. Antes de salir nos enteramos de que hay algunos espíritus que no realizan este tipo de reuniones, debido a que tuvieron una muerte no programada y desean voluntariamente volver a la vida lo más rápido posible, y se les apoya para que sea así, reencarnándose incluso en nietos de quien fue su nieto. También pueden darse estos casos cuando el espíritu ha llevado una vida licenciosa y/o no ha completado sus objetivos, regresándolos a una nueva vida antes de que realicen su etapa de aprendizaje, a fin de que paguen deudas kármicas".

Etapa 7

"Ya en nuestros lugares de espera podemos jugar, visitar otros mundos o ver cómo se desenvuelven quienes van a ser nuestros padres. Yo he ubicado con la debida anticipación a los padres de quien voy a reencarnar. Hablo con mi guía por última vez, para ya no contactarlo hasta que esté en mi nuevo cuerpo. Luego que se ha producido la fecundación del cuerpo que voy a reencarnar, espero a que el feto cumpla cuatro meses y recién procedo a reencarnar. Algunos de mis compañeros lo hacen desde el tercer hasta el octavo mes. Cada espíritu puede tener su propio estilo. Una vez que atravieso la piel de mamá, me ubico dentro del cuerpo del feto, lo inspecciono y empiezo a ubicarme en todo su bulbo raquídeo. El cerebro del feto empieza a conversar conmigo telepáticamente: "Quién eres?". Yo respondo: "Soy un amigo tuyo en espíritu. Pero pronto nos vamos a integrar y vamos a ser uno solo". Yo voy reconociendo las ondas cerebrales del bebé, que son únicas, como huellas dactilares, y a través de ellas siempre estaremos comunicados. Veo que le preocupa un poco mi intromisión, pero trato de tranquilizarlo, y poco a poco empieza a aceptarme. Nuestras mentes empiezan a sincronizar, pues saben que van a trabajar juntas por toda la vida del cuerpo. Ambos aportamos energía y personalidad, que son parecidas. Ya me siento integrado. Yo dejaré que el cerebro aporte su carácter, amortiguando sus actitudes explosivas y realzando sus actitudes bienintencionadas. Si mis padres discuten, tranquilizaré a mi cuerpo y después trataré de serenar a mis padres. Sé que mientras el feto esté dentro del vientre de mamá yo puedo salir a pasear en forma de espíritu. Pero poco a poco me voy fusionando más. De todos modos, esta etapa de adaptación demora mucho tiempo; hasta los cinco o seis años de edad. Mientras no haya esa fusión completa pueden aparecer recuerdos míos de otras vidas en mi mente de niño. Además, incluso cuando ya estoy totalmente fusionado, puedo salir del cuerpo en diversas oportunidades, como en sueños, meditación, viajes astrales y otros. Ahora que ya soy cuerpo y espíritu, estoy listo para iniciar esta nueva vida, y me siento feliz por llevarla a cabo".

Luego de eso, el doctor Siems hizo despertar a Robert sacándolo del estado hipnótico. Habían pasado tres horas. Le preguntó si recordaba algo de la experiencia de regresión que tuvo. Robert recordaba muy poco y sólo que la sombra era de un niño con lanza, en Chad, Africa. Pero sintió algo especial; ya había desaparecido su miedo a las sombras.

Cuando el doctor le contó lo que experimentó y narró, Robert le preguntó si tenía grabada la sesión y si le podía prestar la cinta, para preparar su exposición, la que debía presentar en poco tiempo.

El doctor accedió. Robert le agradeció mucho. Luego de despedirse, todos se fueron a sus casas.

Esa noche Robert durmió a pierna suelta sintiéndose libre de toda persecución. Al despertarse en la madrugada, se dio cuenta de que ya conocía mucho sobre espíritus, pero quiso hacer un recuento de lo aprendido en su última experiencia:

Los problemas mentales que sufren las personas, y que les crean situaciones de angustia, son solucionados exitosamente por la ciencia y la medicina.

Algunas situaciones de angustia parecen provenir de traumas mentales anteriores a la vida de la persona, y para esos casos algunos psiquiatras y psicólogos utilizan la psicología transpersonal en la técnica de hipnosis de regresión.

A través de esta técnica esos doctores han logrado conocer qué actividades realizaban sus pacientes cuando se les presentaron sus situaciones traumáticas, en cuerpos y vidas anteriores, así como qué actividades han realizado en condición de espíritus, desde que dejaron una vida hasta que iniciaron su siguiente nueva vida.

Una hipnosis por regresión logra influenciar no sólo al cerebro de la persona, sino principalmente a su espíritu, ya que esas vidas pasadas corresponden al espíritu y no al cuerpo.

Encontrándose en estado de regresión, el paciente puede observar las caras y las miradas de las personas que observa en sus vidas anteriores, y puede reconocer a algunas de ellas como personas que lo rodean en su vida actual.

Las personas reencarnadas en otra vida, que fueron esposos o padre-hijo, pueden volver a tener esa relación esposo-esposa o padre-hijo. En esos casos, el gozo y el amor es enorme si esas personas saben que tuvieron la misma relación en otra vida. Por eso amo tanto a Andy. Y también a Patricia.

No es posible que una relación de almas gemelas se presente en otra vida como relación padre-hijo, porque el amor de almas gemelas lleva deseo sexual, lo cual sería incestuoso y generaría degeneraciones en relación a las leyes de la genética.

El simple hecho de saber que una persona conocida ha tenido una o más vidas alrededor de uno, hace que se le ame más. Por eso siento nuevamente ese amor de padre por quien fue mi hija y ahora es la señora Valy.

Entendí también que Jeff murió en su viuda actual porque tenía que pagar la deuda que dejó cuando me mató en su vida pasada.

Hay siete etapas por las que pasan los espíritus, desde que fallecen en un cuerpo hasta que reencarnan en otro cuerpo.

Los espíritus pueden verse en tres niveles de evolución: principiantes, intermedios y avanzados. Los principiantes irradian color blanco a amarillo pálido. Los intermedios irradian color amarillo a celeste. Los avanzados irradian color azul a violeta.

Los espíritus que recién dejan su cuerpo físico pueden percibir que se les invita a dirigirse al mundo espiritual; pero si lo prefieren, pueden quedarse en este mundo físico.

Aparentemente en el mundo de los espíritus existen dos zonas, una que es como un paraíso, como premio por un comportamiento aceptable, y otra que es como una zona de tormento, por un muy inaceptable comportamiento.

El paraíso es el objetivo a donde el espíritu debe llegar. Y ello es concordante con muchas religiones que respetan las leyes naturales. Si se llega al paraíso es porque se ha avanzado en la evolución del espíritu. Aun cuando conserve deudas kármicas.

Los espíritus que se desplazan hacia el mundo de los espíritus al parecer son transportados desde la apertura de una ventana o un agujero en este mundo hasta terminar de pasar por una especie de puente o túnel. Aparentemente ese transporte, y otros transportes en el mundo de los espíritus, se realiza con el apoyo de partículas que se movilizarían para conducir al espíritu a su nuevo destino.

Todo el mundo de los espíritus parece estar integrado por partículas en condición de ondas de energía, que se concentran y vibran formando estructuras en las que los espíritus hacen sus vidas.

Desde que un espíritu fallece ya es sabido en el mundo espiritual. Luego el guía espiritual o un espíritu muy allegado convoca a ancestros y amigos fallecidos, para recibir al espíritu que recién está llegando. Los espíritus, que pueden tener la forma de pompas de jabón, u orbes, toman la forma más familiar que tenían para que el nuevo espíritu los reconozca con alegría y confianza.

Las personas que han tenido experiencias cercanas a la muerte llegan hasta la etapa de orientación y regresan a la vida. Si el cuerpo no puede recuperarse se permite al espíritu saltear etapas para que encarne rápidamente.

El ciclo de una vida del espíritu empieza y termina en el paraíso luego de haber culminado su reencarnación. Se espera que al retornar alcance un plano superior en su evolución.

Para el aprendizaje de las experiencias que tuvo en su última vida, el espíritu puede revisar sus registros akáshicos.

El espíritu aprende también haciendo lo que le gusta en uno de los mundos a los que tiene acceso.

El espíritu decide su retorno. Para ello se programa la vida que tendrán los espíritus reencarnados en nuevas personas para continuar su evolución juntos. Hay personas que mueren en concordancia a su muerte programada, que puede ser parte de una deuda kármica, pero hay otras personas que mueren en momentos no programados.

Es un privilegio del espíritu el ser ayudante de un guía espiritual, pues ayuda y salva a los suyos.

Capítulo 16
LA VISITA A LA MÉDIUM

Ya faltaba una semana para llevarse a cabo la Convención Anual de Experiencias Cercanas a la Muerte, que ese año se realizaría en Westminster, Colorado. Robert había acordado dar una pequeña exposición a un grupo reducido de personas, así que ya tenía preparado lo que iba a decir.

Sin embargo, con tanta información que obtuvo, empezó a preparar una exposición un poco más prolongada, conteniendo el compendio de anotaciones que recolectó desde que le empezaron a acontecer situaciones paranormales.

Pero también, después de su última experiencia en la sesión de regresión, quiso acercarse un poco a Valy, quien fue su hija en otra vida, y hacia quien le renació el amor de padre.

Felizmente había conservado la tarjeta que Valy le dejó cuando se despidieron en Lily Dale.

Robert llamó a Valy, quien no contestó. A la tercera llamada que hizo, Valy contestó: "Aló". Robert dijo: "Hola Valy. Soy Robert, a quien hiciste una lectura en Lily Dale, sobre el caso en que mi esposa fallecida llamó a mi teléfono celular para despedirse".

"Sí, me acuerdo de ti", dijo Valy.

"Sólo llamaba para saber cómo estás", dijo Robert, y Valy le contestó con voz preocupada: "Disculpa, estoy en un hospital en Newport Beach, California. Estoy entrando a la sala de parto. Por favor reza por mí". Y colgó el teléfono.

Robert se quedó frío y de una pieza. Luego se puso a pensar: "Me está pidiendo ayuda. Yo fui su padre en otra vida. No pude conseguir ayudarla como quise. No voy a fallarle aunque sé que ahora no soy su padre".

Robert buscó un lugar apartado y se puso a rezar a Dios, pidiendo por Valy.

Luego, en casa con Patricia, le contó lo sucedido y le dijo que quería ir a ver a Valy al hospital.

Patricia le dijo: "Pero es en California. Y si regresas ya no vas a tener tiempo para llegar a Westminster, Colorado, donde vas a dar tu exposición".

Robert le contestó: "Vámonos todos a California y de allí nos pasamos a Colorado".

Patricia le contestó: "A pesar de que Valy no es tu hija en esta vida, si tú quieres, puedes ir a verla. Yo iré directamente a Colorado a la conferencia, porque he sido invitada también este año. Y llevaré conmigo a Andy y a Margarita".

"¿No crees que sería una buena oportunidad para que visites a tu tía Alice?", dijo Robert. Patricia lo pensó mucho. La tía Alice era hermana de su padre. No le agradaba la idea de viajar así, pero ciertamente era la oportunidad que tantas veces le había pedido su padre.

Finalmente aceptó ir a California, pero salió rápidamente de casa, para disipar su fastidio y para decirle a su padre que vería a la tía Alice.

Robert por su parte estaba muy feliz. Compró los boletos de avión con destino a Los Ángeles y Westminster, para Andy, Patricia, la abuela Margarita, y para él. Luego averiguó cuál era el hospital donde Valy estaba dando a luz, y alistó su equipaje. La abuela Margarita también estaba muy contenta porque había recibido una llamada el día anterior, y ya sabía que en Colorado vería a su hija Lupita.

Al llegar al Aeropuerto Internacional de Los Ángeles, Robert alquiló dos carros: uno para Patricia y otro para él. Ya Patricia estaba contenta y se despidió de Robert dándole un gran beso. Robert se iría inmediatamente hacia el hospital donde se encontraba Valy, que quedaba en Newport Beach, mientras que Patricia, acompañada de Margarita y de Andy, dejarían el equipaje en el hotel en donde tenían reservación y recién después irían a visitar a la tía Alice.

Robert llegó al hospital dentro del tiempo que esperaba. Al llegar se enteró de que Valy se encontraba en la sala de cuidados intensivos. Acababa de comprar unas flores pero prefirió no entregarlas sino dejarlas al costado de otras que estaban en la parte externa del cuarto de un bebé recién nacido.

Robert no conocía a la familia de Valy, pero vio a un joven que se movía por todo el hospital, casi corriendo, tratando de conseguir lo necesario para su esposa. Siguió al joven y vio que finalmente entraba al cuarto asignado a Valy. Ya habían transcurrido dos días desde que habló con ella.

De pronto vio que un grupo de médicos y enfermeras llevaban a Valy en una cama a su cuarto asignado. Sintió alivio, porque significaba que ya había salido de cuidados intensivos.

Dejó pasar un par de horas, en las que compró otro ramo de flores, y luego tocó la puerta del cuarto de Valy. Abrió el esposo, y Robert pudo ver que sus familiares estaban orando. Robert dijo: "Hola, me llamo Robert. Conocí a Valy a través de una lectura que me hizo unos meses atrás. ¿Puedo pasar y orar con ustedes?".

Josh, así se llamaba el esposo de Valy, hizo pasar a Robert, quien puso el ramo de flores cerca de Valy, que estaba durmiendo, y todos continuaron orando, agradeciendo que Valy hubiese salido bien de la sala de cuidados intensivos.

Robert saludó efusivamente al padre de Valy, porque sentía que era su relevo para continuar cuidando a Valy.

Josh le contó que Valy tuvo un parto muy difícil, en el que intervinieron muchos médicos y enfermeros, y tuvieron que hacerle transfusión de sangre, llegando a suministrarle hasta catorce litros de sangre.

Robert comprendió lo difícil de la operación. Una persona puede tener de cinco a seis litros de sangre en su cuerpo. Ella tuvo que sufrir el suministro de sangre equivalente a casi dos personas más para contener las hemorragias que presentó. Incluso los médicos le dijeron que era un milagro que estuviese viva.

Y sí, logró salir con vida.

Más tarde, Valy despertó y agradeció a Josh por sus cuidados y a todos sus familiares presentes. También agradeció a Robert por su visita y sus flores.

En un momento en que Robert pudo conversar con Valy, le contó que, al día siguiente se iba a la Conferencia de Experiencias Cercanas a la Muerte, que se iba a llevar a cabo en Westminster, Colorado.

Valy le dijo: "Yo he tenido una experiencia de ese tipo durante la operación, porque en un momento me sentí muy liviana y encima de mi cuerpo, y pude ver al grupo de médicos y enfermeras atendiéndome, y entre ellos vi a un joven con una casaca ligera que tenía la capucha cubriéndole el rostro". Y agregó: "Y luego regresé a mi cuerpo". Luego continuó: "Más tarde he reconocido que ese joven era un espíritu viajero sanador, relacionado con la familia de mi padre, que vino para salvarme y ayudarme a sanar. Los espíritus viajeros sanadores son enviados desde el mundo de los espíritus y recorren este mundo y otros, tratando de ayudar a los seres vivos que están teniendo una experiencia cercana a la muerte y necesitan de ellos".

Robert le dijo: "Es bueno que hayas regresado a la vida".

A los pocos minutos vino una enfermera trayendo en una cuna rodante a la hija de Valy. Al verla, Valy dijo: "Qué linda mi hija. Es un alma vieja. Y está aquí para que yo la cuide y luego ella cuide de mí", Y la abrazó con mucha ternura y dulzura. Nadie había notado que Robert estaba viendo a esa linda criatura como si fuera su nieta, la que pudo ser en su vida anterior interrumpida. Por ello, aunque no quería que lo noten, le saltaba el cariño y amor por la bebé. El mismo cariño que tendría por los hijos de Andy.

"¿Qué es un alma vieja?", preguntó Robert, y Valy contestó: "Es una persona reencarnada, que ha vivido y evolucionado mucho en este mundo. Es una persona sensible y reflexiva que tiene preferencia por las cosas sencillas". Robert preguntó: "¿Y cómo te das cuenta de que ella es un alma vieja?". Valy le respondió: "Ya he logrado ver su espíritu. Y sé que ella me va a brindar apoyo cuando lo necesite".

Robert quedó muy contento de haber visitado a Valy, y al despedirse expresó a ella y a Josh que podían contar con él para lo que quisieran, y que continuaría llamando para saber cómo mejoraba. Robert sabía que él iba a cumplir, aún a la distancia, un rol protector para con Valy.

MILAGROS

Esa noche, Robert disfrutó momentos maravillosos junto con Patricia, Andy y Margarita, paseando por el hotel, disfrutando los juegos, la piscina, y teniendo una agradable cena, luego de la cual le contó un cuento a Andy, acerca de partículas subatómicas, y logró dejarlo dormido con rapidez.

Luego Robert, Patricia y Margarita se sentaron en la terraza de su cuarto de hotel, a disfrutar de la vista nocturna. Robert les comentó sobre la experiencia cercana a la muerte que tuvo Valy, y el apoyo que recibió del espíritu viajero sanador. Patricia contestó: "¿Recuerdas que cuando hablamos de experiencias cercanas a la muerte, nos referimos a un tiempo entre la muerte clínica y la muerte biológica? Pues bien, una de las alternativas que puede ocurrir con los espíritus es que, mientras el espíritu interno de la persona recién fallecida inicia su viaje, el guía espiritual reporta respecto a él, su salida del cuerpo y su cumplimiento de objetivos; y en caso no los haya cumplido, reporta su potencial para cumplirlos. El mundo espiritual evalúa esos y otros datos, y si conviene que retorne a la vida, puede designar a espíritus ayudantes, espíritus viajeros sanadores, y/o hasta a un ser vivo con espíritu interno avanzado, para que acudan al cuerpo o a familiares de quien ha fallecido, y participen con los médicos, sin que lo noten, en su franca recuperación".

Robert preguntó: "¿Cómo pueden los espíritus apoyar cuando el cuerpo queda en condiciones imposibles de reconstruirse?". Patricia contestó: "Muchos cuerpos clínicamente muertos parecen quedar en condición de irrecuperables, pero algunos llegan a recuperarse. Tal fue el caso del Dr. Eben Alexander, quien tuvo meningitis bacteriana severa que le carcomió el neocórtex cerebral, por lo que se pensaba que si sobrevivía no volvería a tener memoria; también el caso de la Sra. Pamela Reynols, que en una cirugía cerebral quedó con el cerebro prácticamente anulado; y de la Sra. Anita Moorjani, quien tuvo un cáncer muy agresivo, denominado linfoma de Hodgkin, que le destrozó el sistema linfático; y muchos casos más. En ese lapso, los espíritus designados que están colaborando con los médicos, aunque ellos no lo noten, influyen en las partículas internas de los órganos dañados, a través de emanaciones u otros medios, para recuperar y reconstruir los cuerpos de las personas que todavía deben vivir. Pero no sólo apoyan a la recuperación biológica de la persona, sino que inducen a que sus partículas internas generen una recuperación asombrosa, a veces sin que quede huella física de todo lo experimentado".

Robert preguntó: "¿Y esos espíritus también nos protegen si corremos un peligro?". Patricia respondió: "Sí. Algunos de esos espíritus, que podemos denominar como protectores, pueden evitar que suframos accidentes, incluso inminentes y mortales, y pueden sanarnos de accidentes o de enfermedades graves, de manera inexplicable. Pero no siempre es así, porque hay veces en que requerimos pasar por esas experiencias, y por tanto no se nos ayuda a sanar". Robert agregó: "Ya veo. Según lo que vi con mi amigo Bryan, parece que las partículas del universo en la naturaleza también pueden ayudarnos frente a accidentes y enfermedades, corrigiendo las condiciones del medio ambiente. Y pueden informar sucesos a personas con capacidades psíquicas".

Margarita, que estaba atenta a la conversación dijo: "Pero las personas también participan en la realización de sanaciones y milagros".

Patricia respondió: "Por supuesto. Y aquí podemos considerar a las personas propias que llevan a cabo auto sanaciones, y pueden ser realizadas tanto a través de su mente como a través de su espíritu interno. Incluso hay un tipo de sanación que el Dr. Deepak Chopra ha denominado sanación cuántica, porque, inspirada en las técnicas ayurvédicas, logra una recuperación rápida e inexplicable, como dando un salto cuántico. Y hay otras sanaciones que se logran con el apoyo de personas vivas, haciendo uso de sus mentes, o de los espíritus a quienes ellos invocan, y/o de las ceremonias que realizan. Con ello logran no sólo participación de apoyo en experiencias cercanas a la muerte, sino sanaciones diarias y cuánticas, así como amuletos protectores y hasta guerra espiritual, a través de oraciones, invocaciones, meditaciones, aplicación de amuletos y hasta exorcismos. Y también podemos considerar lo que pueden hacer tanto las personas propias como terceros, al invocar a espíritus de personas fallecidas conocidas por la comunidad, que logran principalmente que los individuos que sufren accidentes o enfermedades que se vislumbran mortales, se recuperen inexplicablemente, considerándolas como milagros".

Margarita dijo: "El esposo de mi hermana tuvo un accidente muy grave que lo mantuvo muchos días en coma. Él es argentino y ella lo visitaba en el hospital llevando una foto con la imagen de Gauchito Gil, un santo pagano de quien su marido es devoto, y todos los días le pasaba la imagen por la cabeza, hasta que se recuperó".

Patricia respondió: "Es interesante cómo no sólo las personas sino las imágenes y los objetos generan gran devoción y logran resultados milagrosos en muchísima gente, y por ello se pueden reunir en grandes concentraciones humanas. Hay festividades, como la Procesión del Señor de los Milagros, en Perú, y la celebración de la Santa Muerte, en México, que reúnen a muchísima gente".

Margarita agregó: "Yo he visto que hasta chamanes realizan milagros. En Ciudad de México hay una mujer chamán, psíquica, muy reconocida, de nombre Ana Ixtly, quien, por medio de rituales indígenas y objetos de la naturaleza, ha logrado salvar de la muerte a varias personas. Allá nosotros consideramos que ella es milagrosa".

Robert dijo: "Hay muchos milagros, atribuidos a personas, vivas o muertas, que han logrado el resultado inexplicable de la sanación y/o la salvación de la muerte. Pero no hay una división clara entre milagro y sanación. En ese sentido, la iglesia católica ha tratado de diferenciarlas definiendo al milagro como un suceso extraordinario y maravilloso que no puede explicarse por las leyes regulares de la naturaleza y que se atribuye a la intervención de Dios. Además, para ser milagro debe haber una petición a alguna persona fallecida, normalmente religiosa, para que ella interceda ante Dios, que hace el milagro. Luego, el Vaticano, después de profundas y extensas investigaciones, puede llegar a canonizar o a beatificar a las personas invocadas. Así, tenemos el caso del Papa Juan Pablo II, que fue santificado en el año 2014, luego de que dos mujeres que le rezaban declararon haberse curado milagrosamente, una de Parkinson y la otra de aneurisma cerebral. Se necesitan al menos dos milagros para que la Iglesia lo nombre santo. Y sigue haciendo milagros. Y también tenemos el caso del padre Mariano de la Mata, en Brasil, quien fue beatificado en el año 2006, luego de que un niño sufrió un accidente gravísimo, y se recuperó gracias a su intercesión luego de ser invocado por la comunidad. Es suficiente un milagro para ser nombrado beato".

Margarita dijo: "Esa definición considera sólo a los milagros católicos, pero los milagros ocurren a cualquier persona sin importar su raza, su sexo, su condición, su edad ni su religión. Incluso pueden ocurrir sin que exista un interventor".

Robert contestó: "Tienes razón. Entonces quizá sea conveniente ampliar la definición de milagro, considerando la mejora sobre enfermedades o situaciones críticas o mortales, ocurridos a cualquier persona por medios inexplicables, en los que existan sentimientos de amor, respeto y/o imploración. Y esa definición se acerca a aquella planteada por Deepak Chopra para la sanación cuántica".

Patricia agregó: "Como sea, esos milagros y sanaciones constituyen uno de los puntos más importantes del apoyo que recibimos de los espíritus. El ser humano es muy vulnerable y puede sucumbir ante cualquier adversidad o tragedia, y por tanto podría no llegar a cumplir sus objetivos en esta vida. Para evitar ello, el Espíritu Supremo, que puede ser una entidad de varios o de un solo ser, según la creencia de cada cual, designa al menos un espíritu protector a cada persona, además de su espíritu interno. Pero además designa otros espíritus para que los ayuden a no sucumbir y que traten de cumplir sus metas".

Margarita preguntó: "¿Y cómo puede ese Espíritu Supremo apoyar a tantas personas con esos milagros, de manera concordante con cada creencia?". Robert dijo: "A través de esa cadena de espíritus personalizados, unidos en escalones de apoyo. En general, todos los espíritus están conectados directamente a Él. Por esa razón, el mundo de los espíritus es el mundo central del multiverso, y los espíritus están permanentemente apoyando a todo ser vivo, no sólo siendo parte de ellos, sino protegiéndolos; y si deben mostrarse, pueden tomar la forma más amigable y consistente con las creencias de cada persona. Además, no sólo tratan de lograr manifestaciones inexplicables, sino que pueden elegir personas a través de las cuales difundir el mismo tipo de mensaje a muchas personas a la vez: Amarse y respetarse unos a otros; y amarse y respetarse a sí mismos".

Patricia miró a Robert, sorprendida de todo lo que ya había aprendido. Esa noche Robert aprovechó para mejorar su discurso. Al día siguiente, viajó a Colorado con toda su familia y llegaron antes de la convención.

Margarita había estado en comunicación con su hija Lupita, quien le hizo saber que iría a verla allí al término de la convención.

El primer día de la convención, se reencontraron con Dave Hennis, con quien ya habían pasado la aventura de detectar la presencia de fantasmas en Greensboro, Carolina del Norte.

Dos semanas antes, Robert le pidió a Dave que explorara la posibilidad de permitirle exponer ante todos los asistentes lo que aprendió ese año. Dave le dijo que había elevado la propuesta y era muy probable que le dieran una hora entera para hablar ante todos.

Durante las charlas que observó, Robert sintió mucho agrado por la exposición que dio Mark Anthony. Él pensó inicialmente que se trataba del cantante, pero después vio que era un abogado psíquico de cuarta generación. Ello significaba que su bisabuelo, su abuelo, su padre y él, cuatro generaciones, mantenían el don de ser médiums. Mark Anthony tenía un gran sentido del humor al explicar cómo se puede hacer contacto con seres queridos, y cómo tomar esos contactos como un paso terapéutico en el proceso de sanación del dolor por la pérdida de seres queridos.

Finalmente, Dave se acercó a Robert y le dijo que el día viernes al mediodía podría dar su conferencia, porque el conferencista titular se iba a retrasar, y le iban a cambiar de horario. Eso significaba que su exposición debía darla al día siguiente.

Esa noche Robert hizo el recuento final de lo que había aprendido en los últimos días:

El hecho de que una persona sepa que otra persona ha sido su familiar cercano en una vida pasada hace que se genere entre ellos un sentimiento de amor, según la relación familiar. Ese sentimiento puede incluso extenderse a los nuevos hijos o familiares cercanos de esas personas que fueron igualmente muy cercanas.

En situaciones críticas, algunas personas piden a otras que recen por ellas porque saben que la oración de muchas personas genera una energía que logra resultados positivos.

Hay almas jóvenes y almas viejas, y no dependen de la edad de las personas vivas, sino de la experiencia y evolución de las almas a través del tiempo. Así, un niño puede tener un alma vieja y un anciano puede tener un alma joven.

El ser humano es muy vulnerable y puede morir muy prontamente, sin cumplir objetivos que le den sentido a su vida. Para evitar su pronto deceso, el mundo de los espíritus ayuda brindando un espíritu interno y un espíritu protector por cada persona, así como espíritus viajeros sanadores y otros espíritus más, para que intenten cumplir sus metas.

El mundo de los espíritus parece ser el centro del multiverso para apoyar con espíritus al menos a los seres vivos móviles existentes.

El Ser Supremo que conduce el mundo de los espíritus, y que podría ser concebido como una entidad compuesta por varios o por un solo ser, sería el Ser Supremo de todo el multiverso.

El Ser Supremo, a través de toda la cadena de apoyo de espíritus personales, y de espíritus de momentos críticos, brinda apoyos continuos de sanación y salvación de muerte, los cuales pueden constituir milagros, aún sin ser reconocidos como tales.

Los espíritus pueden mostrarse a las personas vivas con la figura más amigable y concordante según su creencia, y pueden incluso mostrarse varios de ellos formando un grupo organizado igualmente concordante con sus creencias.

Capítulo 17
DISCURSO DE ROBERT CARTINSTON

El viernes a las 2 p.m., inmediatamente después del refrigerio, que incluía un ligero almuerzo, Robert estaba listo para dar su discurso. Ya habían indicado que el título de la exposición era *Las Partículas Espirituales*. A esa hora había muy pocos asistentes. Dentro de los que estaban allí desde el principio, se podía ver a Patricia, Margarita y Andy. Patricia había logrado que Andy ingrese y esté presente en la conferencia de su padre. Robert estaba contento por eso. Cuando fue anunciado, salió al estrado, y dijo:

"Amigos, es un verdadero honor estar hoy con ustedes para dirigirles unas palabras. Yo soy profesor de Física de Partículas. Hace cuatro años falleció mi esposa y me dejó un gran vacío. Yo enfermé de la mente y me costó mucho recuperarme. En memoria de ella, durante tres años conservé activo su teléfono celular y lo tuve guardado, sin uso, en casa. Hace un año, recibí una llamada telefónica desde ese celular. Yo no creía en espíritus ni estaba interesado en conocer sobre temas paranormales. Pero esa llamada me causó mucha intriga y decidí investigar lo que sucedió. A medida que he ido profundizando mis investigaciones, he notado que hay una relación natural y continua entre nosotros, como cuerpos, y nosotros como espíritus, y también con las partículas de nuestro universo. Hoy es la primera vez que voy a compartir lo que he investigado en este campo, que incluye la vida del ser humano, así como la vida de los espíritus, desde un enfoque relacionado con partículas subatómicas. Y ello incluye las actividades de los espíritus, durante las experiencias cercanas a la muerte, que han experimentado muchos de ustedes".

Luego puso la primera diapositiva que decía:

1. CONSCIENCIA Y UBICACIÓN FÍSICA ESPIRITUAL

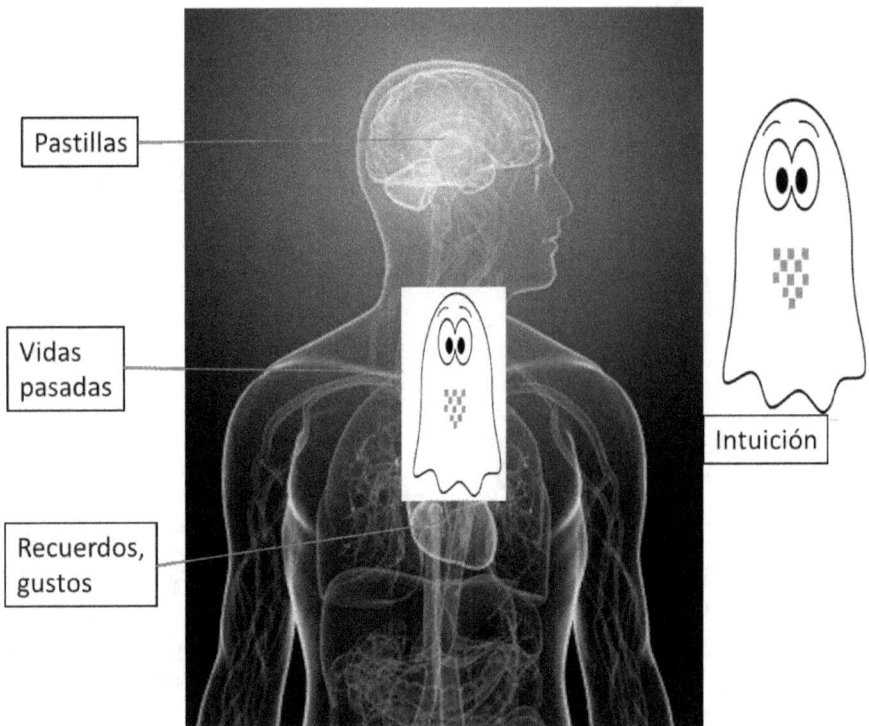

"Como muchos de ustedes saben, han habido grandes discusiones entre quienes piensan que la consciencia está y permanece en el cerebro, y quienes piensan que la consciencia puede o no estar en el cerebro, pero se va con el cuerpo etéreo que se desprende de la persona que sufre una experiencia cercana a la muerte. Desde mi perspectiva y después de analizar a profundidad esas y otras posiciones, así como los últimos avances de científicos en este campo, me he inclinado hacia una posición intermedia al considerar que la consciencia y la memoria están tanto en el cuerpo físico como en el cuerpo etéreo, a la vez, de manera redundante y complementaria; y que el cuerpo físico y el cuerpo etéreo permanecen completamente unidos, formando un solo yo, y sólo cuando se producen experiencias extra corporales, en que la consciencia se percibe fuera del cuerpo físico, el cuerpo etéreo toma predominancia. Para ello, ese cuerpo etéreo es nuestro espíritu, que permanece al interior de nuestro cuerpo físico, y después de dejar el cuerpo físico, sigue vivo, generando vivencias y manteniendo activa nuestra consciencia".

Y luego Robert pasó a nombrar las demostraciones de lo dicho:

- "La consciencia evidencia estar en el cerebro de una persona cuando muestra mejoras luego de tomar medicinas o cuando su cerebro ha sido médicamente tratado. Pero esta consciencia también evidencia estar en los órganos internos del cuerpo cuando las personas que han tenido órganos trasplantados tienen recuerdos y gustos que no les corresponden a ellos sino a esos órganos.
- Además, la consciencia evidencia estar en el espíritu interno de una persona cuando en una sesión de regresión, recuerda una vida pasada, que no corresponde al cuerpo físico. O cuando hace un viaje astral conservando la consciencia y manteniendo los recuerdos de ese viaje. O cuando, al sufrir una experiencia cercana a la muerte, el espíritu realiza su autoexamen, y es tratado y considerado como responsable de sus actos en esa vida.

En resumen, la consciencia es parte del cuerpo y es parte del espíritu. Y nosotros somos cuerpo y espíritu unidos estrechamente, conformando una unidad de consciencia, que se mantiene así hasta que el cuerpo fallece; y a partir de allí, el espíritu continúa solo, llevando la consciencia. En ese sentido, la consciencia es divisible. Y adicionalmente contamos con un espíritu protector que puede apoyarnos a ampliar nuestra memoria. Pero, además, nuestro cuerpo físico está rodeado de un aura, que es personal, formada por la emisión de partículas de nuestro cuerpo físico, que tiene relación con unos centros internos de energía y con nuestros órganos, y puede ser percibida por espíritus y por psíquicos que ven el aura, y que pueden incluso ayudar a quienes emiten el aura".

Robert notó que la asistencia en la sala de exposiciones había aumentado considerablemente. Luego puso la siguiente diapositiva.

2. LAS DIMENSIONES ESPIRITUAL Y ASTRAL

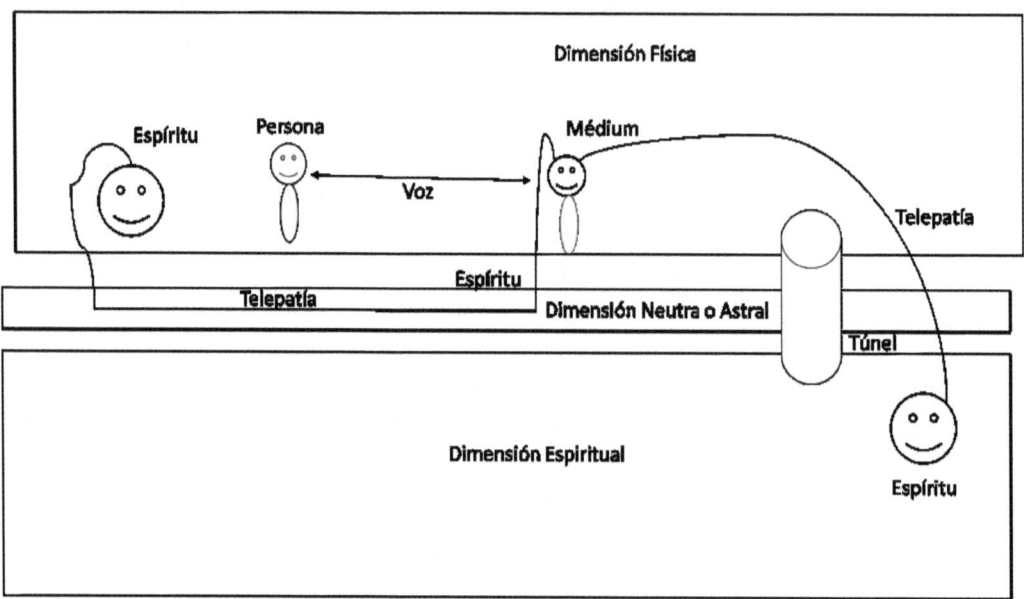

"Hay la posibilidad de que exista una dimensión espiritual, denominada así, dimensión espiritual, que podría estar formada exclusivamente por partículas subatómicas, o similares, en estado permanente de energía, no de masa, lo que le permite no tener necesidad de dimensiones físicas. Y esta dimensión alberga a los espíritus. Y hay también la posibilidad de que exista otra dimensión similar, denominada dimensión astral, o neutra, por la que se desplazan las partículas de manera instantánea, y también se desplazan los espíritus en viajes astrales o entre dimensiones, de manera instantánea. Estas dos dimensiones, parecen cumplir las condiciones de las dimensiones requeridas para completar la Teoría M, y, por tanto, son concordantes con las leyes de la física de partículas".

3. EL MUNDO DE LOS ESPÍRITUS

"La dimensión espiritual contiene esencialmente al mundo de los espíritus. Este mundo de los espíritus tiene habitantes, que son espíritus, y que se rigen por disposiciones organizadas, que, de acuerdo con sus características, les permiten realizar múltiples actividades para mejorar al menos las condiciones de ese mundo.

Estos espíritus nacen en ese mundo y están formados por partículas subatómicas similares a las del modelo estándar de partículas.

El espíritu que gobierna el mundo de los espíritus, parece tener características muy especiales y poderosas, y parece haber sido el creador de al menos todo lo que hay en el mundo de los espíritus y nuestro universo. Él es conocido en la Tierra como Ser Supremo, Dios, Núcleo, Creador, Brahma, Alá, Fuente, y otros nombres, y puede estar constituido por un ser o varios seres en uno.

Algunos de los espíritus del mundo espiritual se dedican a acompañar a los seres vivos de todos los cuerpos celestes donde existen. De esa manera crecen en experiencia con cada cuerpo físico y amplían así su evolución. Luego, al culminar la vida del cuerpo, el espíritu retorna al mundo de los espíritus, habiendo ganado la experiencia de vida completa. Durante la vida en el mundo espiritual, el espíritu sigue en actividad, pasando por siete etapas que le sirven para su desarrollo individual, y que contribuye al desarrollo del multiverso.

Algunos otros espíritus se dedican a crear y perfeccionar seres vivos que sobreviven y perduran, con los medios y en las condiciones que existen en los cuerpos celestes e inmediaciones galácticas, actuando en concordancia con las leyes físicas y los deseos del Ser Supremo. Los espíritus encargados de las tareas de creación algunas veces realizan múltiples ensayos y utilizan resultados de otros aspectos para unirlos a sus sistemas".

4. UNIVERSO Y AKASHA

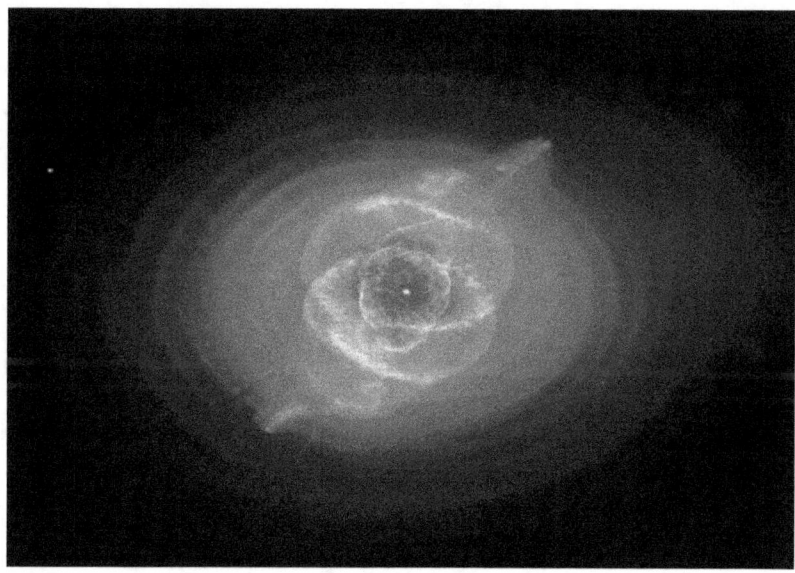

"Aparentemente la dimensión espiritual existe con anterioridad a nuestro universo físico y a otros universos, y sus partículas constituyentes han servido de base para la creación de estos. Por ello, al crearse nuestro universo, sus partículas ya contaban con características y leyes físicas que las regían, y que en el tiempo están siendo detectadas gracias al esfuerzo de nuestros científicos.

Las características de las partículas del universo, incluyen vibración y sentimientos. Sentimientos de amor y comprensión principalmente, en condición de entrelazamiento. Y con esas características, el universo logra generar una fuerza especial, denominada fuerza espiritual, que le permite motivar, corregir incongruencias físicas, brindar información y hasta apoyar en el logro de sueños, siendo entonces este universo conocido como, Akasha, Red de Indra, Campo de Higgs, éter sin fricción, energía universal, y otros nombres.

Y toda esa evolución, física y de seres vivos, creada tras ensayos, se ha notado en la Tierra, en la que se puede apreciar figuras patrones al aplicar sonido sobre agua, o al observar el cielo por mucho tiempo, o al percibir ideas en el inconsciente, que demuestran que fueron elaboradas con anterioridad. Igualmente se puede apreciar similitudes en la genética de los seres vivos, tras indicios de que ellos no pudieron haber evolucionado solos tan rápido en el paso de una especie a otra, o no llegaron a evolucionar. Tal es el caso de algunos homínidos que no llegaron a ser antecesores del hombre ni de otras especies".

5. LAS PARTÍCULAS ESPIRITUALES

"En general, las partículas del ser humano y las partículas de su espíritu interno participan en la generación de su consciencia. Y las partículas de otros espíritus, de otros seres vivos, y del universo dentro de una zona dada, se relacionan con él, generan su propia consciencia y participan en apoyo de ese ser humano, brindando consejos y protección física. Todas estas partículas, al interactuar entre sí, crean un entrelazamiento cuántico, que se manifiesta en sentimientos entre los que predomina el amor y la comprensión, y que generan una fuerza espiritual, adicional a las cuatro fuerzas fundamentales del universo, de magnitudes físicas medibles y de magnitudes de motivación.

Aquella acción de las partículas que nos rodean nos lleva a deducir que todas las partículas de nuestro multiverso, ya sea que estén conformando cuerpos vivos, espíritus o cuerpos inertes del multiverso, llevan potencialmente esa fuerza espiritual, y por tanto, todas pueden denominarse partículas espirituales.

Las partículas espirituales interactúan permanentemente entre todas, como un todo, y lo hacen para nosotros. Continuamente recibimos mensajes, advertencias, confirmaciones y conocimientos que necesitábamos, a través de la radio, televisión, Internet, por sueños, al hablar con alguien personalmente o por teléfono, al escuchar una canción, al tener contacto con un animal, o simplemente aparecen en nuestros pensamientos. Y es que esas partículas no sólo nos dan fuerza física sino también fuerza motivacional, apoyo moral, conocimientos, protección, y otras cosas.

El ser humano pierde millones de partículas por segundo y genera la misma cantidad a la vez. En cada centímetro cúbico del universo nacen y desaparecen muchas partículas cósmicas en cada tiempo de vida pequeñísimo. Y todas esas partículas pueden interactuar mutuamente, dando vida a nuestro multiverso, haciéndolas cercanas, y entrelazadas, es decir, convertidas en partículas espirituales".

En ese momento Robert notó que la sala estaba completamente llena.

6. ETAPAS DEL SER HUMANO

"Y los espíritus, en la relación estrecha con los seres humanos, pasan por una serie de etapas durante su evolución.

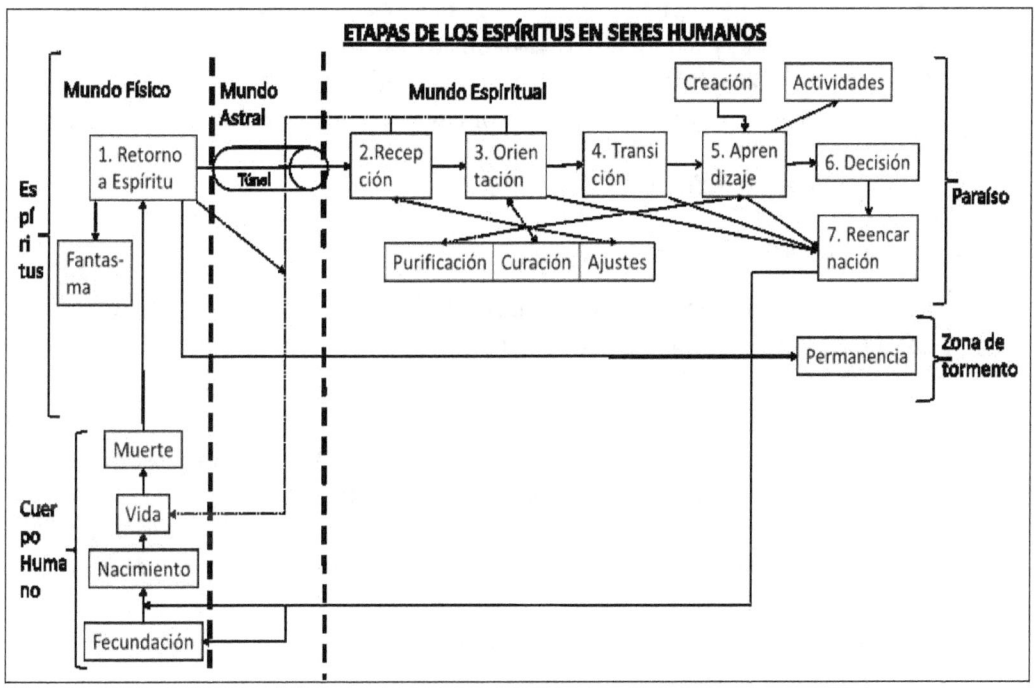

El cuadro que se muestra ahora es el flujo de etapas del ser humano tanto en condición de ser físico, como en condición de espíritu.

Durante su vida física, el ser humano para por varias etapas, que para la presente exposición las vamos a sintetizar en cuatro, que son:
1. Fecundación
2. Nacimiento
3. Vida
4. Muerte

Asimismo, puede pasar por siete atapas al experimentar su condición de espíritu, que son:
1. Retorno a espíritu (Ubicación inicial)
2. Recepción
3. Orientación
4. Transición
5. Aprendizaje
6. Decisión
7. Reencarnación

En base a la experiencia que tuve luego de someterme a un tratamiento de hipnosis por regresión, y en base a lo planteado por científicos que han hecho conocer sus grandes avances en este campo, como Brian Weiss en su libro *Muchos guías, muchos maestros*, y Michael Newton en sus libros *Vida entre vidas* y *Destino de las almas*, así como lo descrito en la parte pertinente de *El libro de los espíritus*, de Allan Kardec, voy a tratar de dar una explicación a cada una de esas etapas".

VIDA EN CUERPO FÍSICO

"Las etapas del cuerpo físico son:

1. **Fecundación**: En esta etapa, el cuerpo físico tiene vida desde que es fecundado por la unión carnal de los padres. Pero la reencarnación se inicia prontamente luego de la fecundación. Los cuerpos tienen al menos dos caminos para reencarnarse, que dependen del nivel de avance del alma. Un camino es que su espíritu, o su periespíritu, que es la envoltura del espíritu, ingrese al cuerpo y/o empiece a crecer dentro y junto con su cuerpo, lo cual sucede pocas horas después de la fecundación. Y el otro camino es que el espíritu ingrese e inicie el acoplamiento con su cuerpo, usualmente entre el tercer y el octavo mes de embarazo. Como ya se ha visto, los espíritus podrían estar formados por partículas subatómicas. Asimismo, el cuerpo y el espíritu tienen características de personalidad propias que se van uniendo en una sola persona y que pueden modificarse según la vida que lleve.

2. **Nacimiento**: Al nacer, ya todos los órganos físicos del cuerpo están formados y sólo les falta crecer. Y también al nacer, el espíritu ayuda al cuerpo del bebé a soportar su primer trauma producido por dejar el cuerpo de la madre e ingresar al mundo terrenal. La comunicación entre órganos, incluido el espíritu y el cerebro, se hace más eficiente. Y esas comunicaciones van permitiendo su acople total.
3. **Vida física**: Durante la niñez, especialmente la niñez temprana, el niño tiene más recuerdos de vidas pasadas porque el espíritu, recién termina de acoplarse a esa edad, y aun cuando tiene la consigna de no recordar sus vidas anteriores, algunas veces suelta involuntariamente recuerdos de vidas pasadas. Más tarde, el cuerpo y el espíritu ya son una unidad, cada cual con sus propias funciones. La función del espíritu en esta vida es amortiguar el carácter del cuerpo cuando exprese un comportamiento explosivo, y también ensalzarlo cuando exprese un comportamiento noble. También es función del espíritu, recordar y hacer que todo el cuerpo actúe en consecuencia, cuando observe señales que acordó previamente en el mundo de los espíritus y que serían programadas para ejecutarlas en su vida física, como alcanzar metas, viajar a lugares específicos, relacionarse con las personas que serían trascendentales en su vida, pasar por experiencias kármicas, y quizá llevar dones psíquicos e incluso algunas limitaciones físicas. En mi caso específico, he tenido varias experiencias kármicas. Un delincuente mató a mi esposa empujándola hacia la pista para ser atropellada por un carro en movimiento. Desafortunadamente ella no volvió a la vida. Yo sufrí una gran depresión de la que sólo he podido salir después de mucho tiempo y esfuerzo. Ella permaneció en este mundo en condición de espíritu, cuidándome, y cuando mejoré, siguió su camino hacia la luz. Años después, ese mismo delincuente disparó contra mi hijo, pero las balas no le cayeron inexplicablemente. Y todo ello es posible porque la vida nos presenta condiciones, que para algunos añaden más dificultades y para otros pueden incluso otorgar dones psíquicos. Además, aparte de nuestro espíritu interior, hay al menos un espíritu protector, asignado a cada uno de nosotros, que nos acompaña y nos protege por todas las vidas que pasamos. Además, contamos con los espíritus de nuestros familiares que asumen un rol de ayudantes de nuestro guía espiritual y por tanto son ellos quienes también realizan esas labores de protección. Asimismo, hay otros espíritus que rondan nuestro mundo o vienen para salvar a una persona específica o a personas que encuentran a su paso, a quienes podemos denominar espíritus viajeros sanadores. Y hay

otros espíritus que se comunican con seres vivos para que hagan llegar mensajes de amor y paz. Y finalmente hay otros espíritus que permanecen en nuestro mundo porque tienen algún compromiso o asuntos pendientes, y que cuando se presentan se les conoce como fantasmas.

4. **Muerte**: Aun cuando nos sorprenda, desde el mundo de los espíritus se puede esperar que en la Tierra se produzcan muertes programadas y muertes no programadas. Como veremos posteriormente, antes de que algunos espíritus reencarnen, escogen en quién hacerlo, y conocen si esas personas van a morir tempranamente por tener que pasar por experiencias kármicas. Pero no sólo sufre y pasa esa experiencia la persona que muere, sino también sus familiares y allegados. Por tanto, la experiencia kármica de una muerte programada es para todos ellos. En mi caso, cuando mi esposa fue asesinada, ella sufrió esa experiencia kármica pero yo también la pasé y me causó gran dolor. Pero también hay muertes no programadas o no esperadas desde el mundo de los espíritus. Las personas que mueren pueden pasar por una agonía, o pueden morir abruptamente, pero esas no son necesariamente muertes no programadas. Los que sufren experiencias cercanas a la muerte, normalmente sufren muertes no programadas, y por tanto les falta completar algo que aún deben realizar en vida. Lo que les falta realizar no es necesariamente algo muy trascendental, pero es algo que deben completar. La mayoría de los que han tenido esas experiencias cercanas a la muerte, normalmente cambian, mejoran en su modo de ser, y eso puede ser suficiente para que logren completar sus metas pendientes. Además, Luego de una muerte, el cuerpo físico se apaga, pero el espíritu continúa con vida".

VIDA EN ESPÍRITU

"Estas son las etapas que ocurren en la vida del cuerpo humano. Ahora vamos a ver las etapas que ocurren en la vida del espíritu.

1. **Retorno a Espíritu**: Cuando el cuerpo fallece, el único "órgano" que le supervive es el espíritu. Y este espíritu es imperceptible, salvo para los médiums y para otros espíritus, y prácticamente en automático adopta la forma etérea similar a cómo la persona cree que se vería, sin heridas, sin enfermedades, sin limitaciones físicas, y a la vez jovial y bien vestido. En esa condición, el espíritu puede ir a uno de los siguientes tres lugares: (1) Quedarse en el mundo físico. Esa es una opción voluntaria y en caso permanezca, queda en condición de fantasma. Los espíritus que se quedan en el mundo

físico lo hacen porque se sienten perturbados y consideran que tienen algo pendiente que no pueden dejar sin terminar. También se quedan algunos que se sienten furiosos o que no se han dado cuenta de haber muerto. Y también están los que quieren quedarse temporalmente, ya sea para ver sus funerales, o para cumplir alguna promesa. Muchos de ellos pueden ser ayudados a continuar su viaje, ya sea por espíritus superiores o hasta por seres humanos vivos emitiendo energía de buenas intenciones. (2) Ir hacia su paraíso, en el mundo espiritual, lo que es también una opción voluntaria. La mayoría de espíritus de personas que tienen experiencias cercanas a la muerte van hacia su paraíso. Las personas que mueren y han tenido una vida aceptable, van a este lugar, voluntariamente, y sí se llevan algo al otro mundo: sus mejores sentimientos, como el amor y la comprensión, y todos sus recuerdos. Y (3) Ir hacia su zona de tormento, en el mundo espiritual, lo cual es obligatorio y se aplica a aquellos espíritus que hayan hecho demasiado daño. Aproximadamente un dos por ciento de los que van a la dimensión espiritual, van hacia su zona de tormento. Hay personas de naturaleza patológica muy agresiva que les toca una vida muy sufrida y los convierte en individuos llenos de maldad, y al darse la oportunidad pueden cometer las mayores atrocidades sin sentir el menor remordimiento. El espíritu con que cuenta toda persona trata de regular e interactuar con el comportamiento de esa persona. Pero cuando el espíritu está aún en sus inicios de evolución, puede no regular o amortiguar adecuadamente esa conducta agresiva, y al revés, puede impregnarse y dejarse influenciar por un comportamiento malvado y violento de ese tipo de individuos, y es capaz de seguir haciendo mucho daño, ya como espíritu. Los peores de estos espíritus, denominados malignos, son llevados directamente a esa zona de tormento sin esperar su consentimiento. Los que no llegan a ir a esa zona de tormento, tendrán una siguiente vida humana muy sufrida, por el karma que deben pagar.

A partir de la segunda hasta la sétima etapa, la vida en espíritu se desarrolla casi exclusivamente para los espíritus que van hacia su paraíso en el mundo espiritual.

2. **Recepción**: En esta etapa se abre un pequeño agujero de duración casi instantánea, o portal, al costado de los espíritus, y luego de entrar allí, pueden o no pasar por un túnel, que aparentemente permite pasar el plano astral, y luego llegar a lo que consideran su paraíso en el mundo espiritual. Allí, desde que llegan perciben una sensación de paz y amor, y hasta sienten que huelen y escuchan ese sentimiento. Y ello es debido a que los espíritus que

llegan al más alto nivel de evolución pasan a formar parte de la fuente espiritual, del núcleo espiritual, y en esa condición sus partículas pueden contribuir a ser parte del mundo espiritual, y por ello esas partículas tienen vida y transportan a los espíritus que recién llegan, emitiendo sus sentimientos, olores y sonidos.

Pero, además, cuando llega el espíritu, su guía espiritual convoca y se presenta con una comitiva de recepción de espíritus que vivieron cerca de él, pero que fallecieron antes que él, siendo el guía espiritual el primero en recibirlo o permite que lo reciba un espíritu que ha sido muy allegado a él. Normalmente los espíritus menos avanzados o con menos reencarnaciones, prefieren quedarse más tiempo en la Tierra para calmar a sus seres queridos hasta el momento de su sepultura, o tienen más temor de cruzar hacia el mundo de los espíritus, y por esa razón los guías espirituales y/o los espíritus allegados pueden ir a recibirlos desde que están en el mundo físico, para acompañarlos a cruzar hacia el mundo espiritual. Además, estos espíritus toman sus rasgos humanos, de cuando vivieron en la Tierra, para hacerse más amigables y darle más confianza al nuevo espíritu en su viaje espiritual.

3. **Orientación**: Luego de la recepción, los espíritus de la comitiva se retiran y el guía espiritual permanece, para que el nuevo viajero le muestre la vida que llevó. Pueden acudir algunos espíritus de mayor jerarquía, si así lo consideran. El guía espiritual muestra en una especie de pantalla todo lo que el espíritu hizo en vida, incluso con detalles que no recordaba. Ello permite determinar, de manera comprensiva, si el espíritu ha cumplido o no sus metas y aprendizaje en vida. En algunos errores o malas acciones, el guía espiritual hace saber al espíritu sobre otras acciones que pudo tomar para mejorar esos actos. Hasta esta etapa de orientación es que pueden llegar los espíritus de personas que tienen experiencias cercanas a la muerte. Si no han cumplido pero pueden cumplir sus metas y además pueden volver a la vida, el guía solicita y coordina para que regresen rápidamente a sus cuerpos, retornen a la vida, y añadan estos recuerdos a su memoria. Desde la primera etapa de retorno a espíritu, hasta esta etapa, el guía espiritual puede presentarse al espíritu de la persona fallecida, tomando la forma que le sea más amigable, o la que más gratamente impresione a sus creencias, para que pueda recibir las indicaciones con tranquilidad y amor. En el caso de los espíritus avanzados, esta etapa puede realizarse posteriormente y puede mostrársele no sólo la última vida sino todas las vidas pasadas. Si los espíritus no han cumplido su meta pero ya no pueden volver a la vida, podrán

reencarnar rápidamente y tener una vida antes que su grupo kármico. Es el caso de personas que reencarnan en nietos o similares de personas fallecidas. También, los espíritus que conservan rencores u otros malos sentimientos son enviados a centros de purificación, de curación o de ajustes. Desde que inician su condición de espíritu, los sentimientos de los espíritus mejoran debido a que desaparecen malestares físicos y ciertas responsabilidades. Pero al pasar hacia el mundo espiritual, las almas dejan muchos sentimientos negativos y sus sentimientos positivos se hacen mejores y más desinteresados. Sin embargo, en algunos quedan aún sentimientos que deben limpiarse en esos centros. En la purificación, las partículas del espíritu reciben un baño de luz amorosa que erradica lo que queda de sus malos sentimientos, dejándolos sólo con sentimiento de amor. En la curación, se modifican algunas partículas para que el espíritu no conserve los malos sentimientos. En el caso de ajustes, se modifican muchas partículas del espíritu, de manera que prácticamente sale un nuevo espíritu que ya no lleva persistentemente los malos sentimientos. De ser necesario, estos baños pueden tomarse varias veces, tanto en la etapa de recepción, en la etapa de orientación, y/o en la etapa de aprendizaje.

4. **Transición**: Después de recibir la orientación inicial, los espíritus proceden, conducidos por las partículas vivas del mundo espiritual, hacia una especie de central o terminal de transporte, desde donde son trasladados ordenadamente a su nuevo plano de destino. Inicialmente parten muchos espíritus, cada uno llevado independientemente por las partículas inteligentes, y poco a poco van quedándose conforme van llegando a su nuevo lugar de destino. Desde que salen, estos espíritus empiezan a sentir la comunicación telepática con los espíritus de su grupo kármico primario, pero esta comunicación se va haciendo más fuerte y con menor interferencia a medida que se acercan a su destino. Cuando por fin llegan, van a encontrar a los espíritus que conocen de toda la vida espiritual y de muchas vidas físicas, con quienes sienten un inmenso amor y absoluta confianza pues son su grupo más cercano con los cuales empezó su vida espiritual y con los que van avanzando poco a poco a planos superiores. Con ellos se acompañarán hasta que empiecen a especializarse en temas de trabajo muy específicos. Y con ellos se prepararán para iniciar su nueva etapa de aprendizaje, Durante esta etapa de transición, los espíritus son transportados por las partículas que se guían por las comunicaciones telepáticas que van realizando los espíritus y sus grupos primarios que los esperan para recibirlos. Y aun cuando el espíritu nota que ha arribado a un lugar que parece el mismo ya conocido, sabe que ha llegado

y alcanzado un nuevo plano superior en ese mundo espiritual. Puede haber espíritus que no logran avanzar y por tanto no llegan a los mismos lugares ni van a los mismos salones de aprendizaje a los que van sus amigos primarios, pero pueden alcanzarlos si se esfuerzan en la siguiente vida física que llevarán.

5. **Aprendizaje**: En esta fase los espíritus inician su preparación para la próxima vida mientras continúan sanando y manteniendo una relación sumamente agradable y placentera con los espíritus compañeros y profesores. Estos últimos pueden ser denominados ancianos y se reúnen en el concejo de ancianos cuando deben tratar temas críticos o hablar con espíritus avanzados. El aprendizaje puede realizarse, en aulas, bibliotecas y en el campo. El aprendizaje en aulas puede incluir el conocimiento de leyes naturales, de normas de la dimensión espiritual y de las experiencias de vida que deben superarse. El aprendizaje en las bibliotecas se hace revisando los libros akáshicos personales, o libros de la vida, que contienen las experiencias personales, pasadas, presentes y futuras de cada espíritu, para ser visto sólo por ellos y por los que tienen acceso permitido. También están los libros akáshicos universales, que guardan el conocimiento universal, y que puede ser enriquecido con las experiencias y conocimientos nuevos que aporten sus vidas. El aprendizaje de campo incluye múltiples actividades y múltiples lugares, tales como preparación para ser: guía espiritual, cuidador de espíritus, maestro del tiempo, explorador intergaláctico, creadores de objetos, etc. Los múltiples lugares tienen relación con mundos mentales y mundos físicos. Los mundos mentales son en realidad mundos sin dimensiones, pero existen. Por eso no pueden ser vistos por seres físicos. Dentro de los mundos mentales pueden encontrarse el mundo del ego, el mundo del tiempo alterado, y el mundo del saber universal. Los mundos físicos de hecho tienen dimensiones y algunos de ellos pueden ser vistos por seres físicos. Dentro de ellos se encuentran el mundo de la creación y el mundo de la no creación.

Al mundo del ego van los espíritus principiantes para recibir sus identidades, que son concordantes con las características de sus energías. Es decir, los espíritus tienen características propias tanto de energía como de personalidad. De una manera sencilla podemos decir que los espíritus adquieren aquí uno de los cinco rasgos de personalidad que fueron clasificados por el psicólogo científico Lewis Goldberg: extrovertidos, afables, responsables, estables o analíticos.

El mundo del tiempo alterado es aquel al que van todos los espíritus porque representa el mundo físico del que viene cada uno de ellos, y se pueden modificar tiempos para estudiar acontecimientos específicos. Ayuda a preparar para pasar al mundo del saber universal.

El mundo del saber universal es aquel al que sólo van los espíritus avanzados. Allí pueden preparar proyectos muy importantes que ayudan en el conocimiento. Es también un lugar de incentivos para terminar labores antes de regresar a la Tierra. Un proyecto que gustaría a un arquitecto sería construir un edificio.

También pueden ir al mundo de la creación y no creación, que incluye a diversos planetas y cuerpos celestes, en diferentes galaxias, donde los espíritus pueden crear seres vivos, elementales, haciendo uso de su energía, intentando que supervivan con los recursos y en las condiciones de cada mundo.

Los que se preparan para ser exploradores intergalácticos y viajeros sanadores recorren diferentes dimensiones y aprenden a localizar rápidamente los portales por los que se puede pasar entre dimensiones.

Otro lugar, ya en el mundo de los espíritus, es el centro de cuidado de los espíritus recién nacidos. Los espíritus provienen de una masa grande e irregular de aspecto nebuloso, pero de intensa y pulsante luz de tonos azulosos, amarillos y blancos. Cuando ocurren pulsaciones, despiden ráfagas de diminutas partículas, que constituyen los espíritus recién nacidos. Algunas partículas no funcionan y son reabsorbidas, pero otras sí continúan su proceso. Esas partículas se juntan y crecen en una guardería con seres amorosos que cuidan de ellos. Cuando los embriones pueden tener autonomía, los liberan para que continúen su desarrollo.

6. **Decisión**: En esta fase el espíritu siente que ya culminó su preparación y decide que ya está listo para iniciar una nueva vida física. Algunos espíritus prefieren y deciden no regresar a la vida física, y por tanto permanecen en condición de espíritus, en su plano asignado. A veces un grupo grande de espíritus de un mismo plano decide retornar juntos, aumentando así las probabilidades de volver a encontrarse esposo con esposa o padres con hijos. Aquí el espíritu ya conoce no sólo los logros de su vida sino los de las vidas

anteriores. Es como si el pasado, presente y futuro estuvieran juntos. Luego ese espíritu se reúne en el anillo del tiempo y en el lugar de reunión, con los espíritus de las personas que fueron significativas en sus vidas anteriores; y luego de haber seleccionado el cuerpo con que vivirá, recibe el encargo de las deudas que debe saldar y de los rasgos dominantes que debe llevar para la próxima vida. Los cuerpos humanos que puede elegir tienen rasgos de personalidad similares a los rasgos actuales del espíritu, luego de las vidas que ha vivido. Se consideran deudas a los daños que puede haber hecho y se considera rasgos dominantes a algunas debilidades como envidia, avaricia, egoísmo y otras que debe cargar. Igualmente, el espíritu recibe el encargo de los dones psíquicos con que contará. Aquí se establecen las metas que se le asignarán en la próxima vida, tales como estudios que debe alcanzar o lugares y actividades en que debe trabajar, o residir, para lograr su felicidad y ayudar a la felicidad de otras personas. Estos encargos no serán recordados por la nueva persona, pero sucederán, porque el espíritu lleva esos encargos.

7. **Reencarnación**: Los espíritus pueden reencarnarse al momento de la fecundación o después de un periodo de entre tres a ocho meses. En ambos casos el espíritu ya seleccionó a sus padres y procede a acoplarse con el cuerpo del feto. Hay casos en que la reencarnación se realiza por astrología kármica.

En todo el proceso espiritual pueden pasar pocos o muchos años. Los bebés que no llegaron a nacer pueden reencarnarse más rápidamente. Y así se repite el ciclo de la vida física y de la vida espiritual. Pero lo más importante es que, aunque nuestro espíritu trasciende las vidas de nuestros cuerpos, nosotros, con cada vida, estamos logrando que nuestro espíritu sea mejor y que ascienda en el plano espiritual. Y también es importante que tengan en cuenta que quienes han regresado a la vida, es porque aún no han cumplido o no han completado todas sus metas y su aprendizaje, y ahora sí pueden cumplirlas con más amor y aplicando mejores valores que antes. Es bueno saber que la mayoría de los que han vuelto a la vida son mejores personas. Y eso significa que también son mejores espíritus, y van a dejar una mejor herencia espiritual.

Hasta ahora sabíamos que tenemos una herencia genética, mediante la cual nuestros descendientes adquieren ciertos rasgos nuestros. También sabíamos que tenemos una herencia familiar, y de acuerdo con nuestro comportamiento y a nuestro esfuerzo podremos dejar una mejor herencia económica y un mejor ejemplo para nuestros hijos. Pero ahora podemos decir que también tenemos una herencia espiritual; mediante la cual, vamos a dejarnos a nosotros mismos en un nuevo cuerpo, con nuevas condiciones para que haga una vida más fácil o difícil, dependiendo de que nosotros, en nuestra vida actual, estamos superando las deudas y rasgos dominantes que se nos ha dejado.

Si bien cuando muere nuestro cuerpo, nuestro espíritu sale para renovarse de todo lo sufrido en la vida física, es deseable que esa vida física no sea una vida de sufrimiento sino una vida de felicidad. Por tanto, es conveniente saldar nuestras deudas antes de morir. Igualmente perdonar y buscar ser perdonados. Amar sin límite. Pónganse metas en la vida, y traten de alcanzarlas dando lo mejor de sí y corrigiendo lo peor de sí. Superen aquellos rasgos dominantes, como envidia o avaricia, entregando más amor y desprendimiento. Toda religión que concuerde con los preceptos naturales es buena. Practiquen con entrega la religión que consideren buena. Sin duda lo será. El camino del bien es el mismo para todos en el mundo espiritual. Cualquiera que sea la idea que tengan sobre su Ser Supremo, consideren que es el mismo para todos de acuerdo con sus creencias, que estamos ligados a Él porque es Él quien creó nuestras partículas espirituales y todas ellas están entrelazadas con Él. Algunos de ustedes ya lo han sentido y seguramente algunos de los conferencistas les harán saber de ese Ser Supremo ligado a todos nosotros".
Robert hizo una pausa, haciendo saber que ya había terminado su exposición, y dijo:
"Bien, luego de haberles hecho conocer este proceso, quiero decirles que estoy dejando una separata conteniendo tres pequeños anexos: uno sobre la clasificación de los espíritus, otro sobre la clasificación de las personas relacionadas con los espíritus, y un tercer apéndice sobre la teoría de las partículas espirituales, que sirvieron de base para la exposición que acabo de hacerles. Finalmente, quiero decirles que respeto mucho a quienes han tenido una experiencia cercana a la muerte. Sé que han estado más cerca que nadie en su paraíso y quizá muy cerca de la imagen que tengan de su propio Dios. También quiero decirles que respeto mucho a los espíritus. Ustedes fueron espíritus y ahora nuevamente son personas buenas. Sé que hay muchos espíritus buenos y quizá podamos brindarles un respeto afectuoso, no temeroso, si llegamos a percibirlos. Muchas gracias por sus lecciones que nos permiten conocer más de nuestra vida espiritual. Adiós".

LA RUEDA DE PREGUNTAS

Robert salió del escenario en medio de aplausos, pero también se escuchaban voces airadas.

Al llegar a la puerta, fue alcanzado por Dave, quien le dijo: "La directora dice que te agradece por compartir con nosotros tu gran investigación mediante tu exposición y los anexos que nos estás dejando. Sabe que has generado una gran ovación, pero también mucha polémica por los temas de la reencarnación y de las partículas espirituales. Aun cuando no va a ser fácil asimilar todo lo que has dicho, encuentra sentido en esa nueva perspectiva que estás exponiendo".

Robert respondió con otro agradecimiento.

"Pero tengo que decirte que el grupo inicial que iba a escuchar tu exposición es un grupo crítico y quiere hacerte algunas preguntas, porque eso esperaban hacer desde que programamos tu exposición el año pasado. Además, hay un número considerable de personas del público que se han unido a este grupo y prefieren participar en esta pequeña rueda de preguntas. Si tú aceptas", añadió Dave.

Robert contestó: "Con todo gusto. Voy a traer mis apuntes por si sean necesarios".

"Ya los tengo aquí. Y estaremos contigo desde nuestros asientos como parte del público", dijo Patricia, entregándole sus notas.

El hotel tenía un salón adicional preparado para las ruedas de preguntas, con sillas movibles y una mesa con su silla enfrente. Todos los que estaban interesados se acomodaron en esas sillas. Desde la mesa Robert saludaba discretamente con la mano a Andy. Andy, desde la última fila de asientos, gritaba: "Papá, papá". Patricia estaba muy emocionada y muy contenta viendo y escuchando a Robert.

Una vez que estuvieron sentados, y que Dave explicara cómo se iban a hacer las preguntas y respuestas, una joven, de voz melodiosa, pero muy crítica, inició con la siguiente pregunta:

"Yo creo, como usted, en la reencarnación, pero creo que los espíritus son seres de energía. Pero ahora, usted ha venido a exponernos que ellos son de partículas y que hay etapas que van más allá de las experiencias cercanas a la muerte, pero no ha expuesto los fundamentos de esa teoría. ¿Cómo espera que creamos o que consideremos lo que acaba de exponer?".

Y Robert contestó: "Tiene razón. Voy a exponer los fundamentos existentes. No es mi intención hacer que alguien cambie sus creencias, sino que conozcan que los resultados a los que he llegado pueden tener alguna relación y también una explicación plausible desde el punto de vista de las partículas subatómicas. En concordancia con la mecánica cuántica, las partículas subatómicas tienen la característica dual de manifestarse como masa o como energía. Y existiendo esas partículas en un espíritu, en condición de energía, concuerdan con su creencia. Pero, además, estas partículas deben hacer cosas físicas que hacen los espíritus, como mover, empujar, y golpear objetos, y allí necesitan tener masa, y eso se logra con las partículas en estado de corpúsculos".

Robert consideró concluida la respuesta y Dave dio pase a la siguiente pregunta.

Un señor que pidió la palabra dijo: "Yo caí de un arrecife, me golpeé la cabeza en una roca y luego terminé ahogado en el mar. Recuerdo que había sentido que mi cerebro se quería salir del cráneo roto, y que mientras flotaba muerto en el fondo del mar vi un grupo innumerable de partículas brillantes que se acercaban a mí, y, después de observarme por un tiempo, me dijeron en una sola voz: 'Todavía no es tu momento'. Y aparecí después de una hora inconsciente sobre otra roca. Ya no tenía mayores daños. Pero siempre tuve duda de qué eran esas partículas".

Robert contestó: "Es un bonito caso el suyo. Aun cuando científicamente hay una diferencia entre la muerte clínica y la muerte biológica, usted parecía ya haber sufrido la muerte biológica, pero no fue así. Además, el espíritu que viene a nosotros normalmente es nuestro guía espiritual, que toma una imagen amigable, y espera que usted lo acepte, en concordancia con sus creencias. Algunas veces es percibido como una luz inmensamente brillante y amorosa, cuya voz resuena como un trueno, pero trae paz y quietud. Ese guía espiritual, según la exposición que di hace una hora, es un espíritu que está en la fase de desarrollo, aprendiendo con las experiencias que usted le brinda. No pudo protegerlo de la caída, pero como usted probablemente no había culminado sus metas ni su aprendizaje, con apoyo de otros espíritus, lo recuperó para que regrese a la vida. Y usted no tuvo siquiera que llegar a la dimensión espiritual".

Luego Dave pasó el micrófono a otra persona.

"¿Y cómo podemos describir esa dimensión espiritual?", preguntó una señora.

Robert contestó: "Según una teoría física, denominada Teoría M, que es la que hasta ahora mejor describe el universo, existirían hasta once dimensiones y de ellas sólo cuatro son bien conocidas: largo, alto, ancho y tiempo. Con apoyo de un compañero mío, físico de partículas, hemos considerado que dos de esas dimensiones podrían ser: la dimensión espiritual y la dimensión astral, las cuales son adimensionales. La dimensión espiritual es aquella en la que viven los espíritus, y de allí parten a encarnar en todos los seres vivos móviles, y regresan temporalmente a ese mundo espiritual cuando los seres vivos fallecen. Los espíritus desarrollan con cada reencarnación. Por ello, se considera que el mundo de los espíritus es el centro del multiverso".

Luego una señora planteó la última pregunta, que la consideraba la más importante de todas: "¿Y cómo debemos proceder con los encargos que nos dan las partículas espirituales?".

Robert contestó: "Bien. Las partículas son fractales del universo, es decir, tienen las características de él, aun siendo tan pequeñas. Una de sus características, que no se les quiso considerar, es su capacidad de sentimiento, y por ello estamos denominándolas partículas espirituales. Hay partículas espirituales que conforman los espíritus, y de ellos todos tenemos asignados al menos un espíritu interno y un espíritu protector, y hay partículas espirituales que conforman el resto del universo. Todas estas partículas efectivamente están allí para ayudarnos y para que cumplamos los objetivos que nos harán mejores espíritus, y también mejores personas. Los espíritus internos nos marcan objetivos o metas que debemos cumplir y lecciones que debemos aprender, deudas que debemos pagar, rasgos dominantes que debemos cargar, lugares y personas determinantes que debemos conocer, y dones psíquicos que podemos tener. Los espíritus protectores visualizan nuestro futuro cercano y ayudan a acomodar los escenarios para nuestro mejor desarrollo. También nos envían señales de alerta y consejos. Pueden ser ayudados por otros espíritus con quienes ellos sintonizan y nos ayudan a sintonizar. Y el universo en sí está atento a nuestras dudas, y contribuye con el espíritu protector en acomodar escenarios y en alcanzarnos información que sea de utilidad no sólo personal sino también para la humanidad. Vamos a verlos uno por uno.

1. **Objetivos o metas**: Quizá los que han tenido experiencias cercanas a la muerte, se han preguntado: ¿Qué me hubiera gustado hacer, o de qué me arrepentiría de no haber hecho si hubiera muerto? Y probablemente hayan apreciado varias cosas que aún pueden o deben hacer. Otras personas podrían preguntarse: ¿Qué metas puedo alcanzar, aún con mucho esfuerzo, en lo que me queda de vida? Y también verán que hay mucho por hacer. Hay objetivos sencillos, como realizar un viaje, o seguir estudios básicos; pero también hay objetivos que parecen muy lejanos y hasta inalcanzables, como superaciones físicas, mentales, profesionales y hasta económicas, pero ustedes sienten que es su deseo alcanzarlos, y es porque esa meta está en su espíritu interno. Y junto a ese espíritu interno, hay un guía espiritual, y unas partículas del universo cercano a ustedes, que están listas para brindarles su apoyo, y se sorprenderán de ver que los resultados coinciden con lo que se han propuesto. Hay muchos libros que indican ello, tales como *El Secreto*, de Rhonda Byrne; y *La Voz del Alma*, de Laín García Calvo; entre otros.

2. **Lecciones que debemos aprender**: Cada vez que alcanzamos un objetivo, logramos al menos una lección aprendida. Así que, cuando alcancemos un objetivo, no sólo busquemos y encontremos las lecciones que nos ha dejado, sino que agradezcamos por ese logro. Y muchas lecciones tienen que ver con el respeto a la persona, con la perseverancia que ponemos, con el sentimiento que acompaña a esa meta, y con algunos valores. Pero también hay lecciones que debemos aprender diariamente, de metas aún no terminadas, y aun cuando al principio podríamos estar equivocados, terminamos convencidos de cuál es la verdadera lección, que nos nutre para bien en la vida.
3. **Deudas que debemos pagar**: Se considera que una deuda es una acción de maltrato que ejecuta una persona contra otra, y que por ello debe pagar con una dosis similar de sufrimiento. En ese sentido, tratemos de no dejar deudas, pues si no las pagamos con nuestro cuerpo actual, las pagaremos con el siguiente cuerpo que tengamos. Eso constituye también lecciones a aprender. Y nunca es conveniente responder con venganza. El karma llegará en vidas siguientes. Pero nosotros sí debemos aprender que es mejor perdonar y olvidar, porque estamos yendo hacia una evolución superior. Y también, si hemos maltratado a alguien, es mejor pedir perdón por ello y resarcir el daño en esta vida actual.
4. **Rasgos dominantes que debemos cargar**: A muchos de nosotros nos toca llevar algún rasgo dominante, es decir, un defecto que debemos tratar de superar. Esos rasgos pueden ser: egoísmo, avaricia, venganza, odio, y otros, y defectos físicos que nos hacen difícil nuestra evolución. Por ello, hagamos todo el esfuerzo posible por convivir o superar esos rasgos. Esa sí es una gran lección que habríamos de aprender.
5. **Personas determinantes**: Encontraremos en nuestra vida a algunas personas que van a tener una importancia significativa en nuestra vida. Amigos, parejas, parientes, compañeros de estudios y de trabajo, y otras, que determinan cambios o que afirman el rumbo de nuestras vidas. Algunas de ellas nos pueden ayudar para alcanzar nuestros objetivos y otras quizá nos hagan daño. Pero algunas de ellas podrían estar avanzando en evolución conjuntamente con nosotros, y, por tanto, aún sin reconocerlos exactamente, debemos buscar ser unidos con los que formen nuestro entorno, y tratarlos con amor y respeto.
6. **Lugares determinantes**: No es necesario que viajemos por todo el mundo. Pero conoceremos lugares que van a tener una importancia significativa en nuestra vida. Pueden ser lugares que queremos conocer o pueden ser lugares a los que llegamos sin haberlo deseado. Puede ser una misma ciudad con diferentes lugares o múltiples ciudades. Pero en esos lugares se producirán cambios o reforzamientos del rumbo de nuestras vidas. Por tanto, es bueno apreciar los

lugares por los que pasamos, principalmente donde acontecen los sucesos más importantes de nuestra vida.

7. **Dones psíquicos**: Algunas personas tienen el privilegio de contar con dones sensibles, ya sea psíquicos o de médiums, siendo importante que les den el mejor uso en su evolución espiritual. Pero otras personas sólo tienen el don de la intuición o la voz de la consciencia. Deben tratar de entender cuándo deben hacer caso a sus presentimientos, y no forzar demasiado en contra de lo que esa voz les dice. Después entenderán que fue necesario que ocurrieran así algunos sucesos, y podrán valorar su capacidad intuitiva. La intuición es instantánea. En eso se diferencia de los miedos y de la razón".

Después de eso ya no hubo más preguntas.

Robert sabía que al día siguiente tendría que retirarse para recuperar los días que no había trabajado en la universidad.

Pero se sintió bien y complacido porque consideraba que sus respuestas satisficieron las dudas que se presentaron en su charla.

Luego recibió el agradecimiento por parte de Dave y devolvió el agradecimiento a los participantes.

Ya habían transcurrido casi tres horas, así que era momento propicio para ir a almorzar con Patricia, Margarita y Andy.

Después de almuerzo, Robert quiso regresar a la conferencia, pero Patricia le propuso ir a pasear con Andy y Margarita.

Esa tarde, todos disfrutaron su estadía en Westminster.

Capítulo 18
LA DESPEDIDA

El día sábado, muy temprano, alguien tocó a la puerta del cuarto del hotel, pero aún no se habían despertado ni Robert ni Patricia ni Andy. Margarita ya estaba levantada y bien arreglada, así que abrió la puerta e hizo pasar a Lupita y a Francisco, padre de Lupita y esposo de Margarita.

Mientras Lupita saludaba a su madre, todos se despertaron y salieron a la puerta para saludar a Lupita y a su padre. Margarita se negaba a saludar a su esposo, Francisco.

Lupita le preguntó a Patricia: "¿Cómo te ha ido con el carro que te vendí?, ¿se ha portado bien?".

Patricia respondió: "No me puedo quejar".

"Pues yo ya tengo otro carro, en el que he llegado hasta aquí", dijo Lupita y luego le hizo saber que su padre estaba muy arrepentido por lo que había hecho y quería disculparse.

Andy se escondió detrás de las piernas de Robert, quien le dijo a Lupita: "Si quiere disculparse, que lo haga con su nieto, al que maltrató".

Lupita hizo saber a su padre, traduciendo del inglés, la propuesta de Robert.

Francisco, miró a Robert, le hizo un gesto de aceptación y respeto, y se acercó a Andy. Robert se alejó un poco de Andy, para dejarlo solo con su abuelo.

El abuelo se agachó para estar a la altura de Andy y le dijo, mientras Lupita traducía: "Perdóname por haber sido un mal abuelo. Yo estuve furioso porque tu madre nunca supo quién fue tu padre. Me causó muchos dolores de cabeza. Ahora entiendo que tú no tuviste ninguna culpa. Estoy muy contento porque sé que te están adoptando y que vas a tener una mejor vida de la que tendrías por allá. Yo extraño mucho a tu abuela y estoy muy arrepentido por lo que hice. ¿Podrás perdonarme?".

Andy, aun sin entender todo, ya tenía lágrimas en los ojos, y se acercó tímidamente a su abuelo y lo abrazó. El abuelo lo levantó, lo abrazó y se puso a gritar de alegría: "Eres mi cuate de siempre. Véngale una chocadita de manos", y chocó las manos con Andy, que se puso a reír de contento.

Después de eso, el abuelo Francisco puso a Andy en manos de Lupita y se acercó a Margarita, a quien dijo: "Te he extrañado mucho. Por favor, regresa conmigo. Voy a tratar de no ser tan necio. Te necesito".

Margarita se resistió, pero poco a poco fue ablandándose, y finalmente cedió y abrazó a su esposo.

Lupita se puso muy contenta y se apresuró en despedirse de todos porque tenía que regresar a México. Y regresaría con sus dos padres.

Patricia agradeció a Margarita por haberle traído tanta felicidad, quedando en que estarían en contacto para culminar los trámites de adopción, y que podrían visitar a su nieto cuando quisieran. Luego de un interminable abrazo, todos se despidieron. Andy, cuando se dio cuenta, lloró desconsoladamente, y Margarita con él, y nadie podía calmarlos. Por fin Andy se distrajo con unos juguetes y Margarita aprovechó para salir en silencio.

Más tarde, una vez que se alistaron, Robert, Patricia y Andy bajaron hacia la recepción del hotel. Al llegar allí, Robert vio una cara conocida, y exclamó: "¡Doctor Beshet!".

"Hola Robert", contestó el doctor Beshet.

Robert dijo: "Le presento a mi familia, mi esposa Patricia y mi hijo Andy".

"Es un gusto conocerlos", saludó el doctor Beshet.

"No me imaginé encontrarlo por acá", dijo Robert.

"Estoy hospedado aquí. Recibí tu invitación y asistí a tu exposición. Felicitaciones. Veo que encontraste una explicación completa, aunque todavía falta mucho por investigar", respondió el doctor.

"Lo sé, doctor. Pero estoy muy agradecido por la información que me brindó para poder armar estas ideas", dijo Robert.

"Cuando gustes, puedes contar conmigo. Pero ahora sé que yo soy quien va a pedir tu apoyo", contestó el doctor Beshet.

Ambos rieron y se despidieron.

Al momento que fueron a sentarse a una mesa para tomar desayuno, notaron que en la mesa del costado había dos clérigos, uno era el pastor Andrew Smith, de la iglesia anglicana a la que asistía Robert, y a quien el pastor conocía. En cuanto vio a Robert lo invitó a sentarse con ellos. Así que Robert presentó a Patricia como su novia y a Andy como su hijo. El pastor estaba acompañado por su esposa Erika, y por el padre Math Pershkar, de una iglesia católica de Sud África. Al sentarse, Patricia pidió una silla de bebé para Andy.

El pastor Smith le dijo a Patricia: "Te felicito por tu relación con Robert. Todos sentimos su ausencia cuando perdió a su esposa. Espero que tengan una vida feliz y que podamos verlos por la iglesia", y Patricia le dijo: "Yo soy católica, y soy clarividente. Y ahora que estoy comprometida con Robert, quizá vayamos una semana a la iglesia cristiana y la siguiente semana a la iglesia católica, y así sucesivamente". El padre Pershkar propuso: "¿Y mejor por qué no van todas las semanas a las dos iglesias?". Y todos rieron por esas respuestas, aunque en el fondo no eran del agrado de ninguno de los clérigos.

Robert aprovechó para explicar sobre los trámites que estaban realizando para culminar el proceso de adopción de Andy y para formalizar su relación familiar.

Los dos clérigos se alegraron. Luego Robert dijo: "No es muy común ver juntos a dos autoridades de iglesias diferentes".

"Así es", dijo el Padre Pershkar, y continuó: "Somos amigos desde hace mucho. Ambos hemos tenido experiencias cercanas a la muerte y ambos vimos cosas parecidas, pero las interpretamos según nuestras creencias". Y todos volvieron a reír.

Luego el pastor Smith dijo: "Ha sido muy interesante la disertación que diste sobre las partículas espirituales. Es un enfoque diferente y aunque habla de reencarnaciones, que es un tema en el que no concordamos, estás intentando aportar conocimiento nuevo en este campo misterioso. Además, cuando hablas de la fuerza espiritual, yo pienso en el poder espiritual que generamos todos cuando oramos".

"Es lo mismo", dijo Robert, y prosiguió: "La fuerza espiritual que desprenden nuestras partículas es ese sentimiento que usted, en sus prédicas, nos impulsa a desarrollar para que nosotros nos conectemos con Dios, en oración, y realmente lo logra y todos nos sentimos llenos de Él. Pero ese poder no sólo genera fuerza motivacional, sino también fuerza física medible".

"Pero no has cambiado de religión, ¿verdad?", dijo el Pastor Smith, y Robert contestó: "No, sigo siendo cristiano. Aunque ahora creo que me he autodenominado tolerante". Robert no se había dado cuenta de que la declaración que acababa de hacer era algo ofensiva para esos hombres religiosos. No se percató de lo sensible que fue lo que dijo. Los clérigos sentían como que Robert estaba tratando de imponer condiciones. Robert pensó que simplemente ofreció la respuesta más sincera a la pregunta del pastor.

El padre Pershkar se apuró en preguntar: "¿Y a qué llamas ser tolerante?". Robert recién se dio cuenta de que estaba entrando en un callejón sin salida. Así que empezó diciendo: "Disculpen por lo que dije y por lo que voy a decir. Es sólo mi punto de vista. Como tolerante, yo respeto a todas las otras religiones. Creo que todas las religiones son verdaderas, con peculiares puntos de vista, y todas nos conducen hacia un Ser Supremo, sin importar el nombre que se le dé, pues Él creó todas las partículas del universo, y nosotros estamos hechos de partículas, y por tanto estamos entrelazados con Él. Creo que cualquier religión nos ayuda a tener una vida más productiva. Creo que todos los monjes y religiosos, de cualquier religión, hacen y han hecho mucho bien a sus feligreses y a mucha gente. Y todas las religiones están ligadas, de alguna manera, a los espíritus".

No hubo ninguna respuesta ni ninguna pregunta más. El pastor, su esposa y el padre se despidieron de Robert y de Patricia, y se fueron.

Robert se sintió un poco mal por lo expresado. Sabía que no era la persona más adecuada para hablar de ese tema, pero también entendía que él se vio envuelto en ese diálogo que no provocó totalmente.

Patricia, Robert y Andy terminaron de desayunar y se levantaron de la mesa. A los pocos minutos, se acercó una señora de apariencia muy distinguida, acompañada por su sobrina-nieta. La señora dijo: "Doctor Robert Cartinston".

Robert contestó: "Señora, gusto de conocerla".

La señora continuó: "Quiero agradecerle por su brillante exposición que me ha aclarado una gran duda. Yo tuve una experiencia cercana a la muerte, y ahora veo por qué volví. He incluido a mi sobrina-nieta como una de mis herederas. Ella es hija de mi sobrina que falleció. Cuando niña, ella afirmaba que había sido mi abuela, que falleció antes de que yo naciera. Y todo este tiempo ha llevado una vida de cuidado y de amor hacia mí. Nunca tuve explicación para eso, hasta ayer".

"Gracias por sus palabras. Estoy muy contento de que le haya servido mi exposición. De todos modos, siempre es bueno que corrobore los hechos desde varios puntos de vista, para evitar equivocarse", contestó Robert.

La señora agregó con alegría: "Voy a tomar en cuenta lo que me dice. También, es grato saber que en una próxima vida voy a volver a ser una niña". Y se despidió sonriendo.

Robert se quedó contemplándola pensando en lo que le había dicho.

Patricia le dijo: "Ya está todo cancelado. Vamos al carro para ir hacia el aeropuerto. ¿Estás pensando en algo?".

Robert volvió en sí y dijo: "A veces es difícil recomendar con acierto sobre sucesos pasados, pero creo que es mejor que sólo las personas que necesiten superar traumas relacionados recuerden su vida pasada, pues se evita que las personas lleven rencores de otras vidas, que pueden terminar siendo muy dañinos en su vida actual. Por otro lado, pienso que quizá sea el momento que quienes quieran caminar juntos agreguen el adjetivo "tolerante" para respetarse mutuamente, entre religiones. Quizás así ninguna persona trate de imponer sus creencias a la fuerza. Todos serían respetados y aceptados sin importar la creencia que tengan. Quizá así bajemos tensiones entre quienes se odian por sus creencias religiosas, y a medida que se vayan tolerando, dejen de pelear y de hacerse daño. Incluso las concepciones religiosas pueden hacerse más tolerantes entre sí. Quienes han tenido una experiencia cercana a la muerte, se han vuelto más tolerantes y a la vez se esmeran por hacer el bien, que en esencia significa ir en concordancia con las leyes naturales básicas. Pienso también en los espíritus de nuestros familiares fallecidos, que siempre están velando por nosotros, sin esperar que lo notemos. Y creo que se debe hacer algo por ellos".

Patricia lo escuchó y lo abrazó. Sabía que Robert podía ponerse tareas muy difíciles, pero ya había demostrado que podía lograr resultados importantes. Andy también se acercó y abrazó a su padre.

Cuando subieron al carro, Patricia y Andy miraron a Robert, quien dijo: "¿Por qué me miran?". Y Patricia le respondió: "Tú eres nuestro héroe por lo que te has atrevido a hacer". Y todos se fueron felices en el carro.

Mientras el carro se alejaba Robert pensó: *Los verdaderos héroes anónimos son las partículas espirituales que nos rodean, tanto como espíritus, como partículas del universo. Al final, y a diferencia de lo que se suponía, no somos un cuerpo con espíritu interno, sino un espíritu eterno con cuerpo periódico para ayudarnos en nuestra evolución. Actualmente tenemos un cuerpo que está dando mucho de sí, que nos hace pasar aventuras y que nos ayuda a evolucionar a través de nuevas experiencias. Nosotros, como espíritus, elegimos a nuestros cuerpos, esperando que nos ayuden con los objetivos que nos hemos propuesto, y cuyo resultado permitirá que los recordemos por toda nuestra vida eterna.*

EPÍLOGO

    Robert culminó su aventura en esta novela haciéndonos conocer su nuevo punto de vista, el cual puede explicar algunos misterios que conllevan otras interrogantes que posiblemente tendrán que ser analizadas con mayor profundidad, y haciéndonos ver que pueden quedar otras tareas de su vida pendientes de conocer.

    Sin embargo, luego de un tiempo de su discurso y a pedido de muchas personas que conocieron de su investigación, quiso hacerles llegar su siguiente reflexión final:

    "Dios, o el Ser Supremo que ustedes consideren, hizo a las partículas subatómicas, aquellas más pequeñas que los átomos, con unas peculiaridades impresionantes: podían ser masa en un momento y podían ser energía en otro momento, podían estar en varios sitios a la vez y podían mostrarse de diferente forma al observador. Y, además, cuando nos vinculamos con alguna persona, la podemos amar con todas nuestras fuerzas, y podemos seguir amándola aún si está muy lejos de nosotros, y por varias vidas.

    Ahora que sabemos que nosotros seguiremos siendo nosotros cuando dejemos nuestros cuerpos físicos, podemos sentirnos un poco más contentos, pero también un poco más desencantados, porque hoy somos este cuerpo físico con nuestro espíritu, pero después seremos otros cuerpos físicos, aunque ya no el mismo cuerpo.

Sin embargo, ahora tenemos la oportunidad y el privilegio de conducirnos de la mejor manera posible, para que, cuando dejemos este cuerpo podamos sentirnos agradecidos por haber disfrutado experiencias y evolucionado con este cuerpo.

Somos uno solo; por eso no nos encontrábamos y nos entrampábamos al buscarnos como entes diferentes. Lo que es diferente es el cuerpo a través de las vidas humanas, pero tenemos un espíritu interno que somos nosotros tanto cuando somos seres con cuerpo humano como cuando somos solo espíritus. Y estamos formados de partículas espirituales que constituyen nuestro espíritu pero que también nos rodean. Así es como estamos ligados a todo lo que nos rodea.

A pesar de que cuando seamos sólo espíritus nos vamos a reponer de todo el sufrimiento que estamos teniendo en cuerpo físico, también nos damos el placer de experimentar múltiples sensaciones en nuestra vida actual, en la que amamos, reímos, lloramos, pasamos por decepciones y sufrimos accidentes, pero luchamos, y muchas veces vencemos, y gozamos con nuestros triunfos.

Por eso nos aferramos a la vida humana, y no queremos perderla, aunque sea una de las más difíciles del universo, pues nos hemos hecho aguerridos en nuestros cuerpos, y esperamos que cuando dejemos a nuestro cuerpo actual, lo extrañemos. Y ojalá que cuando tengamos otro cuerpo, agradezcamos lo que este cuerpo actual hizo por nosotros.

Ahora sabemos que la vida después de la muerte es mucho más grande de lo que suponíamos, y que hemos sido sólo por un corto tiempo nosotros en la forma física actual; pero seguiremos intentando dar lo mejor de nosotros, regocijándonos con cada recuerdo fugaz de vidas pasadas que tengamos, pues simbolizan una vida completa, llena de hermosos sentimientos, dignos de perdurar por siempre.

También tendremos tareas como espíritus, así que debemos hoy aprender de la vida que algún día dejaremos atrás, pues quizá algunos de nosotros desempeñemos el rol de guías espirituales, orientando a otros seres humanos.

Y nosotros convocaremos a quienes nos han hecho daño para que paguen sus deudas en la siguiente vida. Claro que nosotros también habremos de pagar las nuestras.

Finalmente, podremos elegir nuevos cuerpos y a nuestros futuros padres para dar inicio a cada nueva vida. Una vida que quizá tenga más obstáculos o quizá menos, una vida en que volveremos a amar, a reír, a sufrir y a llorar. Puede que estemos llevando esta vida al lado de nuestra alma gemela, o puede que no se haya presentado en esta vida. Pero nuestra alma gemela se presentará en otras vidas, al igual que algunos de nuestros familiares cuya partida nos causó mucho dolor, y nos acompañarán a vivir muchas vidas llenas de amor. Y ese es el premio mayor que tiene la vida del ser humano. Puede ser una vida dura y dolorosa, pero estará adornada de amor, emociones y aventuras, en las que llevaremos por siempre con nosotros a nuestros cuerpos humanos. Ellos también somos nosotros. Ellos son el armazón de nuestro espíritu que nos ha llenado de mucho movimiento y de una vida maravillosa que vale la pena vivirla y disfrutarla y llenarnos de esas experiencias, sabiendo que al mundo de los espíritus sólo llevaremos nuestros sentimientos de amor y esas experiencias que contribuyen a nuestra evolución. Y si en una vida nos tocó un cuerpo hermoso en una raza y una condición socioeconómica deseadas, puede que no evolucionemos mucho, por lo que es probable que en la siguiente vida elijamos más limitaciones, para evolucionar más. Y si fuera al revés, luego de tener limitaciones, probablemente elegiremos un cuerpo y condiciones hermosas, pero tendremos que evitar abusar de otras personas y evitar perseguir apariencias, pues podrían alejarnos de nuestro crecimiento. Nuestras vidas son un aprendizaje hasta completar nuestra evolución".

    Con todo ello, luego de experimentar diversos sucesos paranormales en esta primera parte de este libro, se han juntado para clasificar a los grupos que tienen relación con las partículas espirituales, para que aparezcan en una segunda parte, en forma de una guía denominada: Compendio de Clasificación de Espíritus, Clasificación de Personas Relacionadas con Espíritus, y Teoría de las Partículas Espirituales.

    La Teoría de las Partículas Espirituales es en sí la que pretende demostrar cómo las partículas subatómicas tienen un potencial mucho más grande por descubrir en este campo misterioso.

    Y en ese sentido, es esperable que estas partículas espirituales den mucho más que hablar. Recién están empezando.

SEGUNDA PARTE

Compendio de clasificación de los espíritus, clasificación de personas relacionadas con espíritus, y teoría de las partículas espirituales

GUÍA

Esta segunda parte constituye una guía para conocer rápidamente, en tres anexos, la clasificación de los espíritus, así como la clasificación de las personas relacionadas con espíritus, y finalmente, la teoría de partículas espirituales.

Estas clasificaciones están basadas principalmente en los libros de Allan Kardec, así como en una moderna clasificación de cómo se percibe a los espíritus y a las personas relacionadas con espíritus, a la luz de todo lo conocido hasta hoy sobre ellos.

Con estas clasificaciones se pretende que el lector pueda tener una mayor orientación en el conocimiento de los espíritus, y una mayor orientación en el conocimiento de las personas que se relacionan con ellos, especialmente las buenas personas.

Algunas partes de estas clasificaciones han sido recolectadas de fuentes nuevas, como son los investigadores de fantasmas y algunas series televisivas científicas.

Es una guía también para conocer en esencia sobre la teoría de las partículas espirituales, sobre la cual se basó el desarrollo de la novela, pues permite conocer el alcance de nuestra vida espiritual más allá de nuestras vidas.

Finalmente, estas clasificaciones guardan relación directa con la novela, de tal manera que algunos hechos de la novela constituyen claros ejemplos de las definiciones y clasificaciones formuladas.

Anexo I
CLASIFICACIÓN DE LOS ESPÍRITUS

A. OBJETIVO
Se intenta mostrar de manera muy resumida, la Clasificación de los Espíritus, que puede estar contenida con mayor amplitud en el *Libro de los Espíritus*, de Allan Kardec y en los libros *Vida entre Vidas,* y *Destino de las Almas*, de Michael Newton.
1. Definiciones
  a. Espíritu
   Es un ser vivo abstracto e inmaterial que no es percibido mediante los sentidos físicos, y que puede desempeñarse tanto independientemente como reencarnado al interior de un cuerpo físico vivo.

b. Fantasma

Es la presentación visual del espíritu, que puede hacerse de manera difusa, espontánea y por corto tiempo. Por lo general el espíritu es de un ser humano, aunque también puede ser de animales o cosas, como barcos y casonas fantasmas.

c. Consideraciones respecto al alma

Hay muchas religiones y doctrinas filosóficas que consideran al alma como un ente diferente al espíritu. Con profundo respeto por ese pensamiento, y recordando que este es sólo un enfoque, relacionado principalmente con las partículas espirituales, se considera como sinónimos espíritu y alma.

d. Portales

Son una especie de puertas a través de las cuales los espíritus pueden pasar de un plano o dimensión espiritual a otra. A veces los espejos pueden servir de portales.

e. Karma

Es la vida que ha llevado una persona, incluyendo sus deudas, que significarán lecciones por aprender.

f. Deuda

Es una acción de maltrato que ejecuta una persona contra otra, y que por ello debe pagar con sufrimiento.

2. Características de los espíritus

a. Nacimiento

Nacen en el mundo de los espíritus. De una gran masa de aspecto irregular, nebuloso y de luz pulsante, de tonos azules, amarillos y blancos. Se les expele como diminutas partículas de energía que avanzan hacia un área que constituye la guardería de espíritus recién nacidos, envueltos en sacos membranosos. Una vez que están en condiciones de seguir solos, se les libera de esos sacos.

b. Estructura

Están compuestos por partículas, similares a las partículas subatómicas conocidas. Probablemente tienen capacidad de almacenar más información en memoria y tienen una vida que dura una eternidad.

c. Formación y personalidad

Durante su crecimiento los espíritus van al mundo del Ego donde adquieren sus identidades y sus rasgos individuales de energía y personalidad.

d. Ubicación

La ubicación primordial de los espíritus es el mundo de los espíritus. Cuando ellos reencarnan, acuden al lugar donde habitan los seres vivos donde van a reencarnar. En el caso de los seres humanos, permanecen en la Tierra hasta que el cuerpo físico muera. Algunos espíritus, que quedan perturbados por la vida que llevaron, permanecen en la Tierra siendo espíritus, en lugar de retornar al mundo de los espíritus.

e. Vida en cuerpo físico

Para su desarrollo, el espíritu se introduce en un cuerpo vivo físico, y se acopla formando un solo ser, el "yo". Durante su vida, el ser humano no siente que cuerpo y espíritu sean diferentes. El espíritu deja sus recuerdos anteriores y sus capacidades físicas, y el "yo" trabaja con las características del cuerpo. El espíritu actúa independientemente en escasas situaciones: cuando debe cumplir objetivos previamente acordados, cuando debe suavizar al cuerpo o a los padres que salen fuera de control, cuando hace una regresión, etc.

f. Manejo de la consciencia

Cuerpo y espíritu tienen, probablemente, su propia memoria que se interconecta y actualiza permanentemente. El "yo" maneja la consciencia tomando decisiones sin notar las memorias.

g. Salidas del espíritu

El espíritu puede salir del cuerpo y sufrir experiencias extra corporales, EEC, en varios momentos: al meditar, al estar a punto de dormir, al realizar viajes astrales, al sufrir experiencias cercanas a la muerte, y al morir. Una experiencia extra corporal es la sensación de ver el propio cuerpo desde fuera de él.

h. Evolución

La evolución del espíritu es continua, y se realiza tanto en su condición de espíritu como en su condición de reencarnado en un cuerpo humano. Crecen a través de su aprendizaje y de sus reencarnaciones. Hay espíritus que avanzan más rápido a pesar de reencarnar menos. Hay espíritus principiantes en personas mayores, y hay espíritus avanzados en niños y bebés. Cuando llegan al punto máximo se vuelven parte de la Fuente y del mundo espiritual. Reencarnan para crecer. Siempre están buscando mejorar y crecer con la persona. En el mundo espiritual pasan por siete etapas, que son: Retorno a espíritu, recepción, orientación, transición, aprendizaje, decisión y reencarnación.

i. Reencarnación en seres humanos

Los espíritus reencarnan en seres vivos como parte de su proceso de evolución. Para el caso de seres humanos, los espíritus reencarnan en diferentes cuerpos, sin importar la raza, la condición social, el sexo, y, en algunos casos, el cuerpo. Pueden reencarnar en dos cuerpos a la vez.

3. Clasificación general de los espíritus

Reencarnan	Relación con Humanos	Motivo salida, Otras especies	Periodo de salida	Lugar y modo de ir	Actividad que realizan	Evidencias
Reencarnan (Principiantes, Intermedios, Avanzados)	En Humanos	Muerte	Largo	Paraíso, voluntario	Plano superior, Aprendizaje, Plan de retorno	Aliviadores, Ayudantes de Guías Reencarnación normal
				Zona de Tormento, a la fuerza	Aislados	Reencarnación eventual
				La Tierra, voluntario	No se manifiestan	Almas en pena
					Se manifiestan	Fantasmas, actitud pacífica u hostil
			Mediano	Paraíso, voluntario	No pueden volver a la vida	Reencarnación rápida
			Corto	Paraíso o Tierra	Vuelven, ECM	Vuelven a la vida en horas o días
		Vida	Corto	Astral o Tierra	EEC, Viaje Astral, Meditación, sueños	Cuentan sus viajes y experiencias
			No salen	Tierra	Regresión	Cuentan sus vidas pasadas
	En No Humanos	Animales, plantas		Tierra		
		Extra terrestres		Otros mundos físicos		
No Reencarnan (Avanzados)	Apoyo a humanos	Seres de Luz Guías, Sanadores, Diseñadores		Tierra	Contactos, acuden a llamados	Mensajes, no muertes seguras, volver a la vida, nuevas especies
	Pueden hacer daño a humanos	Espectros, Elementales, Demoniacos		Dimensión Astral, Tierra		Pueden manifestarse

4. **Espíritus que reencarnan y espíritus que no reencarnan**

En base al grado de desarrollo, y según el *Libro de los Espíritus*, los espíritus se clasifican en Impuros, Buenos y Puros. Según el libro *Vida entre Vidas*, se clasifican en Principiantes, Intermedios y Avanzados. Ambas clasificaciones son similares en conceptos. Los espíritus principiantes, son los conocidos como impuros, que tienen poca evolución, pocas reencarnaciones, y mayor apego al mundo material. Estos espíritus normalmente no se acercan a las personas que tienen espíritus internos avanzados. Irradian luz de color blanco o amarillo pálido. Los espíritus intermedios son los conocidos como buenos, que tienen regular apego a lo material y a lo espiritual. Irradian luz de color amarillo o celeste. Los espíritus avanzados son los conocidos como puros, que tienen mayor evolución, muchas reencarnaciones y menor apego a lo material. Irradian luz de color azul o violeta.

El desarrollo de los espíritus no es visto en el mundo espiritual en el sentido de que los espíritus más evolucionados son los mejores, pues todos lograrán evolucionar. Los otros ya tendrán su momento en que quieran trabajar duro para responder a la confianza que se les ha dado, y para su desarrollo.

De manera general, y con relación a su frecuencia de reencarnación, los espíritus se clasifican en: (1) Espíritus que reencarnan y (2) Espíritus que no reencarnan. Normalmente los espíritus principiantes y los intermedios reencarnan más seguido que los espíritus avanzados, quienes cuando llegan a un alto grado de evolución ya no reencarnan. En el mundo de los espíritus, los espíritus avanzados tienen más facilidades y prerrogativas que los intermedios y éstos que los principiantes.

Los espíritus que reencarnan se dividen a su vez en espíritus que reencarnan en seres humanos, cual es el caso de quienes viven en la Tierra, y espíritus que reencarnan en seres no humanos, que es el caso de los que reencarnan en animales o algunas plantas de la Tierra y en seres vivos de otros mundos físicos.

5. **Espíritus que reencarnan en seres humanos**

Los espíritus que reencarnan en seres humanos tienen una formación más productiva que el resto de los espíritus, dadas las características difíciles y complejas que tiene el ser humano, como especie viva del multiverso, que les permite ganar una vasta experiencia a los espíritus que se atreven a encarnar en la Tierra.

Los espíritus que reencarnan mayormente en seres humanos pueden también reencarnar en otros seres vivos. Estos espíritus tienen momentos en que salen del cuerpo humano, no sólo cuando el cuerpo muere, sino aun estando en vida. En ese sentido, y aun cuando todos los cuerpos van a llegar a morir, mientras hayan cuerpos vivos los espíritus se pueden clasificar en Espíritus que salen al morir el cuerpo y espíritus que salen en vida.

A. Espíritus que salen al morir el cuerpo. Son espíritus que salen del cuerpo humano cuando éste muere, ya sea por muerte programada o por muerte no programada. Se dividen en espíritus que salen por largo, mediano o corto periodo.

(1) **Espíritus que salen por largo periodo**: Son aquellos que salen del cuerpo por un periodo largo, que comprende como mínimo un periodo de reencarnación. Se dividen en espíritus que van a su paraíso, espíritus que van a su zona de tormento y espíritus que se quedan en la Tierra.

   (a) **Espíritus que van a su paraíso**: Son aquellos que llegan a cumplir, al menos con mediano grado de éxito, las metas que se propusieron antes de reencarnar, y se sienten listos para volver al mundo de los espíritus. Es la condición normal de los espíritus. Todos estos espíritus van a su paraíso en la Dimensión Espiritual. Estos espíritus han tenido en vida un buen comportamiento y han cumplido aceptablemente sus objetivos de evolución. Ellos permanecen en su paraíso disfrutando en compañía de sus familiares fallecidos. En realidad, cada vez que llegan de una vida avanzan hacia planos superiores en este paraíso. Allí pasan por varias etapas, entre las que se encuentra la etapa de aprendizaje para que logre avances en su evolución. Allí también los espíritus realizan otras actividades en apoyo del mundo de los espíritus, tales como actuar como guías espirituales, viajeros sanadores y otros. Pero además los espíritus realizan también actividades temporales, para consolar a los vivos que fueron sus familiares, aliviándolos, tejiendo sueños para darles consuelo, y actuando como ayudantes de los guías espirituales para proteger a los familiares sobrevivientes. Luego de un tiempo en el paraíso, estos espíritus pueden prepararse para regresar a reencarnar, o para continuar su evolución sólo como espíritus. Algunos pueden reencarnar en dos personas a la vez.

   (b) **Espíritus que son llevados a su zona de tormento**: Los espíritus que van a lo que denominan su zona de tormento son aquellos que han tenido en vida un comportamiento extremadamente inaceptable, que ha ido contra las leyes de la vida, como matanzas múltiples, o daños traumáticos, y por tanto, no han avanzado en su evolución, y no se les permite ir hacia planos superiores ni mantenerse en sus planos, sino que se les ubica en su zona de tormento, para permanecer por siempre allí, en soledad. El plano terrenal en condición de espíritus es, para algunos, su zona de tormento. Algunos vuelven a reencarnar.

(c) **Espíritus que se quedan en la dimensión física (la Tierra)**: Algunos espíritus, al desprenderse de sus cuerpos, prefieren no pasar a la dimensión espiritual, por diversas razones: tienen asuntos pendientes que no quieren dejar, no quieren despojarse de sus bienes terrenales, tienen temor de ser juzgados o porque su comportamiento en vida fue sumamente dañino para con otros; también están los que no saben que murieron. Algunos de ellos son denominados almas en pena. Estos espíritus normalmente son principiantes e intermedios, y algunos de ellos pueden ser burlones, mentirosos y hasta vulgares con los médiums. Todos ellos se clasifican en espíritus que no se manifiestan y en espíritus que se manifiestan.

- **Espíritus que no se manifiestan:** Son los que no saben que murieron y siguen haciendo su rutina, o permanecen en casas donde vivieron antes de fallecer y no quieren abandonarlas, o porque se han ocultado en algunos lugares esperando no ser molestados.
- **Espíritus que se manifiestan:** Son los conocidos como fantasmas. Pueden manifestarse con actitud pacífica u hostil.
   ○ **En actitud pacífica:** Son espíritus de personas buenas que no pudieron ir a su paraíso por asuntos pendientes o no se dieron cuenta de su muerte. Se manifiestan en actitud amistosa, comprensiva o juguetona. Pueden pasar al paraíso con ayuda. Pueden volverse hostiles si se les molesta.
   ○ **En actitud hostil:** Son espíritus de personas no arrepentidas por actos muy reñidos y/o que se sienten molestos. Se manifiestan agresivamente pudiendo crear una espiral de agresión.

(2) **Espíritus que salen por mediano periodo**: Son espíritus que no han completado sus metas porque su vida ha sido interrumpida sin haberse programado su muerte, y no pueden ser vueltos a la vida. Van a su paraíso, donde tienen la oportunidad de tener una reencarnación rápida, sin necesidad de

pasar por las siete etapas del paraíso. Algunos reencarnan casi inmediatamente.
- (3) **Espíritus que salen por corto periodo**: Son aquellos espíritus que han tenido una muerte no programada y salen del cuerpo, pero regresan a él, porque sufren una experiencia cercana a la muerte, ECM. Algunos van a su paraíso o a su zona de tormento y otros quedan en el mundo físico. Aparentemente, se evalúa si no cumplieron sus metas teniendo el potencial para hacerlo, y si sus cuerpos están en condición de recuperarse; y si todo es posible, se les ayuda para que vuelvan a la vida. Todo eso sucede en un periodo que va desde algunos minutos hasta algunos días.

B. Espíritus que salen del cuerpo vivo. Son espíritus que se manifiestan mediante experiencias extra corporales, o a través de hipnosis o técnicas similares. Se dividen en espíritus que llegan a salir del cuerpo vivo y espíritus que no llegan a salir.
- (1) **Espíritus que llegan a salir del cuerpo vivo**: Son espíritus de personas vivas, las cuales practican algunas técnicas o terapias o toman plantas especiales, tipo ayahuasca, o simplemente al dormir, que pasan por un estado de trance o transición entre la consciencia y la no consciencia, logrando la salida de los espíritus para realizar viajes astrales, bilocación, sanación u otra actividad. Regresan a su cuerpo a voluntad o por susto.
- (2) **Espíritus que no llegan a salir del cuerpo vivo**: Son espíritus de personas vivas que no salen del cuerpo, pero al experimentar terapias de regresión, cuentan sus experiencias durante sus vidas pasadas o en la dimensión espiritual.

6. Clasificación de los espíritus que reencarnan en seres no humanos

Esos espíritus corresponden a seres que mayormente no reencarnan en seres humanos. Se clasifican en seres que reencarnan en otros seres no humanos de la Tierra, y seres no humanos de otros mundos.

- a. **Espíritus de animales y plantas**

  Son espíritus que reencarnan mayormente en animales o plantas. Normalmente son espíritus principiantes e intermedios.

- b. **Espíritus de seres de otros mundos**

  Son espíritus que mayormente reencarnan en seres de otros mundos físicos. Todos los seres vivos llevan en su interior un espíritu. Los espíritus en estos casos pueden ser principiantes, intermedios y avanzados. Los seres vivos en estos casos pueden ser desde elementales hasta muy complejos.

7. **Clasificación de los espíritus que no reencarnan**

Estos espíritus mayormente ya no reencarnan porque ya reencarnaron mucho y ya avanzaron lo suficiente. Normalmente son espíritus avanzados. En lo que refiere a seres humanos, se clasifican en espíritus que ayudan a humanos y espíritus que pueden afectar a los humanos.

a. **Espíritus que apoyan a seres humanos**

Son espíritus que sin necesidad de reencarnar están en contacto y apoyan a los seres humanos. Pueden presentarse a seres humanos tomando la forma que sea la más adecuada para crear una conexión confiable y así poder ayudarlos. Pueden tratar de hacerles llegar mensajes de amor, y pueden hasta sanarlos y salvarlos de situaciones peligrosas. Entre ellos están los seres de luz, los guías espirituales, los viajeros sanadores y otros.

- **Seres de luz.** Son espíritus buenos que ayudan y aconsejan. Están entre los de mayor jerarquía. Algunos de ellos son conocidos como ángeles, maestros ascendidos o espíritus de mayor jerarquía que están cerca al espíritu de Suprema Jerarquía. Algunos de estos seres podrían haberse presentado a seres humanos vivos, en la forma más concordante con su religión, para pedirles que construyan santuarios o locales concordantes con sus creencias, y/o que transmitan mensajes de amor y paz, que ellos incluso les pueden hacen llegar directamente.

- **Guías espirituales.** Son espíritus avanzados que pueden haber reencarnado anteriormente en seres humanos o no, que tienen el rol de proteger mediante consejos sutiles o físicamente hasta cierto límite, a la persona que se le asigna, por todas las vidas que reencarne. Los médiums pueden mantener una comunicación abierta y permanente con ellos. También son conocidos como maestros, protectores, ángeles guardianes o ángeles de la guarda. Algunos de estos guías pueden apoyar a grupos humanos.

- **Viajeros sanadores.** Son espíritus que recorren los mundos donde hay seres vivos para tratar de salvar a aquellos que estén en peligro de muerte, o hayan muerto recientemente, y conviene que puedan ser vueltos a la vida y/o sanados, a fin de que lleguen a cumplir los objetivos pendientes que les quedan. Están en constante enlace con los seres de luz y guías espirituales a fin de acudir y apoyar cuando se les requiera.

- **Otros.** Hay otros espíritus que participan en el apoyo a los seres humanos, de manera directa o indirecta, tales como diseñadores de vidas, tejedores de sueños y muchos más.

b. **Espíritus que pueden hacer daño a seres humanos**
Son espíritus que pueden estar en el plano astral y pueden también relacionarse con el ser humano. Algunos de ellos pueden hacer daño a los seres humanos. Entre estos espíritus se encuentran los espectros, los seres elementales y los seres demoniacos.
- **Espectros.** Son espíritus que permanecen gravitando en el astral, casi en condición de parásitos. Por ello se les denomina entidades astrales parasitarias. Se pueden colar hacia el plano terrenal a través de portales.
- **Seres elementales.** Son espíritus que tienden a cuidar los elementos principales de la naturaleza. Aun cuando parecen seres de historieta, han sido vistos por algunas personas. Entre ellos figuran los duendes y los gnomos.
- **Seres demoniacos.** Son espíritus malignos que tienden a crear caos y destrucción en el plano terrenal. Pueden venir al plano terrenal cuando son invocados. Existe jerarquía entre ellos. Son conocidos como demonios o seres malignos. Dentro de ellos puede incluirse a los íncubos y súcubos que toman sexualmente a mujeres y hombres.

Anexo II
CLASIFICACIÓN DE PERSONAS RELACIONADAS CON ESPÍRITUS

CLASIFICACIÓN

Se intenta mostrar de manera resumida, la clasificación de los psíquicos, médiums y las personas que se comunican con los espíritus, que puede estar contenida con mayor amplitud en el *Libro de los médiums*, de Allan Kardec, y en otros libros sobre experiencias de médiums.

1. **Definiciones**
   a. **Persona Sensible**
   Persona que tiene capacidad de percibir o comunicarse con espíritus o partículas.
   b. **Portal**
   Es una especie de puerta a través de la cual se puede pasar de un plano o dimensión espiritual a otra.

c. **Espiral de Agresión**

Es un proceso de manifestación hostil que realizan algunos espíritus sobre las personas que habitan en un determinado local, que empieza con simples contactos y poco a poco van intensificando su maltrato físico, pudiendo llegar a la posesión y a la muerte.

2. **Capacidades Psíquicas**

Las capacidades psíquicas son las siguientes, entre otras:
   a. **Telepatía**: Es la conexión voluntaria o involuntaria entre dos o más cerebros o mentes de seres vivos.
   b. **Clarividencia**: Es la capacidad de ver lo desconocido, tocando objetos o ubicándose en la cercanía de acontecimientos. Ver más allá de lo que se puede conocer sensorialmente. Algunos la relacionan o identifican como psicometría.
   c. **Clariaudiencia**: Es la capacidad de escuchar lo desconocido, de escuchar más allá de lo que se puede oír sensorialmente.
   d. **Clariauriencia**: Es la capacidad de ver el aura de las personas vivas y determinar su condición física y moral.
   e. **Sanación**: Es la capacidad de percibir zonas con limitaciones en el cuerpo humano de las personas vivas y hasta se puede ayudar a sanarlas sin tocarlas físicamente.
   f. **Precognición**: Es la capacidad de conocer eventos del futuro. No es adivinar el futuro.
   g. **Retrocognición**: Es la capacidad de conocer el pasado.
   h. **Visión Remota**: Es la capacidad de ver sucesos a gran distancia sin moverse del lugar.
   i. **Psicoquinesis (Telequinesis)**: Es la habilidad de mover o hacer que los objetos se muevan o respondan a voluntad.

3. Clasificación de las personas relacionadas con espíritus

Sensibilidad	Clasificación principal	Comunicación o búsqueda o invocación	Motivo	Medio de enlace	Evidencias	Específicas
Sensibles	Psíquicos	Comunicación con seres vivos y Partículas	Por requerir o se les presentan	Telepatía	Telepatía, clarividencia, clariaudiencia, precognición, sanación, telequinesis	Resultados de aplicación
	Médiums	Con espíritus de muertos	Por requerir o se les presentan	Telepatía	Retransmisión consciente	Parlantes
				Trance	Retransmisión inconsciente	Parlantes, Escribientes
		Con espíritus mensajeros (Ángeles)	Se les presentan	Telepatía	Retransmisión consciente	Parlantes
No sensibles	Investigadores de lo paranormal	Búsqueda de presencias espirituales	Investigación	Instrumentos	Indicaciones de presencias de espíritus	Datos consolidados
	Personas que invocan	Invocación a Dios, santos, espíritus de fallecidos, otros espíritus	Por situaciones graves, Por agradecer, Por objetivos Por daños, Por juegos	Oración, ofrendas, promesas jugar	Sanaciones, recuperaciones milagros, daños	Resultados de investigaciones
	Personas que contactan	Espíritus conocidos o desconocidos	Encuentro fugaz, Cohabitando, Visitados, Poseídos, Otros	Lugares u objetos que relacionan	Presencias percibibles	Situaciones graves, casuales, advertencias, dar noticias

De manera general, se considera que existen dos grandes grupos de personas relacionados con espíritus: (1) Los que tienen capacidades sensibles, tales como psíquicos y médiums, y (2) Los que no tienen esas capacidades. Los sensibles se clasifican en (1) Psíquicos, y (2) Médiums.

1. **Psíquicos:** Son personas que pueden tener intuiciones o captar telepáticamente información de partículas en mentes, en objetos o en lugares; de manera que pueden interpretar lo que manifiestan esas fuentes. Algunas de sus capacidades son: telepatía, clarividencia, clariaudiencia, precognición, sanación y telequinesis.
2. **Médiums**: También conocidos como canalizadores, son personas que tienen el don especial de comunicarse con espíritus, tanto de personas fallecidas como espíritus superiores, y, por tanto, pueden servir de intermediarios de las comunicaciones entre esos espíritus y las personas vivas a quienes van dirigidas.

   Nota: Todos los médiums son psíquicos, porque captan información de partículas de mentes de espíritus. En cambio, los psíquicos que no se comunican con espíritus, no son médiums.

4. Tipos de comunicación de los médiums

Los médiums se pueden comunicar con espíritus de personas fallecidas o con espíritus de seres no humanos (ángeles mensajeros).

a. Comunicación con espíritus de personas fallecidas

Es la comunicación que realizan con la mayoría de espíritus. Puede incluirse a espíritus de animales fallecidos. Normalmente los mensajes que se pasan son de amor, perdón, y arengas para seguir sus propias vidas.

b. Comunicación con ángeles

Es la comunicación que realizan con ángeles o seres de luz. Puede incluir a los guías espirituales. En este caso las comunicaciones son de consejos generales, dado que no son parientes de las personas con quienes se están comunicando. Esos médiums pueden transmitir los mensajes de ángeles de manera masiva. Incluso pueden ayudar en sanaciones.

5. Clasificación de los médiums

En general cada médium tiene su propia manera de percibir e interpretar a los espíritus con quienes se comunica. Además, algunos médiums tienen más habilidades psíquicas o más desarrolladas que otros. Los médiums se clasifican en:

a. Médiums de comunicación consciente

Estos médiums tienen la capacidad de comunicación directa con los espíritus, y no pierden su nivel de consciencia. Normalmente estos médiums ven y escuchan a los espíritus. Algunos médiums pueden establecer comunicación con espíritus a través del tacto o incluso con cartas. En general los médiums conscientes tienen mayor control sobre la conducta y las expresiones de los espíritus, pero pueden contaminar la comunicación con sus deseos y sentimientos. Debido a que están conscientes, experimentan más dudas con relación a la autenticidad de lo que están recibiendo.

b. **Médiums de comunicación inconsciente**

Son los que permiten que ingresen espíritus a su mente, manteniéndose semiinconscientes o inconscientes, para transmitir información. Antes de entrar en trance esos médiums evalúan al espíritu que va a dejar ingresar, pues quedan en una condición vulnerable y puede ingresar un espíritu que no es el llamado o esperado, y causar daño a los médiums, o transmitir información no esperada, incluso vulgar y ofensiva. Estos médiums no se consideran poseídos, pues en todo momento están en control de sus facultades. La información que ellos retransmiten es oral o escrita.

Se clasifican en:

(1) **Parlantes**: Son aquellos que expresan de manera oral los mensajes de los espíritus. Pueden ser mensajes en idiomas conocidos o no conocidos por el médium (psicofonía o xenoglosia).

(2) **Escribientes**: Son aquellos que expresan de manera escrita los mensajes de los espíritus. Pueden ser en idiomas conocidos o no conocidos por el médium (psicografía o xenografía). Incluso pueden realizar cuadros o pinturas.

6. Clasificación de personas no sensibles

Las personas no sensibles que han tenido comunicación con espíritus, lo han logrado al buscar o al encontrarse inesperadamente con espíritus, pudiendo mantener alguna relación larga con esos espíritus. Se clasifican en:

a. **Investigadores de lo paranormal**

Son grupos humanos que se dedican a la detección e investigación de situaciones paranormales y/o a la limpieza de espíritus. Si bien los integrantes de esos grupos no tienen ningún don especial, pueden incluir a médiums en su grupo. Estos grupos tratan de investigar la presencia de espíritus en un determinado lugar, y, si es posible, identificar a esos espíritus. Estos grupos pueden también apoyar a que los médiums realicen sus trabajos con éxito. Las personas de estos grupos se compenetran, igual que el médium, con toda la situación previa y con los mensajes que emiten los espíritus. Para realizar la investigación, estos grupos pueden contar con diversos instrumentos, con los cuales llegan a detectar espíritus. Estos grupos pueden buscar incluso la expulsión de espíritus dañinos de algún lugar específico.

b. **Personas que invocan espíritus**

Son personas que tienen interés en recibir apoyo o en jugar a lograr la presencia de espíritus. Se clasifican en:

(1) **Personas que invocan por situaciones graves**: Son aquellos que lo hacen cuando alguno de sus familiares tiene una enfermedad que coloca su salud en una situación muy delicada, o ha sufrido un accidente o está en peligro, o para pedir que sea protegido. Estas personas difícilmente son médiums, pero sí tienen fe en seres sagrados según su religión. Estas personas, con sus plegarias, pueden influir en la voluntad de los seres superiores o del mismo Ser Supremo, para que el familiar retorne a una situación mejor o normal, o incluso a la vida.

(2) **Personas que invocan por objetivos comunes:** Son todos los grupos de personas que invocan con fe, por agradecimiento o petición de objetivos comunes, y que normalmente pertenecen a grupos religiosos. Ellos invocan orando o meditando y dirigen sus peticiones a quienes representan los espíritus sagrados de sus religiones. También invocan a santos reconocidos o santos o dioses artesanales de sus religiones. Los espíritus pueden escuchar estas plegarias y, aún sin ser los llamados, pueden apoyar de ser posible. También hay personas que oran haciendo guerra espiritual contra espíritus no deseados o tentaciones. Se considera también en esta categoría a las personas que se reúnen en grupos o asociaciones relacionadas con espíritus, que son muy respetables, tales como espíritas, grupos de metafísica, gnósticos y otros.

(3) **Personas que invocan por rituales dañinos**: Son algunos chamanes, hechiceros, brujos o similares que realizan la invocación en rituales específicos. Algunos de ellos pueden ser psíquicos y por tanto pueden comunicarse con espíritus o incluso ver el futuro. Algunos brujos, hechiceros y chamanes, invocan a espíritus, pidiendo perjudicar a personas en sus hogares, causarles enfermedades, conflictos, desdichas, posesiones, muertes o suicidios. Para ello tratan de hacer pacto con esos espíritus. Algunos rituales incluyen beber sangre. Un ritual muy violento es el satanismo, que se basa en asesinar con violencia, e incluye usar tatuajes y símbolos extremos. Las personas a quienes se quiere dañar, pueden ser afectadas únicamente si lo permiten en su mente.

(4) **Personas que invocan por juego**: Son aquellas que practican la *ouija* o juegos similares que pueden buscar la presencia de espíritus. Puede ser realizado por gente que conoce a quién invocar, pero también por profanos, que sólo les interesa jugar. Sin embargo, al realizar esta actividad pueden

estar abriendo un portal por el que puede ingresar cualquier espíritu y causarles daño.
c. Personas que se contactan con espíritus
Son personas que de manera inesperada llegan a tener contacto con espíritus. Este contacto puede ser fugaz o prolongado. Se clasifican en:
(1) **Encuentro fugaz**: Son aquellas personas que llegan a ver a un espíritu de manera breve. Puede ocurrir manejando un vehículo, caminando, tomando fotos o videos, o incluso preguntando algo a una persona que resulta ser un espíritu, que luego desaparece rápidamente.
(2) **Cohabitando con espíritus**: Son aquellas personas que lo hacen cuando van a morar a una casa en la que hay espíritus, o cuando pasan por algún lugar en el que atraen a un espíritu hacia su casa. Esos espíritus pueden no manifestarse o manifestarse en actitud pacífica o en actitud hostil. Si los espíritus no se manifiestan o se manifiestan en actitud pacífica, ellos pueden morar con tranquilidad o cohabitar en paz. Si los espíritus se manifiestan en actitud hostil, esas personas pueden ser víctimas del círculo de agresión y por lo tanto deben tomar medidas con apoyo de médiums y/o de limpieza espiritual.
(3) **Personas visitadas por espíritus recientes**: Son aquellas que sienten la presencia del espíritu de una persona cercana que acaba de fallecer y que se manifiesta para despedirse. Pueden presentarse en forma de algún animal, como un ave o una mariposa. No todas las personas visitadas se dan cuenta de ello.
(4) **Personas protegidas**: Son aquellas que cuentan con guías espirituales y con espíritus de familiares fallecidos que las quieren, las protegen y que continuamente les están enviando señales de su presencia. No todas las personas protegidas se dan cuenta de ello. Esas señales pueden también ser enviadas en sueños e incluso pueden requerir de interpretación. Algunas personas dudan acerca de si realmente están recibiendo señales, en cuyo caso deben analizar repeticiones para confirmar. Hay personas que establecen una relación muy estrecha con esos espíritus y retribuyen a sus señales, pues sienten su presencia en caricias, en objetos, apariciones, olores, sueños, llamadas telefónicas, presencia de animales, frases, pintas y de muchas otras maneras.
(5) **Poseídos:** Son aquellas personas que, por sus condiciones personales de miedo intenso y subyugación, pueden ser víctimas de algún espíritu que se apodera de su mente para realizar ciertos actos sin consentimiento de esa persona. La permanencia del espíritu es temporal. Las personas pueden ser poseídas por más de un espíritu a la vez. Hay diversos grados de posesión

y, dependiendo del espíritu, la persona hasta podría ser dañada. Los espíritus que llegan a poseer tratan de aprovecharse de las circunstancias, ya no sólo permaneciendo en este mundo físico, sino haciéndose tangibles al realizar actividades físicas a través del cuerpo poseído.

(6) **Otros**: Se considera en esta categoría a las personas que se reúnen en familia para celebrar algún recuerdo de una persona fallecida o por la tradición que ella les legó. El espíritu aludido puede regocijarse con ello.

Igual se incluye a las personas que logran comunicarse a través de médiums. Estas comunicaciones pueden ser incluso al paso, al cruzarse con médiums, y los espíritus de sus familiares fallecidos piden al médium comunicarse con ellas.

Están considerados también los animales que logran tener comunicación con espíritus de personas o con espíritus de otros animales. Dependiendo de los espíritus, los animales pueden tener una convivencia pacífica o pueden ser poseídos o convencidos de hacerse daño o hacer daño a otros animales.

(7) **Charlatanes y estafadores**

Fuera de las categorías anteriores está el grupo de los charlatanes y estafadores, que no llegan a establecer comunicación real con espíritus, pero sacan provecho de la esperanza de las personas y sus familiares, al hacerles creer que se comunican con los espíritus que ellos desean. También pueden estar incluidos los falsos adivinos y falsos chamanes. Y si bien algunos sólo juegan con la ilusión de buenas personas, muchos de ellos pueden ser muy peligrosos y dañinos.

7. Proceso de investigación de presencias paranormales por investigadores de fantasmas

Para investigar presencias paranormales, los grupos investigadores de fantasmas pueden seguir diferentes procesos que, si bien son variables, pueden contener los siguientes pasos:

    a. Búsqueda de fantasmas para confirmar su presencia y determinar sus intenciones, de ser posible.
    b. Instalación de equipos que permitan detectar la presencia de estos espíritus.
    c. Búsqueda de evidencias haciendo uso de los equipos, por diversos lugares, intentando detectar cambios de temperatura, cambios electromagnéticos, sonidos, y comunicaciones a través de médiums, radios, linternas y otros.
    d. Búsqueda de historia de los posibles fantasmas, para identificarlos y determinar hechos y posibles condiciones de sus muertes.

e. Recolección de toda la información obtenida y análisis de la misma para explicar lo obtenido.
f. Exposición de resultados ante los que solicitaron la investigación. Puede recomendarse una limpieza espiritual si se trata de espíritus no amigables.
g. Limpieza espiritual, cuando hay necesidad.

8. Instrumentos para detectar la presencia de espíritus

Cámaras fotográficas, con las que puede capturar imágenes de fantasmas en forma de orbes, auras, bruma, sombras y hasta personas completas o parte de ellas (las cámaras utilizadas actualmente son las llamadas *full spectrum*, que captan las frecuencias de luz que van desde el infrarrojo al ultravioleta, las cuales son imperceptibles a ojo humano).

Grabadoras, con las que se puede escuchar voces de fantasmas (psicofonía) y ruidos. Estos ruidos pueden ser portazos, pisadas y hasta ruidos de algo inexistente en esos lugares, como cadenas, armas y otras.

Videograbadoras, con las que se puede capturar las mismas imágenes de una cámara fotográfica, pero en movimiento, y los mismos sonidos de una grabadora.

Micrófonos sensibles a las bajas frecuencias, para captar sonidos etéreos.

Linternas, con las cuales se puede observar presencias de espíritus en la noche. Hay oportunidades en que los espíritus que se hacen presentes manipulan la luz de esas linternas para mantener una comunicación con el grupo de investigación.

Medidores de temperatura, con los que se capta los cambios de temperatura que puede generar un espíritu presente.

Detector de campos electromagnéticos, con los que se detecta la presencia de espíritus mediante distorsión electromagnética en un rango de 0 a 7 miligauss.

Brújula, con la que se detecta la presencia de espíritus por variaciones de campo magnético.

Péndulo, con el que se establece comunicación con fantasmas a través de las direcciones de movimiento de ese péndulo.

Computadora, con la que se puede capturar imágenes y/o sonidos de fantasmas.

Proyectores láser de grillas, que permiten resaltar a cualquier objeto o cuerpo que atraviese los rayos de luz.

Medidores de presión atmosférica, para detectar los cambios de presión en una habitación.

Sensores de movimiento o **detectores de sombras**

Generadores de ruido blanco para lograr psicofonías con mayor nitidez.

Escaneadores de frecuencias radiales, (*spirit box*), para tener comunicación en tiempo real mediante el muestreo de las emisoras de radio.

Generador de campo electromagnético (PUMP EMF), para energizar un ambiente y provocar las manifestaciones más notorias.
Ovilus, instrumento que supuestamente interpreta las emisiones espectrales y las traduce en palabras.

Anexo III
TEORÍA DE LAS PARTÍCULAS ESPIRITUALES

OBJETIVO
Se intenta mostrar, de manera resumida, la aplicación de las partículas subatómicas en la estructura y capacidades de los espíritus.

1. Definiciones

a. Partículas subatómicas

Son partículas más pequeñas que los átomos. Los átomos están compuestos de protones y neutrones, formando el núcleo; y de electrones, formando los orbitales. Pueden contener fotones. Luego, los protones, neutrones, electrones, fotones y otras, son partículas subatómicas.

b. Partículas elementales

Son las partículas más pequeñas e indivisibles que conforman la materia. Algunas partículas subatómicas son a la vez partículas elementales. Pero otras partículas subatómicas están compuestas por varias partículas elementales. Así, los quarks, que son partículas elementales, al unirse forman los protones y los neutrones, entre otras partículas subatómicas.

2. Clasificación general de las partículas elementales
Según el Modelo Estándar de la Física de Partículas, las partículas elementales se dividen en dos grandes grupos: las que tienen masa y las que transmiten fuerzas de la naturaleza.
   a. **Partículas con masa**. Son las que forman los protones y neutrones del núcleo atómico y también forman los electrones que giran alrededor del núcleo. Las partículas que forman protones y neutrones se denominan quarks, y las que forman electrones se denominan leptones.
   b. **Partículas que transmiten fuerzas**. Se denominan bosones. Transmiten las cuatro fuerzas fundamentales: fuerza electromagnética (fotones), fuerza nuclear fuerte (gluones), fuerza nuclear débil (bosones) y presumiblemente la gravedad (gravitones (por descubrir)). El Bosón de Higgs fue descubierto en el año 2012.

Se muestra un gráfico de dichas partículas elementales.

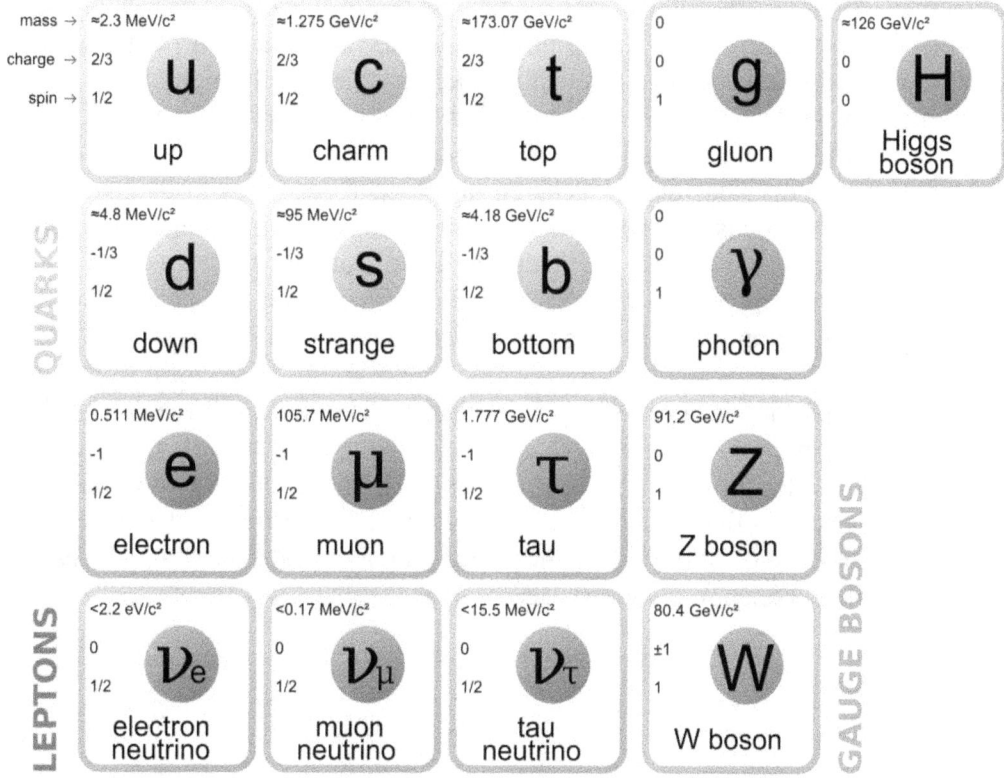

Estas partículas elementales son reconocidas por su masa, carga y *spin*. La masa se mide en mega electronvoltios sobre el cuadrado de la velocidad de la luz (MeV/c2). Pero también, estas partículas y las partículas subatómicas tienen un tiempo de vida, que puede ser medido como vida media, y que es el siguiente:

Quark: Inestables en tiempo. Sólo se encuentran en partículas subatómicas.
Protón: (formado por 3 quarks): 10^{30} años (*)
Electrón: 4.6×10^{26} años
Fotón: 10^{18} años
Bosón: 3×10^{-25} segundos
Neutrón: 14.4 minutos
Muon: 2.19×10^{-6} segundos
(*) La vida del universo es 14×10^{9} años

3. La fuerza espiritual

Las partículas en general son capaces de generar cuatro fuerzas fundamentales que son: fuerza electromagnética, fuerza nuclear fuerte, fuerza nuclear débil y gravedad. Pero cuando estas partículas se entrelazan, producen sentimientos de amor y comprensión y generan una fuerza adicional, que no sólo genera magnitudes físicas sino también motivadoras. Esa fuerza adicional es conocida como la Fuerza Espiritual. Podría ser que los fotones generen la fuerza física y los otros bosones la fuerza motivadora, todas dependientes de los sentimientos. Aun cuando predomina el sentimiento del amor, esas partículas también pueden generar sentimientos opuestos, como odio y temor. Y los sentimientos opuestos en las partículas no tienen relación con las antipartículas de la antimateria.

Se ha demostrado que la fuerza de la intención humana afecta la materia. Así, la buena intención permite que cuando los cristales de agua se congelen, generen figuras bien formadas en esos cristales. Las palmas de los maestros de terapia de sanación generan una fuerza magnética equivalente a 20.000 gauss. De manera similar, el sentimiento de temor de muchos cerdos en un matadero logra perturbar un instrumento de generación de números aleatorios.

4. Cuadro comparativo de características de espíritus y partículas Subatómicas

ASPECTOS	CAPACIDADES	ESPÍRITU	PARTÍCULA	PERSONA (Cerebro)
Consciencia	Se reconocen e identifican	Sí	Sí	Sí
	Reconocen a otros seres similares	Sí	Sí	Sí
	Reconocen su pasado	Sí	Sí	Sí
	Mantienen su comportamiento, condicionado al entorno	Sí	Sí	Sí
	Conservan en memoria las experiencias que van teniendo	Sí	Sí (*)	Sí
	Tienden a comunicarse entre seres similares	Sí	Sí	Sí
	Expresan sentimientos de afinidad, aunque algunos de repulsión	Sí	Sí	Sí
	Tienden a influir o ser influidos	Sí	Sí	Sí
	La afección se da sin importar espacio ni tiempo	Sí	Sí	Sí
	Pueden asumir un rol de comprensión y protección	Sí	Sí	Sí
Físicas	Son imperceptibles por personas normales	Sí	Sí	No
	Atraviesan paredes	Sí	Sí	No
	Pueden dividirse para estar en más de un lugar a la vez	Sí	Sí	No
	Pueden desplazarse a muy alta velocidad	Sí	Sí	Sí
	Pueden desplazarse en al menos tres dimensiones	Sí	Sí	Sí
	Pueden desplazarse al pasado y futuro	Sí	Sí	No
	Duran una eternidad	Sí	Sí (*)	No
	Pueden influir o manipular la materia	Sí	Sí	No

Nota: (*) Las partículas conocidas no cumplen completamente esas características.

Las conclusiones que podemos obtener del cuadro adjunto son:
a. Las personas, y sus cerebros, pueden realizar a cabalidad las capacidades de consciencia de los espíritus, existiendo por tanto una relación de consciencias. No pueden, sin embargo, realizar las capacidades físicas de los espíritus.
b. Las partículas subatómicas pueden realizar casi todas las capacidades de los espíritus. Parecería que tienen limitaciones: no pueden almacenar toda la información en memoria y no duran toda la eternidad. Ello nos permite suponer que las partículas que conforman los espíritus son similares a las partículas elementales y subatómicas conocidas, pero completan esas características limitantes.
c. Si la capacidad de memoria fuese proporcional a la masa, las partículas con mayor masa son los quarks, y ya que ellos forman los protones, con mayor masa, esos protones tendrían mayor capacidad de memoria.
d. Como se aprecia en el gráfico de partículas, las partículas con mayor vida media son los protones, electrones y fotones. Su vida media es muy grande, mayor a la vida que tiene actualmente el universo.

5. El mundo espiritual

La teoría del modelo estándar de partículas pareció estar incompleta ante enigmas como la materia oscura, por lo que fue necesario crear la Teoría de cuerdas que se consolidó como la teoría M, en la cual es necesario considerar la existencia de once dimensiones.

En relación con los espíritus, se ha considerado posible la aplicación de dos dimensiones imperceptibles a nuestros sentidos, pero que pueden ser parte de las dimensiones de la teoría M. Ellas son la dimensión astral o neutra, y la dimensión espiritual.

a. Dimensión astral o neutra

Existe al menos una dimensión astral o neutra en el multiverso, en la que no existen las dimensiones de espacio, tiempo y masa de la manera que las conocemos, en la cual las partículas, y los espíritus que derivan de ellas, pueden desplazarse de manera instantánea y por tanto más rápido que la velocidad de la luz. Incluso al pasado y al futuro.

Esta es la dimensión en la que se desplazan la mayoría de espíritus de personas que han tenido viajes astrales. Allí también habitan algunos espíritus de menor jerarquía. Pareciera que colinda por un extremo con la dimensión física y por el otro con la dimensión espiritual.

b. Dimensión espiritual

Existe por lo menos una dimensión espiritual en el multiverso, en la cual las partículas se encuentran solo en condición de energía, y en la cual se encuentra el mundo de los espíritus. Esta dimensión puede ser considerada como un universo paralelo al universo físico, pero no es afectado por las dimensiones de espacio, tiempo y masa, como las conocemos. Las partículas no pueden pasar del mundo físico al mundo espiritual en condición de masa, sólo de energía, y a través de portales, similares a agujeros físicos muy diminutos, que se crean y desaparecen casi instantáneamente.

En esta dimensión, en la parte que es percibida como un paraíso, están concentrados sentimientos de amor, así como sonidos y olores muy agradables para quienes han visitado este lugar.

6. Las partículas del universo

Dadas las características de los espíritus, y dadas las características similares de las partículas subatómicas que conocemos, hay la posibilidad de que el mundo de los espíritus, y su consecuente dimensión espiritual, existan antes que el universo físico. Ello implica que al menos algunas leyes físicas que nos gobiernan pueden provenir de esa dimensión espiritual. Además, dadas las características de amor y comprensión de las partículas entrelazadas, el universo logra generar la fuerza espiritual que le permite motivar, corregir incongruencias físicas, brindar información, y hasta apoyar en los deseos sinceros y buenos de las personas. Ese universo, con esas condiciones, es conocido como *akasha*, campo de Higgs, y otros nombres más.

7. El rol de los espíritus

Los espíritus tienen como misión llegar al máximo grado de evolución para así integrarse al Ser Supremo o Fuente, y contribuir con Él a la conformación del mundo espiritual para su mejor desarrollo y el desarrollo del multiverso. Estos espíritus nacen como partículas de una gran masa especial, en el mundo de los espíritus, y son cuidados hasta que inician sus ciclos de evolución, con los que desarrollan sus vidas. Cada ciclo de evolución comprende un periodo en el mundo espiritual y un periodo en cualquier mundo de los seres vivos en que se van a reencarnar. El periodo en el mundo espiritual comprende siete etapas, desde que regresan a ser espíritus, hasta que reencarnan en un nuevo ser vivo. El periodo en el mundo de los seres vivos comprende la vida que dure ese ser vivo. Según su desarrollo, los espíritus se clasifican en principiantes, intermedios y avanzados. A medida que avanzan, sienten mayor desapego de lo material y mayor apego a lo espiritual.

8. El rol de los seres humanos

Los seres humanos constituyen un grupo de seres vivientes de los más difíciles y complejos en los que reencarnan los espíritus, debido a sus características de comportamiento impredecible y al daño que pueden ocasionar.

Todos los seres vivos móviles, incluidos los seres humanos, son capaces de desempeñarse eficientemente en la vida, sin necesidad de un espíritu interno. Sin embargo, y de acuerdo con su rol, se les permite vivir íntimamente ligados a un espíritu, formando un yo, para lograr que ese espíritu avance en su evolución a través de reencarnaciones. El cuerpo humano, compuesto de partículas más cohesionadas, alberga al espíritu para una vida acorde a este mundo físico, y por eso es muy importante para el mundo de los espíritus. Pero, además, el cuerpo humano es muy vulnerable ante las vicisitudes de este mundo agresivo, y por ello cuenta con el apoyo y protección de otros espíritus y otras partículas para cumplir sus metas.

En la Tierra, el ser humano realmente es el espíritu interno y es el cuerpo humano que lo contiene, ambos a la vez. Gracias al espíritu interno, el ser humano tiene objetivos que cumplir, que fueron pactados por ese espíritu interno antes de su reencarnación, y las metas y anhelos bien intencionados que se propone en esta vida, son concordantes con esos objetivos del espíritu interno. Pero el cuerpo humano tiene una inteligencia especial, que lo ha puesto en la cima de los seres de este planeta, y normalmente lleva una vida rica en emociones y aventuras, que resulta atrayente para los espíritus que quieren evolucionar rápidamente.

Además de cumplir sus metas, el yo (cuerpo y espíritu), debe intentar llevar una vida con valores naturales, tales como hacer el bien, respetar, amar, perdonar, vencer miedos, y tender a disfrutar su vida. Y ello lo puede hacer por su cuenta o siguiendo preceptos de la religión que profesa, y que realmente lo lleva por buen camino y hasta lo puede conectar con el Ser Supremo, directamente o a través de los espíritus que lo protegen y/o apoyan.

Los seres humanos aún no reconocen la existencia ni la precedencia de los espíritus, y se consideran más cuerpo físico que espíritu.

9. El rol de las partículas espirituales

En general, todas las partículas, tanto las que forman los espíritus, incluido nuestro espíritu interno, así como los seres vivientes, y también las partículas que forman el espacio y los objetos, son partículas en constante movimiento, que vibran y llevan sentimientos en los que predominan el amor, la comprensión y el perdón; lo cual les permite generar una fuerza espiritual física y motivacional. Por eso esas partículas también merecen denominarse partículas espirituales.

Estas partículas espirituales, que están interactuando permanentemente entre ellas, tienen el rol de afinar situaciones incongruentes, de enviar mensajes de apoyo y alerta, de calmar escenarios dolorosos, de facilitar información y conocimientos buscados, de generar condiciones para ayudar a cumplir metas y deseos importantes, y de proteger ante peligros inminentes, incluso de ayudar en sanaciones y en volver a la vida mediante experiencias cercanas a la muerte. Y estas partículas, aunque no las percibamos, o las consideremos como parte de todos los misterios inexplicables que nos rodean, son en esencia, las que, de esa manera, nos ayudan a lograr los objetivos de nuestra vida, anterior, actual y futura, como personas y como espíritus.

BIBLIOGRAFÍA

Vida después de la vida, Raymond Moody, Editorial EDAF, 1980

La prueba del Cielo, Eben Alexander, Editorial Planeta, 2012

Memorias del Cielo, Wayne W. Dyer, Gaia Ediciones, 2016

La fuerza invisible, Wayne W. Dyer, Gaia Ediciones, 2017

Morir para ser yo, Anita Moorjani, Editorial Buena Semilla, 2015

Muchas vidas, muchos maestros, Brian Weiss, Editorial Vergara, 2004

Nunca es el final, Brian Weiss, Editorial Vergara, 2010

El universo, Stephen Hawking, Editorial GEDISA, 1998

La física del futuro, Michio Kaku, Editorial Debolsillo, 2011

El libro de los espíritus, Allan Kardec, Editora Argentina, 2016

El libro de los médiums, Allan Kardec, Editora Argentina, 2016

La luz entre nosotros: Historias desde el Cielo, Laura Lynne Jackson, Penguin-Random House, Grupo editorial, 2016

Presencias, fenómenos paranormales en el Perú, Rosa María Cifuentes, Editorial Planeta Perú S.A., 2016

Tiempo de arcángeles, Tania Karam, Penguin Random House, 2017

Destino de las almas, Michael Newton, Descarga de ELEVEN, Biblioteca del Nuevo Tiempo, 2003

La vida entre vidas, Michael Newton, Descarga de ELEVEN, Biblioteca del Nuevo Tiempo, 2003

El otro lado, Richard Martini, Homina Publishing, 2016

Hágase la luz, Bárbara Ann Brennan, Descarga de ELEVEN Biblioteca del Nuevo tiempo, 2004

Manos que curan, Bárbara Ann Brennan, Descarga de ELEVEN Biblioteca del Nuevo Tiempo, 2004

Espíritu y salud, Deepak Chopra, Editorial Sirio, 2016

El poder, Rhonda Byrne, Ediciones Urano, 2010

Mensajes de reflexión, Jorge Valencia Jáuregui, Ediciones MIRBET, 2006

El experimento de la intención, Lynne McTaggart, Editorial Sirio, 2014

El paradigma akáshico, Ervin Laszlo, Editorial Kairós, 2014

La ciencia y el campo akáshico, Ervin Laszlo, Editorial Kairós, 2009

La energía de la conciencia, Konstantin Korotkov, Ediciones Obelisco, 2015

Grandes misterios del universo - Serie televisiva

La historia de Dios - Serie televisiva

La médium - Serie televisiva

Ghost Hunters - Serie televisiva

I Survived - Serie televisiva

Niños psíquicos - Serie televisiva

Proyecto Aware - Revista Resuscitation

IANDS Articles - Revista

El Cerebro - Textos

Los Biofotones - Textos

Teoría de las Supercuerdas - Textos

Teoría de Mecánica Cuántica - Textos

Modelo Estándar de la Física de Partículas - Textos

Artículos varios - Internet

www.ingramcontent.com/pod-product-compliance
Lightning Source LLC
LaVergne TN
LVHW081352060426
835510LV00013B/1787